《改革开放30年的来华留学生教育》
编 委 会

主任：张秀琴

编委：郝希山　王　建　于富增　熊彬三
　　　白松来　吴慧贞　周　蕊　牛　欣

改革开放**30**年的
来华留学生教育

于富增　著

1978—2008

北京语言大学出版社

BEIJING LANGUAGE AND CULTURE

UNIVERSITY PRESS

图书在版编目（CIP）数据

改革开放 30 年的来华留学生教育／于富增著．–北京：
北京语言大学出版社，2009.6
　ISBN 978–7–5619–2349–8

　Ⅰ．改…　Ⅱ．于…　Ⅲ．留学生教育–研究–中国　Ⅳ.
G648.9

中国版本图书馆 CIP 数据核字（2009）第 103010 号

书　　　名：改革开放 30 年的来华留学生教育
责任编辑：陈维昌
封面设计：张　静
责任印制：汪学发

出版发行：北京语言大学出版社
社　　址：北京市海淀区学院路 15 号　邮政编码：100083
网　　址：www.blcup.com
电　　话：发行部　82303650/3591/3651
　　　　　编辑部　82303647
　　　　　读者服务部　82303653/3908
　　　　　网上订购电话　82303668
　　　　　客户服务信箱　service@blcup.net
印　　刷：北京中科印刷有限公司
经　　销：全国新华书店

版　　次：2009 年 6 月第 1 版　2009 年 6 月第 1 次印刷
开　　本：787 毫米×1092 毫米　1/16　印张：19.5
字　　数：308 千字　印数：1–5000 册
书　　号：ISBN 978–7–5619–2349–8/H·09101
定　　价：45.00 元

凡有印装质量问题，本社负责调换。电话：82303590

前　言

　　进入新世纪以来，来华留学生教育进入快速发展时期，我国已经成为国际学生流动的重要目的地国家之一。在经济全球化的大背景下，国际上对具有国际视野的人才需求越来越迫切，各种对学生国际流动的推动力越来越强。我国政治稳定，经济快速发展，高等教育质量不断提高，来华留学的潜在价值越来越获得认同，来华留学的环境也越来越好。在华的外国留学生规模从 2000 年的 5.2 万人已经增加到 2008 年的 22.3 万人，在 8 年时间里增长了 3 倍多。近几年，每年的外国留学生都来自 180 多个国家和地区。2008 年，592 所高等学校和教育机构接收了外国留学生。

　　教育部综合国际学生流动的趋势特点和我国高等学校的容纳能力，初步确定到 2020 年争取将来华留学生规模扩大到 50 万人。为此，我们必须积极开展国际学生流动及来华留学相关问题的研究，做好国际学生流动的趋势分析，有效预测和把握国际教育市场的需求和变化动态，及时、主动地推出应时的政策和措施，扩展来华留学的领域、途径，构建来华留学的合理结构，进一步优化来华留学环境，确保来华留学事业的可持续发展。

　　《改革开放 30 年的来华留学生教育》一书所要回答的主要问题是：为什么在改革开放的 30 年里我国接收的外国留学生能够从 1978 年的 1200 多人增加到 2008 年的 22.3 万人，增长了 180 多倍？改革开放 30 年来华留学生教育走了一条怎样的发展道路？目前来华留学生教育发展的国际比较，以及今后来华留学生教育发展的宏观策略思考等。

　　来华留学生教育的发展与国际政治、经济和高等教育的发展密切相关。改革开放 30 年我国来华留学生教育的发展与我国的国际关系的发展、参与世界经济的程度以及国内高等教育的发展密切相关。

实行改革开放政策，我国对世界上一切友好国家开放。胡锦涛总书记在党的十七大报告中指出："中国坚持在和平共处五项原则的基础上同所有国家发展友好合作。我们将继续同发达国家加强战略对话，增进互信，深化合作，妥善处理分歧，推动相互关系长期稳定健康发展。我们将继续贯彻与邻为善、以邻为伴的周边外交方针，加强同周边国家的睦邻友好和务实合作，积极开展区域合作，共同营造和平稳定、平等互信、合作共赢的地区环境。我们将继续加强同广大发展中国家的团结合作，深化传统友谊，扩大务实合作，提供力所能及的援助，维护发展中国家的正当要求和共同利益。我们将继续积极参与多边事务，承担相应国际义务，发挥建设性作用，推动国际秩序朝着更加公正合理的方向发展。"正是我国高举的和平、发展、合作旗帜，奉行的独立自主的和平外交政策，使我国与世界上的绝大多数国家建立了正常的国家交往关系，保证了留学生交流渠道的畅通。

实行改革开放，使我国经济得到快速发展。30 年里国民生产总值以世界上罕有的年平均 9.7% 的速度增长，使我国经济总量成为世界第三大国、世界上第三贸易大国，吸引的外资总量居发展中国家之首，我国的出国旅游人数达到 3452 万人次（2006 年数字），成为亚洲最大的客源输出国。我国参与世界经济的程度空前提高，它是来华留学生教育发展的直接推动力。

实行改革开放，在国家经济发展的基础上，我国高等教育获得了空前快速的发展，跨入了国际所公认的大众化发展阶段，毛入学率达到 23%，在学总规模超过 2700 万，居世界第一。1977 年全国高校招生数为 27.3 万，2007 年招生规模达到 570 万，是 1977 年的 21 倍，我国已经成为世界上高等教育规模最大的国家。高等教育的发展为来华留学生教育的发展提供了比较充分的硬件和软件条件。

总之，改革开放 30 年我国国际政治、经济和高等教育的发展是来华留学生教育发展的根本原因。

改革开放 30 年，在国家不断改革开放和逐步建立了社会主义市场经济的同时，我国也逐渐建立了完整的以自费外国留学生为主的开放的来华留学生教育体制。这个体制的主要内容是，在国家来华留学生教育宏观政策的指导下，高等学校作为办学的主体，直接面向国际留学生市场，自主接收外国留学生。

改革开放30年，来华留学生教育取得了巨大发展。即使按照联合国教科文组织的统计标准，2008年我国接收的外国留学生数量在世界上也列入前10位。在国内，接收外国留学生的院校遍布于全国所有省、自治区、直辖市的近600所院校。但是，我国接收外国留学生的发展仍然处于初级发展阶段。这个初级阶段的主要表现是：尚未建立一套行之有效的外国留学生录取质量控制机制；外国留学生的汉语培训能力还需要有突破性的提高；来华留学生规模、层次与西方教育发达国家相比，还有一定的差距。我们有必要在进一步提高来华留学生教育质量的基础上继续扩大来华留学生规模。

目前我国接收外国留学生的体制是社会主义市场经济下的一个部分。我国的高等学校不但与世界其他国家的高等学校处在同一平台上吸引外国留学生，而且，所有接收外国留学生的国内高等学校，都具有平等的身份去发展自己学校的外国留学生教育。因此，建立和形成有利于来华留学生教育进一步发展的宏观体制和机制，必须在国家的指导下，由高等学校主动协调和促进才能够完成。

本书是中国高等教育学会"改革开放30年教育发展"的研究课题之一。为了写好此书，中国高等教育学会外国留学生教育管理分会于2007年6月成立了"改革开放30年的来华留学生教育"研究编辑委员会，在编委会讨论确定的提纲框架内，请我的老领导、原国家教委外事司司长于富增同志写作。初稿完成后，编委会成员天津医科大学校长郝希山院士、南京师范大学副校长王建教授、清华大学留学生办公室主任周蕊、复旦大学留学生办公室主任吴慧贞和外国留学生教育管理分会副会长熊彬三阅读了书稿，他们都提出了宝贵意见。在此，对各位编委表示衷心感谢。

富增同志是我的前辈，具有丰富的教育国际合作与交流经验，中国高等教育学会外国留学生教育管理分会就是他担任原国家教委国际合作司司长时领导成立的，在从领导岗位上退休后，富增同志亲自担任了分会的会长，目前仍笔耕不辍，研究来华留学问题，为来华留学工作贡献自己的才智。

目前，我们国家出版的关于来华留学生教育的著作还不多。希望这本书的出版，能为推动来华留学生教育方面的研究发挥应有的作用，并带动来华留学生教育方面的研究工作深入开展下去，涌现出更多的著作。

　　衷心感谢富增同志！　衷心感谢编辑委员会的其他同志！

目录

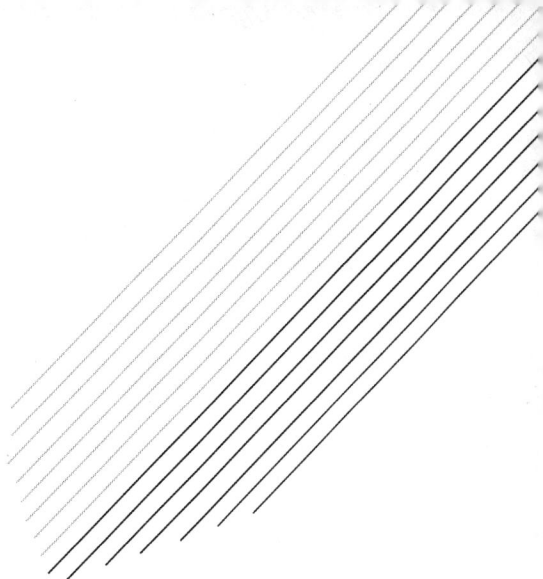

第一章

改革开放前的
来华留学生教育

1978 年，改革开放的第一年，当时全国高等院校接收的来华留学生总数为 1200 多人。 30 年后的 2008 年，全国高等院校接收的来华留学生总数达到 22.3 万人。

中国是一个发展中国家，且人口规模巨大，经济发展水平还不高，再加上汉语又被认为是世界上最难学的语言之一，一般情况下人们可能会认为，随着我国经济和社会的发展，来华学习的外国留学生的数量会逐步增加。 但是，经过改革开放 30 年的发展，我国一年接收的来华留学生的规模竟达到 22.3 万人，这是出乎很多人意料的。

从改革开放开始，接收来华留学生就成为国家改革开放政策的重要组成部分。 过去 30 年我国来华留学生教育的发展，既是改革开放前国家外国留学生工作的继续和发展，更是改革开放 30 年国家经济迅速发展、国力不断增强的直接结果。

一般来说，正常的国家关系是国家间留学生流动的前提条件。 改革开放前，我国国家关系的发展是影响我国来华留学生教育发展的决定因素之一。因此，我们首先讨论新中国建立后我国国际关系的发展情况。

第一节　建国后至 70 年代的三次建交高潮

二战以后至 70 年代，由于当时的国际政治形势的原因，世界上很多国家之间不能发展正常的国家关系。

新中国建立，苏联立即承认并与我国建立外交关系；美国却拒绝承认新中国，继续支持被推翻的国民党蒋介石政府；还有不少国家特别是我国的一些周边国家，对共产党领导下实行社会主义制度的中国存有疑虑，阻碍国家关系的正常化。 所有这一切意味着，中国与世界上大多数国家建立正常国家关系需要一个过程。 事实上，新中国建立后经过 20 多年的时间，到 70 年代后期才与世界上大多数国家建立外交关系，发展正常的国家关系。

一、第一次建交高潮

新中国诞生前，毛泽东同志在 1949 年 6 月 30 日发表的《论人民民主专政》一文里，明确提出了新中国在国际关系上倒向社会主义一边的方针。

1949 年 9 月，在北京召开的中国人民政治协商会议第一次会议，通过了《中国人民政治协商会议共同纲领》（以下简称《共同纲领》），规定中华人民共和国外交政策的原则是："保障本国独立、自由和领土完整，拥护国际的持久和平和各国人民之间的友好合作，反对帝国主义的侵略政策和战争政策。"《共同纲领》还规定了发展与外国关系的具体方针，即"凡与国民党反动派断绝关系，并对中华人民共和国中央人民政府采取友好态度的外国政府，中华人民共和国中央政府可在平等、互利及互相尊重领土主权的基础上，与之谈判，建立外交关系"；"对国民党政府与外国政府所订立的各项条约和协定，中华人民共和国中央政府应加以审查，按其内容，分别予以承认，或废除，或修改，或重订。""中华人民共和国联合世界上一切爱好和平、自由的国家和人民，首先是联合苏联、各人民民主国家和各被压迫民族，站在国际和平民主阵营方面，共同反对帝国主义侵略，以保卫世界的持久和平。"

苏联是世界上第一个承认中华人民共和国的国家。1949 年 10 月 1 日中华人民共和国正式成立。10 月 2 日，苏联政府致电中国政府，表示"苏联政府决定与中华人民共和国建立外交关系，并互派大使。"1949 年冬，毛泽东主席应邀访问苏联，并于 1950 年 2 月 14 日签订了《中苏友好同盟互助条约》。

在 1949 年至 1955 年期间，与我国建立正式外交关系的国家有三类：第一类是共同纲领所说的"各人民民主国家"，包括苏联和东欧的 8 个人民民主国家（即后来所称的社会主义国家），这些国家在新中国成立后不久均先后与我国建立了外交关系，并互派大使；第二类是周边民族独立国家，我国政府重视发展与周边国家的友好关系，与一些周边国家建立了正式外交关系，这些国家既有人民民主国家，如朝鲜、蒙古和越南等国家，也有民族独立国家，如印度、缅甸、巴基斯坦、阿富汗和印度尼西亚等国家；第三类是西欧资本主义国家，包括丹麦、芬兰、瑞典、瑞士和挪威等国家。

至 1955 年底，世界上与我国建立外交关系的国家共有 22 个。

此外，1954 年，我国与英国和荷兰建立了代办级外交关系，主要原因是这两个国家在台湾问题上追随美国。

中华人民共和国建立后，美国拒绝承认新中国，并企图把新中国扼杀在摇篮里。 1950 年 6 月 25 日，朝鲜战争爆发。 1950 年 6 月 27 日，美国宣布其第七舰队进入台湾海峡，并派海军和空军入驻台湾；1954 年，美国与台湾签订了《共同防御条约》，声称"缔约国的领土"遭到"武装攻击"时，双方应采取"共同行动"。 1951 年，美国与日本签订了《美日安全条约》，在当时国际条件下，这个条约的矛头之一显然是指向中国。 1952 年 4 月，日本政府与蒋介石政权缔结了"和平条约"，建立"外交关系"，追随美国孤立中华人民共和国的政策。 1954 年 9 月，美国与一些东南亚国家签订了《东南亚集体防务条约》，又称《马尼拉条约》，矛头指向中国。 总之，在新中国的建国初期，美国从我国的东北、东面直到东南面威胁我国的安全。 而且，在联合国内由美国为首的一些国家操纵，继续使蒋介石国民党政权窃取中国在联合国的合法席位。

二、第二次建交高潮

1955 年，周恩来总理出席在印度尼西亚万隆召开的亚非会议，这是我国发展与亚非民族独立国家关系的重要外交行动。 中国参加会议的方针是：争取扩大和平统一战线，促进民族独立运动，为建立和加强中国同若干亚非国家的关系创造条件，力求会议能取得成功。

亚非会议是二战后第一次没有西方殖民国家参加、由亚非国家自己举办的国际会议。 参加会议的亚非国家共有 29 个。 在地理上，这些国家可以分为三类：一是与我国接壤的周边国家；二是西亚、北非国家；三是少数撒哈拉以南非洲国家，例如埃塞俄比亚和黄金海岸（加纳）等国家。 当时大多数撒哈拉以南非洲国家尚未取得民族独立。

除了少数周边国家外，参加会议的多数国家尚未与我国建立外交关系。由于美国孤立中国政策的影响，很多亚非国家对我国存有疑虑。 例如在会议的一般性发言中，"有些国家的代表当着中国代表的面对共产主义进行了攻击，甚至怀疑中国对邻国搞'颠覆'活动。"[①]对此，周恩来总理在发言中强

---

① 《当代中国外交》，第 85 页，中国社会科学出版社，1988 年第 1 版

调："中国代表团是来求团结而不是来吵架的。 我们共产党人从不讳言我们相信共产主义和认为社会主义制度是好的。 但是，在这个会议上用不着来宣传个人的思想意识和各国的政治制度，虽然这种不同在我们中间是存在的。 中国代表团是来求同而不是来立异的。 我们中间有无求同的基础呢？ 有的。 那就是亚非绝大多数国家和人民自近代以来都曾经受过、并且现在仍在受着殖民主义所造成的灾难和痛苦。 这是我们大家都承认的。 从解除殖民主义痛苦和灾难中找共同基础，我们就很容易相互了解和尊重、互相同情和支持，而不是互相疑虑和恐惧、互相排斥和对立。"① 中国提出的"求同存异"方针，对亚非会议的成功起了积极作用。 在会议期间，中国同许多已建交或未建交国家的代表团进行了广泛接触，增进了彼此了解和友谊，为进一步发展与亚非各国的友好合作关系创造了条件。

1956 年底至 1957 年初，周恩来总理访问了越南、柬埔寨、印度、缅甸、巴基斯坦、阿富汗、尼泊尔和锡兰(斯里兰卡)8 个周边国家。 1960 年，中印边界第一次武装冲突之后，周恩来总理又再次访问了缅甸、印度、尼泊尔、柬埔寨、越南和蒙古 6 个周边国家。 经过我国与有关国家的共同努力，1960 年至 1963 年，我国先后与缅甸、尼泊尔、巴基斯坦、阿富汗和蒙古等周边国家签订了边界协定，解决了历史上遗留的边界问题。 亚非会议后，又有很多非洲国家获得独立。 1963 年底至 1964 年初，周恩来总理访问了北非和撒哈拉以南 10 个非洲国家，进一步加强了中国与非洲国家的友好合作关系。

50 年代末期，我国与苏联在如何对待美国的问题上有一些不同的看法和做法。 由于美国对中国继续采取敌视政策，因此反对美国威胁中国安全是中国外交的一项主要任务。 而当时的苏联领导人却热衷于推行苏美合作主宰世界的路线，要把中国外交纳入苏联全球战略的轨道。 苏联对中国在台湾问题和中印边界问题上捍卫自己主权和领土完整的正义行动持否定态度，要求中国放弃对台湾使用武力；中印边界冲突后，塔斯社公开发表声明偏袒印度。

60 年代初，苏联领导人把苏中两党对马克思主义基本理论上的分歧扩大到国家关系，使两国关系恶化。 1960 年 7 月，苏联宣布撤回在中国工作的

---

① 《当代中国外交》，第 85 页，中国社会科学出版社，1988 年第 1 版

1390 名专家，撕毁了中苏两国政府签订的 12 个协定、两国科学院签订的 1 个协议书以及 300 多个专家合同，废除了 200 多个科学技术合作项目。 1963 年 7 月 14 日，苏联共产党发表了《苏联共产党中央委员会给苏联各级党组织和全体共产党员的公开信》，指名全面攻击中国共产党及其领导人。

1963 年 7 月 25 日，苏联与美国、英国签订了《关于禁止在大气层、外层空间和水下进行核试验的条约》（以下简称《部分禁试条约》）。 由于发展核武器的核试验一般从大气层开始，当时的苏联和美国已经不再需要在大气层继续进行核试验；而且，这个条约不包括地下核试验，因为苏联和美国还需要继续进行地下核试验来改进和发展其核武器。 所以，这个条约的签订是苏联和美国企图在世界上保持核武器的垄断权，是美苏合作推行霸权主义的又一具体表现。

我国坚决反对苏联和美国的霸权主义行径，反对《部分禁试条约》，并揭露苏联、美国和英国签订的《部分禁试条约》的实质。 同时，在 1964 年，中国成功爆炸了第一颗原子弹，打破了美国和苏联的核垄断，不但增强了国家的核安全力量，也提高了国家的国际地位。

《部分禁试条约》也遭到一些西方国家的反对。 为了西欧国家的独立自主、联合自强，法国戴高乐政府拒绝在这个条约上签字，并退出了北大西洋公约组织军事一体化机构。

针对当时美国和苏联联合推行世界霸权和反对苏联和美国的霸权主义，毛泽东同志于 1963 年 9 月提出了"两个中间地带"的战略思想，把亚、非、拉等广大发展中国家地区称为美苏之间的"第一中间地带"，而西欧、日本、加拿大、澳大利亚和新西兰等属于"第二中间地带"。 毛泽东指出，西方世界"不是铁板一块"，称赞戴高乐将军有勇气不完全听美国指挥，强调对美国和西欧要有区别。

1964 年 1 月 27 日，法国与中国建立外交关系，成为西方大国中第一个与中国建立正式外交关系的国家。 它不但有利于我国加强与西欧国家的关系，也是对美国、苏联孤立中国政策的沉重打击。

中法建交后，欧洲的意大利和奥地利两国虽然承认中华人民共和国政府是中国的唯一合法政府，但立即断绝同台湾的关系还有困难。 我国政府在坚决反对"两个中国"的前提下，同意先通过民间机构发展贸易。1964 年，意大利和奥地利与我国达成了互设贸易机构的协议。

从 1955 年亚非会议至 1965 年，是新中国建立后的第二个建交高潮，共有 27 个国家与我国建立外交关系。除法国外，其他 26 个国家都是亚、非、拉的民族独立国家，其中包括两个周边国家(柬埔寨和老挝)，1 个拉美国家(古巴)，4 个南亚和中东国家(叙利亚、阿拉伯也门、斯里兰卡、伊拉克)，19 个非洲国家。这些非洲国家中，除个别北非国家外，大多数是 50 年代末期至 60 年代初期获得民族独立的撒哈拉以南非洲国家。

三、第三次建交高潮

民族独立国家取得政治上独立后，面临着发展经济的艰巨任务。虽然当时我国的国力还不强，而且面临着发展自己国家经济的艰巨任务，但是，根据我国的外交总方针，我国仍然在力所能及的范围内，对发展中国家提供了大量的经济援助，其中最大的对外援助项目是援建 1800 公里长的坦赞铁路。该项目于 1968 年 5 月开始勘测设计，1970 年 10 月正式开工，1976 年 7 月全部建成移交。为建设这条铁路，中国政府提供无息贷款 9.88 亿元人民币，共发运各种设备材料近 100 万吨，先后派遣工程技术人员近 5 万人次。在工程修建及后来技术合作过程中，中方有 64 人为之献出宝贵生命。

坦桑尼亚于 1961 年从英国殖民统治下获得独立，1964 年 4 月 26 日与我国建立外交关系。坦桑尼亚总统尼雷尔 1965 年访华时向我国提出中方帮助修建坦赞铁路的要求。在向我国提出修建坦赞铁路前，尼雷尔总统曾先后向世界银行和苏联提出类似要求，均遭拒绝。但尼雷尔发誓"我就是牺牲自己也要修成这条铁路！"

坦赞铁路建成后，尼雷尔总统高度评价说，中国援建坦赞铁路是"对非洲人民的伟大贡献"，"历史上外国人在非洲修建铁路，都是为掠夺非洲的财富，而中国人相反，是为了帮助我们发展民族经济。"赞比亚总统卡翁达赞扬说："患难知真友，当我们面临最困难的时刻，是中国援助了我们。"中国对非洲国家的真诚援助赢得了非洲国家人民的信任。

1974 年 2 月 22 日，毛泽东在会见赞比亚总统卡翁达时，提出了划分三个世界的战略思想。　毛泽东认为，美国和苏联是第一世界；日本、欧洲、加拿大是第二世界；除日本外的其他亚洲国家以及非洲和拉丁美洲国家都是第三世界。　中国属于第三世界。　1974 年 4 月 10 日，邓小平在联合国大会第六届特别会议上的发言中，第一次向全世界阐述了毛泽东的这一新的战略思想。邓小平说："从国际关系的变化看，现在的世界实际上存在着互相联系又互相矛盾着的三个方面、三个世界。　美国、苏联是第一世界。　亚、非、拉发展中国家和其他地区的发展中国家是第三世界。　处于这两者之间的发达国家是第二世界"。　中国不断加强同第三世界国家的团结，大力开展同第二世界国家的关系，坚持反对两个超级大国的霸权主义。

　　60 年代后期至 70 年代，我国所处的国际环境发生了重大变化。　在这一时期，苏联派兵进驻蒙古人民共和国，从北面威胁我国的安全。　1978 年夏，越南共产党四届四中全会提出："越南基本的、长远的敌人虽然是美帝国主义，但直接的敌人是北京和柬埔寨。"[①] 1978 年 11 月，苏联与越南签订了带有军事同盟性质的《友好合作条约》之后，12 月 25 日，越南派遣十几万正规军入侵柬埔寨，使我国南面安全态势恶化。　1979 年 12 月 27 日，苏联派遣 10 万兵力入侵阿富汗，这是战后几十年来苏联第一次直接出兵占领一个第三世界主权国家。　阿富汗是我国西部的一个周边国家。　苏联还在与我国北部接壤的边界上部署大量兵力，对我国进行武力威胁，并不断制造边界事端，例如 1969 年发生的苏联派兵入侵我国珍宝岛被我国打退的严重边界冲突事件。　如果说新中国建立初期，美国开始在朝鲜、台湾和印度支那三条战线上威胁我国的安全，那么到 70 年代末，苏联从北、南、西三面威胁我国的安全。

　　在广大亚、非、拉国家和其他主持正义国家的共同努力下，1971 年 10 月 25 日，联合国第二十六届大会恢复了中华人民共和国在联合国的合法席位，使美国在国际社会孤立和排斥中国的政策遭到彻底失败。　对此毛泽东曾风趣地说，是"非洲朋友把我们抬进联合国的"。

　　1972 年 2 月 21 日，美国总统尼克松访问中国，并签订了《联合公报》。《联合公报》的发表是中美关系史上的重要一页，它标志着两国关系正常化

[①]　《当代中国外交》，中国社会科学出版社，第 285 页，1988 年第 1 版

过程的开始。

1970 年至 1978 年，我国经历了建国后的第三个建交高潮。 在这 9 年间，共有 65 个国家与我国建立了外交关系，其中发展中国家 50 个（包括亚洲国家 12 个，非洲国家 24 个，拉丁美洲国家 11 个，大洋洲国家 3 个），发达国家 15 个（包括亚洲的日本、大洋洲的澳大利亚和新西兰、北美的加拿大以及西欧还未与我建交的所有发达国家）。 到 1978 年，与我国建立外交关系国家的总数达 132 个。 我国已经与当时世界上的大多数国家建立了外交关系。当时，除苏联等少数国家外，我国与建交国家均可以发展正常国家关系。

总之，从 1949 年到 70 年代初的 20 多年时间里，先后与我国建立外交关系国家总数约 50 个，其中有些国家因故中断了外交关系，不能发展正常国家关系。 所以，在此期间与我国建立外交关系并一直能够发展正常国家关系的国家一般为 40 个左右。 这 50 个国家中，第一类是苏联和东欧国家；第二类是法国等西欧发达国家；第三类是亚非拉的发展中国家。 自 1972 年恢复我国在联合国的合法席位至 1978 年间，世界上主要发达资本主义国家，除美国外均与我国建立了外交关系，同时绝大多数发展中国家与我国建立了外交关系。

第二节　向外国学习

派遣留学生是向外国学习的一种方式。 我国派遣留学生去外国，是学习外国的长处；外国派遣留学生来我国，是学习我国的长处。 所以，"向外国学习"是对待世界上国家之间关系的一种指导思想。 我们的党和国家领导人特别是毛泽东同志，对"向外国学习"思想的论述，对我国派遣出国留学生和接收外国留学生都具有指导意义。

毛泽东同志在 1956 年 6 月所作的《论十大关系》的讲话中，把中国与外国的关系作为十大关系之一。 他说："我们提出向外国学习的口号，我想是提得对的。 现在有些国家的领导人就不愿提，甚至不敢提这个口号。 这是要有一点儿勇气的，就是要把戏台上的那个架子放下来。"

为什么要提向外国学习？

毛泽东同志说："每个民族都有它的长处，不然它为什么能存在？ 为什么能发展？ 同时，每个民族也都有它的短处。 有人以为社会主义就了不起，一点儿缺点也没有了。 哪有这个事？ 应当承认，总是有优点和缺点这两点。"

向外国学习什么？

毛泽东同志说："我们的方针是，一切民族、一切国家的长处都要学，政治、经济、科学、技术、文学、艺术的一切真正好的东西都要学。"

毛泽东同志说："外国资产阶级的一切腐败制度和思想作风，我们要坚决抵制和批判。 但是，这并不妨碍我们去学习资本主义国家的先进的科学技术和企业管理方法中合乎科学的方面。 工业发达国家的企业，用人少，效率高，会做生意，这些都应当有原则地好好学过来，以利于改进我们的工作。""自然科学方面，我们比较落后，特别要努力向外国学习。""在技术方面，我看大部分先要照办，因为那些我们现在还没有，还不懂，学了比较有利。"

向外国学习的态度和方法是什么？

毛泽东同志说：向外国学习"必须有分析有批判地学，不能盲目地学，不能一切照抄，机械搬用。 他们的短处、缺点，当然不要学。"自然科学"也要有批判地学，不能盲目地学。"技术科学"已经清楚的那一部分，就不要事事照办了"。

要越搞越中国化。 毛泽东说："向古人学习是为了现在的活人，向外国人学习是为了今天的中国人。"所以，"应该是越搞越中国化，而不是越搞越洋化。"要做到越搞越中国化，"中国的和外国的两边都要学习好。"

要永远坚持向外国学习。

毛泽东同志说："将来我们国家富强了，我们一定还要坚持革命立场，还要谦虚谨慎，还要向人家学习，不要把尾巴翘起来。 不但在第一个五年计划期间要向人家学习，就是在几十个五年计划之后，还应当向人家学习。 一万年都要学习嘛！ 这有什么不好呢？"

新中国建立后，虽然国家面临百废待兴的局面，仍然把派遣留学生出国学习和接收外国留学生列入国家的议事日程，正是这种思想的反映。

自 1840 年鸦片战争至中华人民共和国成立，中国社会长期处于半封建半殖民地状态，不但国家没有政治上的独立，经济、文化也十分落后。 1949年国内的工农业总产值中，农业总产值占 70%，工业总产值占 30%，而且其中只有 17% 是现代工业的产值。 工业不但产值比例小，而且门类残缺不全，技术落后，更谈不上具有独立的完整工业体系。 例如，当时国内的机械工业几乎等于零，存在的一些机械工业实际上是修理装配业。 对于当时我国的制造工业状况，毛泽东同志深刻尖锐地指出：“现在我们能造什么呢？ 能造桌子椅子，能造茶壶茶碗，能种粮食，还能磨成面粉，还能造纸，但是，一辆汽车、一架飞机、一架坦克、一辆拖拉机都不能造。”[①]工业如此，农业生产就更加落后。 虽然农业产值在国民经济产值中比重较大，但是，当时的农业生产基本上是手工操作，与古代差不多。 当时全国有 5.4 亿人口，80% 以上的人口在农村种粮食，还不能解决全国人民的吃饭问题。 1949 年全国生产的粮食，按全国人口平均计算，每人只有 200 公斤。 旧中国的教育也十分落后，适龄儿童入学率只有 20% 左右，全国 80% 以上的人口是文盲。基础教育落后，高等教育规模也很小。 1947 年，我国有高等学校 207 所，高等学校在校学生总数仅有 15 万人；而且高等学校的规模都很小，207 所高等学校中在校学生数超过 1000 人的学校仅有 51 所。 全部高等学校在校研究生总数仅为 424 人，可以说基本上没有研究生教育。 1947 年毕业的高等学校学生总数只有 2.5 万人。 解放前 36 年的全部高等学校毕业生总数也只有 36 万人。 对于一个有 5 亿多人口的大国，仅仅这样一点点具有高等教育水平的人，相对于国家建设所需要的大量人才来说，真是杯水车薪！ 解放前夕，国家的科研机构只有 40 多个，科研人员不到 1000 人，科技成果寥寥无几，新型学科全属空白。[②] 新中国就是在这样一个基础上开始建设的。

---

① 《毛泽东著作选读》下册，第 712 页，人民出版社，1986 年版
② 《中华人民共和国史》，何沁主编，第 80 页，高等教育出版社，1997 年第 1 版

第三节　改革开放前的来华留学生教育

一、与各类建交国家开展留学生交流

新中国建立后，国家实行积极的来华留学生政策，支持和争取与各种类型国家开展留学生交流。

1. 与东欧人民民主国家和苏联开展对等留学生交流

1950 年初，波兰、捷克斯洛伐克等东欧国家正式向我国表示，愿与我国交换留学生。 1950 年 6 月，周恩来总理主持会议研究决定，首先与捷克斯洛伐克、波兰、罗马尼亚、匈牙利和保加利亚 5 国交换留学生。 与捷克斯洛伐克和波兰交换 10 名留学生，与另外三个国家交换 5 名留学生。

1950 年 8 月，我国外交部发给罗马尼亚驻华使馆的《关于交换留学生备忘录》中规定：对方来华留学生，学习一年汉语后转入专业学习；对留学生开放的专业主要是汉语、历史、近百年来中国革命运动等；中方负担来华留学生的学费、书费、住宿费、伙食费、医疗费以及有组织的旅行费用。 与其他 4 个东欧国家交换留学生的办法与罗马尼亚相同。

1950 年底，捷克斯洛伐克、波兰、罗马尼亚、匈牙利和保加利亚 5 个国家的 33 名留学生来华，他们是新中国接收的第一批外国留学生。

2. 接收周边人民民主国家的留学生

周边的人民民主国家包括越南、朝鲜和蒙古等国家。 越南从 1953 年开始向我国派遣留学生。 中越两国通过签订双边文化合作协议书，规定交换留学生的数量和方法。 例如，1955 年的双边文化合作协议书规定：越南派遣 490 人来中国学习；中国派遣 3 人去越南学习；接收方免收学费，提供住宿和免费医疗，留学生生活费由派遣国负担，但委托对方政府垫付，每年通过双方国家银行结算一次。

1965 年美国派地面部队在越南南方登陆，并对北方进行全面轰炸。 由于越南国内高等学校无法正常上课，越方提出大量向我国派遣留学生。 1965

年一年越南来华留学生总数达 3133 人，其中大学生 2568 人，研究生和进修生 565 人。 鉴于越南当时抗美斗争的实际情况，我国政府决定上述所有留学生的费用全部由中方负担。

与朝鲜、蒙古的留学生交流方法也与越南基本相同。

3. 与民族独立国家的留学生交流

所谓民族独立国家是指原殖民地国家获得民族独立的国家。 第二次世界大战以后，越来越多的原殖民地国家获得政治独立。 我国的外交方针是站在这些国家一边，支持他们的独立和经济发展。

1951 年 1 月，毛泽东同志在印度国庆晚会上，与印度驻华大使谈到两国交换留学生事。 印度驻华大使经请示后答复，印方表示赞同。 在 1955—1959 年间，印度总共派遣了 10 名留学生来华学习。

1955 年，高等教育部制定了与民族独立国家互派留学生的办法。 办法规定：与这些国家互派留学生不要求对等；免收对方来华留学生的学费，提供住宿，在医疗上提供方便条件；但留学生的生活费和往返国际旅费由派遣国负担。 在 1956 年至 1965 年间，共有 40 个亚、非、拉民族独立国家派遣留学生来华学习，其中亚洲国家 17 个(其中 5 国未建交)，非洲国家 18 个(其中 4 国未建交)，拉丁美洲国家 5 个(均为未建交国家)。

4. 与资本主义国家的留学生交流

1956 年，国家制定了接受资本主义国家派遣留学生来华学习的政策。 政策规定：对资本主义国家派遣留学生来华学习采取积极而慎重的方针；对建交国家，通过两国文化交流协定或交换留学生协定，在互惠基础上接收其留学生，留学生学习生活费由派遣国负担，接收方免收学费并提供住宿；在对方国家政府同意的前提下，可与建交国家的民间组织签订留学生交流协定，通过民间团体接收其留学生来华学习，留学费用或由本人自费，或由我方提供奖学金；对未建交国家，由对方国家权威机构介绍，并持有对方国家正式护照，方可来华学习，留学费用或由本人自费，或由我方提供奖学金；并规定 1956 年接收奖学金生 50 名，自费生 30 名，开放北京地区 9 所高等院校的 56 个专业。

从 1953 年至 1965 年，共有 96 名留学生来自西欧、北美和大洋洲的 16 个资本主义国家，其中 5 个国家与我国建立了外交关系，其余均为未建交国家。 96 名留学生中，44 人来自法国。 中法正式建交后，1964 年和 1965 年两年，法国共派遣了 41 名留学生来华学习。 所以，这个时期来自资本主义国家的留学生，除建交国家法国外，其他资本主义国家的来华留学生均属个别性质。

1970 年至 1978 年，除美国外，世界上主要资本主义国家均与我国建立外交关系，与这些资本主义国家交流的留学生成为当时我国来华留学生的主要部分之一。

总之，新中国建立后至 1978 年期间，我国与各类不同性质的国家开展了留学生交流。 虽然来华留学生总体规模还很小，但是，我国来华留学生的政策取向是十分明确的，对后来的来华留学生教育的发展起到了基础性的作用。

二、来华留学生的来源国别分析

虽然改革开放前，我国的外国留学生来自不同类型的国家，但是，在各个不同阶段，来自不同类型国家留学生的构成却不尽相同。 就来华留学生的来源国别特点来说，改革开放前近 30 年的来华留学生教育可以分为两个时期：第一个时期为 1950 年至 1965 年；第二个时期为 1973 年至 1977 年。1966 年发生"文化大革命"，随之高等学校停课，直到 1972 年高等学校恢复招生，所以，1966 年至 1972 年间没有留学生。

1. 1950—1965 年

据教育部统计[①]，按每年来华留学生新生数累计统计，在 1950—1965 年间，我国共接收来自 70 个国家的各类来华留学生 7259 人，其中来自建交国家的留学生为 7090 人，占同期来华留学生总数的 97.7%；来自未建交国家的留学生总数为 169 人。 所以，在这个时期，虽然我国接收了来自 27 个未建交国家的留学生，但来自未建交国家留学生仅占同期来华留学生总数的 2% 多一点。

---

① 《中华留学教育史录（1949 年以后）》，第 286—288 页，高等教育出版社，2000 年第 1 版

在此期间，年来华留学生新生累计总数超过百人的国家共有6个，它们依次为：越南（5252人，该数字为来华留学生人数，以下同）、朝鲜（546人）、苏联（208人）、阿尔巴尼亚（194人）、蒙古（131人）和印度尼西亚（111人）。

在1950年至1965年期间，与我国建立外交关系的国家总数为50个，其中有些国家曾因故中断外交关系。 这50个国家中，有43个国家派遣了留学生来华学习。 所以，我国与大多数建交国家开展了留学生交流。

为了分析来自不同类型国家留学生数量特点，可把在此期间与我国建交的50个国家分为四类：第一类是苏联和东欧人民民主国家，共9个国家，这是最早派遣留学生来华学习的国家。 60年代初期，中苏国家关系恶化后，这些国家中的多数国家中断了与我国的留学生交流。 第二类为周边人民民主国家和民族独立国家，包括越南、朝鲜、蒙古等人民民主国家，以及印度、印度尼西亚、柬埔寨、缅甸、阿富汗、尼泊尔、老挝、巴基斯坦和斯里兰卡等周边民族独立国家，共12个国家。 这类国家中的一些国家，特别是越南、朝鲜和蒙古等国，其来华留学生规模比较大一些。 第三类是其他亚、非、拉民族独立国家，共23个国家，其中7个是位于西亚、北非的国家，它们多数是阿拉伯国家；15个是撒哈拉以南新独立的非洲国家；1个是位于加勒比海地区的古巴。 这些国家都是与我国相距比较远的发展中国家。 第四类是资本主义国家，即西方发达国家。 这个时期与我国建交的西方发达国家均为西欧发达国家，包括法国在内共6个国家。

在此期间，第一类国家均派遣留学生来华学习，来自第一类9个国家的来华留学生总数为646人，占同期来华留学生总数的8.9%。

第二类的12个国家均派遣留学生来华学习，来自这12个国家留学生总数为6208人，占同期来华留学生总数的85.5%。 其中来自越南的留学生为5252人，占同期来华留学生总数的72.4%；来自朝鲜的留学生总数为546人，占同期来华留学生总数的7.5%；来自蒙古的留学生总数为131人，占同期来华留学生总数的1.8%。 而来自其他9个周边民族独立国家的留学生总数为279人，占同期来华留学生总数的3.8%，其中来自印度尼西亚的留学生数量最多，共有111人，占同期来华留学生总数的1.6%。

第三类的23个国家中，有16个国家派遣留学生来华学习。 来自这16个国家的留学生总数为 193 人，占同期来华留学生总数的 2.7% 。 在这 16 个国家中，有 4 个是位于西亚、北非的国家，来自这 4 个国家的留学生总数为 53 人；11 个是撒哈拉以南非洲国家，来自这 11 个国家的留学生总数为 117 人；来自古巴的留学生为 23 人。 所以，在此期间，来自撒哈拉以南非洲国家的留学生的数量多于来自西亚、北非国家和拉美、加勒比海地区国家的留学生。

总之，从国家地区来说，这个时期的来华留学生主要来自周边国家，其来华留学生占同期来华留学生总数的 85.5%；其次是来自苏联和东欧人民民主国家，其来华留学生占同期来华留学生总数的 8.9%；第三是来自撒哈拉以南非洲国家，其来华留学生占同期来华留学生总数的 1.6% 。

在此期间，来自 27 个未建交国家留学生总数为 169 人。 从数量上来说，未建交国家日本和喀麦隆的来华留学生数量最大，分别为 32 人和 40 人；其余 97 名留学生来自 25 个未建交国家，平均每个国家只有三四人。 所以，从总体上来说，来自未建交国家的留学生是个别情况。

2. 1973—1977 年

到 1977 年，与我国建立外交关系的国家达到 114 个，当时世界上的多数国家与我国建立了外交关系。 除美国以外，欧美发达国家均与我国建立了外交关系。

因为"文化大革命"，1966 年高等学校停课，外国留学生教育中断。1972 年，高等学校恢复招生后，1973 年开始恢复接收外国留学生。 当时规定的接收外国留学生原则是：对朝鲜、越南、罗马尼亚等国家尽量满足对方要求；对亚、非、拉已建交的友好国家赠少量奖学金名额；对欧美资本主义国家以及日本，按对等原则适量接收对方留学生。

根据教育部的统计[①]，按每年来华留学生新生数累计统计，在 1973—1977 年间，我国共接收了 2066 名外国留学生。 这些留学生来自与我国建立外交关系的 69 个国家，其中 11 个周边国家，18 个欧美发达国家（包括大洋洲的澳大利亚和新西兰），24 个撒哈拉以南非洲国家，10 个西亚、北非国家，3 个拉美、加勒比海地区国家，3 个东欧国家。

---

① 《中华留学教育史录(1949 年以后)》，第 872—876 页，高等教育出版社，2000 年第 1 版

来自 11 个周边国家的留学生为 625 人，占这期间来华留学生总数的 30.3%。来自 18 个欧美发达国家的留学生为 556 人，占同期来华留学生总数的 26.9%。 来自 24 个撒哈拉以南非洲国家的留学生为 486 人，占同期来华留学生总数的 23.5%。 来自 10 个西亚、北非地区国家的留学生为 246 人，占同期来华留学生总数的 11.9%。 来自 3 个东欧国家的留学生为 128 人，占同期来华留学生总数的 6.2%。 来自 3 个拉美、加勒比海地区国家的留学生为 25 人，占同期来华留学生总数的 1.2%。

在此期间，来华留学生年新生累计总数超过百人的国家有两个，一个是越南（213 人），另一个是法国（124 人）。

与 1950—1965 年的来华留学生的国别来源比较，在 1973—1977 年间，来自周边国家的留学生在数量上继续占首位，但与其他地区来华留学生数量上的差异大大缩小，主要原因是越南来华留学生大大减少。 来自欧美发达国家留学生显著增加，原因是在此期间除美国外的所有欧美发达国家均与我国建立了外交关系，留学生交流成为这些国家与我国发展国家关系的重要内容。来自撒哈拉以南非洲国家的留学生也显著增加，其规模仅次于来自欧美发达国家的留学生。 来自这三类国家的留学生占这个时期来华留学生总数的 80.7%。

在这一时期，来自苏联和东欧国家的留学生显著减少，因为我国与苏联国家关系的恶化，苏联和多数东欧国家中断了留学生交流，只有罗马尼亚、南斯拉夫和阿尔巴尼亚三个国家继续派遣留学生来华学习。 来自这三个国家的 128 名留学生中，有 97 人来自阿尔巴尼亚。 1976 年，因阿尔巴尼亚方面的原因，中断了向我国派遣留学生。

改革开放前的留学生交流基本上是国家间的留学生交流；除个别情况外，没有自费留学生。

三、来华留学生的语言（汉语）学习

1950 年来自东欧国家的第一批留学生，先入清华大学进行汉语培训，当时规定留学生学习汉语的时间为两年，然后转入专业学习。

我国高等学校院系调整后，从 1953 年开始，来华留学生的语言培训由北京大学承担。 根据过去几年来华留学生汉语培训的情况，北京大学对来华留学生的汉语培训时间没有规定统一的学习期限，而是根据学生本人的原来汉语基础、参加培训期间的学习成绩以及留学生的学习专业等来确定留学生的汉语培训期限，规定一般为 1—2 年。

1954 年，高等教育部留学生司派人对北京大学的留学生汉语培训情况进行检查。检查后提出的报告称，北京大学"在语文教学方面积累了一些教学经验……能够在一年左右的时间，帮助留学生初步掌握中国语文，为入系（专业）学习打下听、说、阅读中文的基础，这不能不说是一项较大的成绩。"

1955 年，高等教育部在《关于各国来华留学生管理工作的注意事项》的通知中，评估留学生通过一年或两年汉语培训后的汉语水平时说，留学生"可初步具有听说、阅读中文的能力，……（但在）学习专业的第一年中，（汉语）语言上困难仍大，……学校必须根据实际情况，给予适当和应有的照顾，从各方面多加辅导。有条件的学校，可为留学生专门开设语文（汉语）课，以进一步提高语文（汉语）。"

1955 年，中国与越南签订的文化合作议定书中，关于留学生的语言培训规定："双方学生凡没有掌握对方语言者，必须在对方学校先行补习语言一年；学习文学、历史和哲学等专业者，必须（专门）学习语言两年。"

1963 年颁发的《教育部关于接收外国留学生入中国高等学校学习的规定》中，对来华留学生的汉语学习规定："凡不能直接用汉语进行专业学习的，来华后，必须先入外国留学生高等预备学校学习汉语一年或两年（学习文、史、哲专业的学习两年汉语）。学习期满，经考试及格者再分配入有关学校学习专业。"

1963 年，教育部部长蒋南翔在外国留学生工作会议上的报告中，就来华留学生的汉语学习问题指出："掌握汉语工具是留学生学好专业的首要条件。只在预备学校学习一年汉语还是不够的。因此，有必要规定汉语作为在华留学生的第一外国语，在专业学习中，用外语课的时间，为留学生开设汉语课。时间大体上一年到两年。"之后，接收外国留学生的高等学校，包括一些工科院校，开始配备汉语教师，利用课程规定中的外语课时间，为留学生开设汉语课。

1965 年，越南派遣 3000 多人来华留学。这些留学生的汉语培训由北京、上海、南京、杭州、武汉、西安、沈阳、长春等 9 个城市的 23 所综合大学和师范院校承担。 培训留学生汉语的高等学校数量明显增加。

1973 年我国高等学校恢复接收外国留学生，对来华留学生的汉语培训规定："外国留学生一般先集中到北京语言学院学习一年左右汉语，然后视汉语运用能力，转入专业学习。"因为这个时期的外国留学生，基本上是国家间交流的奖学金留学生，所以，北京语言学院接收的学习汉语留学生，主要是我国接收的奖学金留学生。

以上是改革开放前 20 年留学生汉语培训的发展过程。 它反映了我们对留学生汉语培训的这个新事物的认识过程，以及有关留学生汉语培训规定的演变过程。 经过近 20 年的实践，当时总结的结论是，对来华前未学习过汉语的留学生，通过在华一年专门汉语培训，其汉语能力还不能适应专业学习的需要，必须在留学生进入专业学习后，利用课程规定中的外语课时间，为留学生开设一到两年的汉语课，以提高留学生的汉语能力，保证留学生的专业学习质量。 同时规定选学文、史、哲和中医等专业的留学生，必须接受两年的专门汉语培训。

改革开放前 20 年的来华留学生教学实践表明，来华留学生汉语上的困难已经成为来华留学生教育的主要问题之一。 但是，当时来华留学生数量还比较少，每所院校接收的来华留学生仅有几十人，或十几人，甚至几个人。 所以，接收来华留学生院校可以采取一些具体措施对留学生提供帮助，例如个别辅导等，使多数留学生能够完成学业。

从改革开放前来华留学生第一年的汉语培训的发展历程看，汉语培训首先由清华大学承担；院系调整后由北京大学承担；当非洲来华留学生增加后，北京外国语学院承担来自非洲国家留学生的汉语培训，并建立专门的留学生高等预备学校，承担全部来华留学生第一年的汉语培训；60 年代初期，在留学生高等预备学校基础上建立了北京语言学院，承担全部来华留学生第一年的汉语培训。

但是，从 60 年代初期开始，根据教育部的规定，接收外国留学生的理、工、农、医院校开始开设汉语课，帮助留学生继续提高汉语能力。 60 年代初期接收了来自越南的 3000 多名留学生，国家安排分布在不同省份的 23 所综合大学和师范院校承担越南留学生的第一年汉语培训。 所以，改革开放前，虽然有专门院校负责来华留学生的第一年汉语培训，但是，实际上参与留学生汉语培训的院校有几十所之多。 相当数量的高等院校具有了对外国留学生进行汉语培训的经验，为改革开放后留学生汉语培训的迅速发展准备了一定条件。

四、接收来华留学生的高等院校

改革开放前的来华留学生，几乎全部是通过双边政府渠道接收的奖学金留学生。 教育部根据国家每年的奖学金留学生规模，通过双边商定与外国交流的留学生名额。 教育部（高教部）是负责接收和安排留学生学习院校的机构。 教育部有关部门通过外国驻华使馆或我国驻外国使馆，确定有关国家来华留学生的名单，然后与国内有关院校商定留学生的接收问题。 接收来华留学生的院校确定后，教育部根据院校接收的外国留学生数量拨付费用。

教育部确定接收外国留学生的院校和对外开放专业。 50 年代，教育部对接收来华留学生的院校的选择，以位于较大城市、交通方便和同类专业中质量最好的院校为原则。 因此，改革开放前接收来华留学生的院校均位于较大城市，而且是我国质量高、水平好的高等院校。 例如，到 1956 年，对外开放的高等院校均为位于北京和天津的高等院校，包括北京大学、清华大学、北京钢铁学院、北京矿业学院、北京农业大学、北京林学院、北京医学院、中央美术学院、南开大学和天津大学等。 这些院校的 50 多个专业对外国留学生开放。 这些院校都是我国当时教学水平高的院校。

据统计，1962 年，在校来华留学生总数为 1138 人。 这些留学生分布在全国的 12 个城市的 53 所高等学校，平均每所高等学校有外国留学生约 21人。[①] 所以，大多数院校的外国留学生规模很小。

1966 年"文化大革命"后，高等学校停止招生，当年 9 月 19 日安排所有在校的来华留学生休学回国。 据统计，当年在校来华留学生总数为 3746人，其中一年级大学生 2491 人，二年级大学生 599 人，研究生和进修生 646人。 这些留学生分布在全国 21 个城市的 128 所院校和少数科研单位，平均

---

① 《中华留学教育史录（1949 年以后）》，第 327 页，高等教育出版社，2000 年第 1 版

每所高等学校有外国留学生约 29 人。

3746 名来华留学生中,本科生占 82.5%,其余为研究生和进修生。 这些留学生的学习专业分布为:理工学科占 74.8%,农、医学科占 11.5%,文、史学科占 5.1%,财经学科占 6.2%,艺术类学科占 1.7%,体育学科占 0.7%。[①] 85% 以上的学历留学生的学习专业为理科、工科、农科和医科。

这 128 所院校的多数位于直辖市和省会城市。 例如北京有 47 所,上海 21 所,天津 8 所,三大直辖市的院校数达 76 所,占当年接收留学生院校总数的 59%。 位于 13 个省、自治区首府城市的院校数为:武汉 9 所,南京 7 所,西安 7 所,广州 4 所,长春 4 所,杭州 3 所,沈阳 3 所,长沙 2 所,济南 2 所,哈尔滨 1 所,呼和浩特 1 所,太原 1 所,合肥 1 所,共 45 所。 其他 7 所院校所在城市为:大连(2 所)、青岛(2 所)、阜新(1 所)、无锡(1 所)和富拉尔基(1 所)。 这 128 所院校的多数为教育部和其他中央部委所属院校,少数为省、自治区、直辖市所属院校。 一般说来,当时中央部委所属院校多为教学质量高的院校。

1973 年恢复接收来华留学生后,直到 1977 年,来华留学生教育仍然处在恢复发展时期。 根据教育部的统计,1977 年在华留学生总数为 1217 人。 在校来华留学生规模仅为 1966 年在校来华留学生规模的 32.5%。

五、来华留学生的教学

改革开放前,留学生的专业学习一般与中国同学趋同。 1962 年制定的第一个来华留学生的法规性文件《外国留学生工作试行条例(试行)》中规定:"对留学生应严格要求,同时要照顾他们的特点和困难,认真帮助,加强辅导,力求使他们学到真正的本领。"

在接收来华留学生的初期,特别是来自非洲国家的留学生增加后,曾发生过留学生不能适应在华学习生活而中途退学的现象。

1962 年,有 83 名来自非洲国家(包括索马里)的留学生要求退学回国,占 1959—1962 年间来华非洲国家留学生总数的 57%。 教育部部长杨秀峰亲

---

① 《中华留学教育史录(1949 年以后)》,第 825 页,高等教育出版社,2000 年第 1 版

自与要求退学的留学生谈话，但留学生仍坚持退学回国。 他们向杨秀峰部长反映的不愿在中国继续学习的理由有：学习太紧张，学生自己掌握的时间很少；老师进课堂，学生要起立；伙食不好；不能每天洗澡；中国学校没有学位；来华前被告知到中国用英文学习，现在则要学习汉语等。 这些非洲留学生退学的实质问题是学习跟不上。 在接收非洲国家留学生中，我们存在对留学生的文化水平了解不够的问题。 例如，1961年和 1962 年接收的索马里 43 名留学生中，只有 6 人具有高中文化程度，其余均只有初中甚至小学文化程度，因此，许多人来华后不可能适应大学紧张的专业学习生活。

即使具有高中文化水平的非洲国家留学生，也有很多人在学习上面临很大困难。 在 1963 年召开的建国以来第一次外国留学生工作会议上，教育部部长蒋南翔在报告中指出，来华留学生工作要以教学为中心，对留学生的专业学习，要从留学生的实际出发加以安排。 他在报告中提出三种方式：对程度较好的学生，基本上按中国学生的教学计划进行，与中国学生的要求大体一致；对程度较差、难以按统一教学计划进行教学的学生，酌情减免一些次要课程，精简一些内容；对个别基础太差的学生，作特殊安排，例如用专修的方式重点学习一部分课程。 以上三种方式中，第一和第二种方式是基本的，第三种是个别的，并要力求减少。

所以，对留学生的教学，在与中国同学趋同的同时，接收留学生院校还安排教师对留学生进行个别辅导。 对留学生学习上的个别辅导已经成为留学生教学的不可缺少的一部分。

所以，1973 年恢复接收外国留学生后，教育部 1974 年制定《关于外国留学生教学和管理工作的暂行规定》，对来华本科留学生的教学规定是："凡能统一计划的，均与中国学生合班上课；不能统一计划的，则可单独安排。"第一次把留学生单独教学合法化了。

对留学生教学不能与中国同学统一安排的主要原因，一是留学生的汉语能力差，二是留学生基础知识差。 前者与留学生来华后的汉语培训有关，即如何使经过一年汉语培训的留学生的汉语能力达到专业学习的要求；后者与留学生招生有关，即如何保证录取的留学生具有接受高等教育所需要的基础知识。

关于留学生的学籍管理，1962 年制定的《外国留学生工作试行条例（试行）》中规定："学校应根据考勤、考级制度对留学生进行考核。凡留级、开除学籍者，必须报教育部批准。留学生改变专业、延长学习时间、提前结业和中途回国等，由学校报教育部批准。"1973 年恢复接收留学生后，对留学生的学籍管理仍沿用上述规定。

在我国高等学校的学籍管理规定中，规定了学生学习成绩不及格要给予"留级和开除学籍"等具体处理办法，这些权力属于学校。教育部的上述规定把对留学生的学籍管理中的属于学校的权力划归教育部，要求对留学生留级和开除学籍，必须报教育部批准。当时作这样的规定有一定道理。但后来的实践发展证明，这种规定不利于学校对留学生的管理。

六、来华留学生的教育管理

1. 留学生教育管理工作的复杂性和困难

因为留学生来自不同的文化背景，对留学生的教育管理与本国学生不同，具有一定难度。50 年代后期，非洲国家来华留学生增加后，使来华留学生的教育管理工作更具复杂性。

例如，据统计，1962 年在北京的高等学校学习的来自非洲国家的留学生共有 61 人。在 1961—1962 年间，在这些留学生中，发生罢课、绝食、打架斗殴、打碎食堂餐具、偷盗等大小事件 30 多起。一些人对学习没有兴趣，无故旷课，无故旷课的学生比例占三分之二以上，个别人甚至根本就不来上课，拒绝参加考试以及不尊重教师等现象屡屡发生。

又例如，根据当时我国的经济条件，对外国留学生的生活费用标准已经给予了很大照顾，规定留学生每月生活费为 80 元。在当时的价格标准下，这些费用只用于伙食等个人费用，应该不成问题。但是，一些非洲留学生仍组织请愿，要求增加生活费。后来，国家又决定增加到每月 100 元。当时我国高等学校的大学生的每月伙食费也只有 10 元左右，而大学毕业生毕业后的月工资也不过 50 元左右。

针对上述情况，1963 年，教育部发布了《关于接收外国留学生入中国高等学校学习的规定》，要求驻外使馆将规定的内容向欲来华学习的人说明。

这些内容包括：中国经济还比较落后，人民生活水平还较低，为保证留学生的学习和健康，我国对外国留学生有一定照顾，但仍比较艰苦，因此，到中国要准备过艰苦生活；中国学校对学生的培养是认真的，因而对学生要求严格，学习生活紧张，学生必须遵守学校的规章制度；中国人民的社交是自由而严肃的，留学生必须尊重中国的风俗习惯；中国对留学生的一切正当权益都给予法律保障，留学生也应当遵守我国的政策法令和条例，不得违反。如果欲来华学习的人听了上述介绍对来华学习表示犹豫，应劝说他们不要来华学习。

在 1963 年教育部召开的全国来华留学生工作会议上，蒋南翔部长指出，我们必须看到留学生工作的复杂性，留学生来自世界各国，他们的学习目的和文化水平不同，他们的生活方式、风俗习惯、宗教信仰也有很大差别。这给我们的管理工作带来一系列复杂问题和困难。

2. 加强领导和留学生工作队伍

1962 年制定的《外国留学生工作试行条例（草案）》中，对留学生工作的组织领导作了具体规定，要求接收来华留学生院校，应有一位校级领导（正、副校长）具体分管外国留学生工作；留学生较多和工作需要的学校，应设专门机构或专职干部。

在 1963 年底召开的全国来华留学生工作会议上，教育部部长蒋南翔在报告中强调，要做好留学生工作，必须加强领导。他要求省、市高教（教育）厅（局）加强对留学生工作的日常领导；他肯定了一些院校指定校长办公室主任对来华留学生工作负责抓总的做法，并指出留学生较多的院校，各系也应对留学生工作全面负责，指定必要的人员管理具体工作；他强调必须十分重视健全和提高留学生工作人员的队伍，这支队伍包括干部、教员、职工三个部分；对这支队伍的主要骨干，包括担任辅导课的教员在内，要保持相对稳定，不要随便调动，以利于提高工作质量，积累工作经验；还规定对留学生的辅导课计入教师的工作量。

留学生工作人员队伍中的干部，是指专职留学生管理干部。留学生工作人员队伍中的教师，是指单独为留学生上课和辅导的教师。留学生除了与中国同学合班上课外，学校一方面安排教师专门为留学生开设汉语课，同时安排教师为学习上有困难的留学生辅导和补课，这些教师是留学生工作队伍中重要组成部分。 留学生工作人员队伍中的职工是指在留学生宿舍和食堂工作的职工人员。 因为留学生的伙食标准远远高于当时中国同学的伙食标准，而且留学生的住宿也不是中国学生的 8 人一个房间，所以，学校为留学生安排单独的宿舍和食堂，在这些宿舍和食堂工作的职工是直接为留学生服务的人员，因而成为学校留学生工作队伍的一部分。

1973 年恢复接收外国留学生后，在 1974 年颁布的外国留学生管理规定中，对留学生的住宿和就餐作了新的规定："外国留学生要求与中国同学同吃同住，应予以支持，但要坚持自愿原则。 中外学生同住，可以同楼同室或同楼不同室；如条件许可，对外国留学生到中国学生食堂就餐的要求，可予满足。"

3.对留学生既要适当照顾，又要严格管理

因为对留学生生活上的照顾，使留学生成为学校中的特殊群体。 在我方人员中产生了对留学生不敢管理的问题，在留学生中也产生了无视纪律约束的现象。 1962 年制定的《外国留学生工作试行条例（试行）》规定："对留学生的生活适当照顾，但不能把留学生当成外宾看待。""要严格执行生活管理制度，并教育留学生自觉遵守。""要尊重留学生的民族风俗习惯和宗教信仰，并提供必要的方便。""要做好留学生的社会管理工作，包括保护留学生的合法权益和人身安全，教育留学生自觉遵守我国的有关政策和法令，尊重我国的风俗习惯。 对留学生的违法行为，要依法处理。"

思想工作是我国的优良传统，对留学生也要进行思想工作。

蒋南翔部长在第一次全国来华留学生工作会议上的报告中指出，对留学生进行思想工作的目的，是为了保证教学，加强管理，增进友谊。 思想工作的内容是广泛的：

（1）围绕教学任务进行思想工作，这是最主要的。 因为这方面的思想工作是经常的，大量的，可以对每个留学生进行的，内容丰富，对象广泛。

（2）遵纪守法、团结友好、勤俭朴素的教育。 这方面的教育也是在日常生活中随时随地可以进行的。

（3）介绍我国情况、我国革命和建设的经验。 在方式上要灵活，不强求一律参加，要靠丰富、生动的内容来吸引留学生。

（4）在适当的场合和必要的时候阐明我党对重大问题的主张。

第四节　二战后至 70 年代世界外国留学生教育的发展

一、二战以前的世界外国留学生教育

1872—1875 年间，先后四批 120 名中国幼童赴美留学，这是近代中国首次向西方国家官派留学生。 但是，19 世纪后半期，德国是世界工业强国，德国的高等教育水平远高于当时美国的高等教育，正是一批接一批美国留学生赴德国学习的时期。 有材料证明，在 1850—1900 年的半个世纪里，先后有上万名美国留学生赴德国留学。 半个世纪里一万名留学生，在今天看来是微不足道的，但在当时是一个很大的数字。 美国是欧洲国家以外在德国留学生最多的国家。 这些美国留学生不但在德国大学学习了当时世界上最先进的科学技术，而且美国还学习了德国高等学校的研究生教育制度。 这些学习对美国高等教育的发展以及后来使美国成为世界科学技术强国发挥了重要作用。

19 世纪后半叶，德国是世界上接收外国留学生最多的国家，不但有上万名美国留学生，而且有上万名英国留学生，还有来自其他欧洲国家（包括俄罗斯）的留学生。[①]

19 世纪后半叶，当时的中国清王朝除了向美国派遣了 120 名幼童留学生外，还向英国、法国、德国派遣了学习军事和战舰制造的留学生，总共只有百人左右。 而且，派往美国的幼童大多数中途被撤回。 所以，与其他国家相比，中国当时的外派留学生不但规模很小，而且留学生回国后发挥的作用也差。

1904 年，美国接收外国留学生总数为 2673 人。 当时美国还正处在从欧洲国家吸引移民，其外国留学生也主要是吸引欧洲国家的留学生。 例如由丹麦裔工业家出资建立于 1910 年的美国—斯堪的纳维亚基金会，目的是推动美国与丹麦、芬兰、冰岛、挪威和瑞典等国家间的教育文化交流，斯堪的纳维

---

① 《德国和美国大学发达史》，贺国庆著，第 115 页，人民教育出版社，1998 年第 1 版

亚国家的年轻人到美国参加培训，主要领域包括工程、造船、法律和商业管理、农业等领域；美国年轻人到对方国家的培训也主要是技术领域。①

从 1910 年开始，美国通过"退还"部分"庚子赔款"用于接收中国留学生。由于"庚款"留学生的派遣，也吸引了其他中国留学生赴美国留学，使美国成为当时接收中国留学生最多的国家。据统计，1950 年仍在国外的中国留学生共有 5000 多人，其中 3000 多人在美国。

1919 年，非营利的从事国际教育交流的美国"国际教育协会"成立。它从事的第一项学生交流项目是 1922 年美国与捷克斯洛伐克交换 5 名学生。1925 年，协会建立了派遣美国大学学生到国外学习项目，也主要是去欧洲国家学习。在 1933—1945 年间，协会实施了帮助欧洲学者项目，使那些由于受宗教、种族、战争和法西斯迫害而来到美国的欧洲国家的学者继续他们的研究工作，共有 300 多名学者得到了帮助，其中有的人后来成为诺贝尔科学奖获得者，为科学发展作出了重要贡献。协会还向政府提出了设立非移民学生签证，方便外国学生进入美国留学。

直到 16 世纪以前，西欧还没有民族国家的概念。16 世纪以后西欧开始出现民族国家。西欧的民族国家形成后，国家之间既有战争，又有广泛的人员交流。欧洲是近代科学的发源地，在近代科学发生和发展的过程中，欧洲国家之间一直存在留学生流动。但是，20 世纪上半叶，以欧洲为主战场的两次世界大战严重影响了欧洲国家的发展，它们接收的外国留学生规模也远比美国小。例如，据联合国教科文组织的统计，1950 年，美国的外国留学生规模为 29000 多人，而西欧的法国、英国和德国的外国留学生规模分别为 13000 多人、8000 多人和 2000 多人。

二、1950—1980 年间的世界外国留学生教育

1. 世界外国留学生规模的扩张

1946 年联合国教科文组织成立，1950 年出版的联合国教科文组织教育年鉴中包括了当时会员国接收的外国留学生的统计数字。

---

① *Educating Students from Other Nations*，Hugh M. Jenkins 著，PP 12

根据联合国教科文组织的统计，1950 年世界各国接收的外国留学生总数为 8 万人，1960 年增加到 18 万人，1970 年增加到 38 万人，1980 年世界各国接收的外国留学生达到 90 万人。[①] 所以，在 1950—1980 年间，世界外国留学生规模每 10 年扩大一倍以上。

1980 年的 98 万外国留学生，分布在世界上的 85 个国家和地区。当时世界上三分之二以上的国家接收了外国留学生。

世界外国留学生的扩张规模与同期世界高等教育的扩张规模相一致。根据联合国教科文组织的统计，1950 年，全世界各国高等学校在校学生总数为 631 万人；1960 年，世界各国高等学校在校学生人数增加到 1165 万人，比 1950 年增长了 84.6%；1970 年，世界各国高等学校在校学生人数增加到 2673 万人，比 1960 年增长了 1.3 倍；1980 年，世界各国高等学校在校学生人数增加到 4690 万人，比 1970 年增长了 75.5%（见表 1）。世界高等教育的毛入学率，也从 1960 年的 6% 增加到 1980 年的 11%。在这期间，虽然发展中国家的高等教育规模也有所扩大，但高等教育规模扩张的主要部分是来自发达国家。

表 1　1950—1980 年间世界各国高校在校学生数和平均高等教育入学率

年份	高校在校学生数（万人）	平均高等教育毛入学率（%）
1950	631.7	—
1960	1165.6	6.0
1970	2673.4	11.1
1980	4690.3	11.0

资料来源：《比较教育研究》2001 年第 2 期

2. 世界外国留学生的分布

在 1980 年接收外国留学生的 85 个国家和地区中，外国留学生超过千人的国家和地区共有 49 个。这 49 个国家和地区接收的外国留学生总数为 90 万人，占当年世界各国接收的外国留学生总数的 92%。

---

① 世界外国留学生的统计数字均来自联合国教科文组织出版的教育年鉴和网站。因其公布的留学生统计数字具有一定可比性，本书所引用的世界外国留学生数字，凡未注明出处的，均来自联合国教科文组织。

根据世界各国外国留学生流动和接收的特点，把接收外国留学生的国家按所在地区或国家类别分为六类：亚洲的东亚、东南亚、南亚地区国家；亚洲的西亚、北非地区国家；发达国家，包括西欧所有发达国家、北美的美国和加拿大、大洋洲的澳大利亚和新西兰以及亚洲的日本；苏联、东欧国家；撒哈拉以南非洲国家；拉美、加勒比海地区国家等。在上述六类国家中，除发达国家和苏联、东欧国家外，其他四类地区的国家基本上是发展中国家。

接收外国留学生超过千人的 49 个国家地区中，属于欧美发达国家的共 21 个，这 21 个国家接收的外国留学生占当年世界外国留学生总数的 78%；属于苏联、东欧国家的有 8 个，这 8 个国家接收的外国留学生占当年世界各国接收的外国留学生总数的 4.0%；属于西亚、北非地区国家的有 9 个，除土耳其外，其他 8 个国家均为阿拉伯国家，这 9 个国家接收的外国留学生占当年世界外国留学生总数的 9.6%；属于亚洲的东亚、东南亚、南亚地区国家的有 5 个，这 5 个国家接收的外国留学生占当年世界外国留学生总数的 3.0%；属于拉美、加勒比海地区国家的有两个，这两个国家接收的外国留学生占当年世界外国留学生总数的 1.6%；属于撒哈拉以南非洲国家的有 4 个，这 4 个国家接收的外国留学生占当年世界外国留学生总数的 0.8%（见表 2）。

表 2　1980 年接收外国留学生超过千人的国家、地区分布

地区国家	国家数（个）	留学生数（人）	占留学生总数（%）
欧美发达国家	21	706227	78.4
西亚、北非国家	9	87441	9.6
苏联、东欧国家	8	36716	4.0
东亚、东南亚、南亚国家	5	27236	3.0
拉美、加勒比海地区国家	2	14826	1.6
撒哈拉以南非洲国家	4	8172	0.8
合计	49	880618	97.4

资料来源：联合国教科文组织 1994 年统计年鉴

3. 发达国家接收的外国留学生

1980 年，世界外国留学生的 78% 是在发达国家学习的。1980 年日本接收的外国留学生总数为 6500 多人，澳大利亚接收的外国留学生总数为 8700

多人，新西兰接收的外国留学生总数为 2400 多人，这三个发达国家当年接收的外国留学生仅占当年发达国家接收外国留学生总数的 2.4%。 所以，1980年发达国家接收的外国留学生主要是北美地区的美国和加拿大以及西欧发达国家接收的外国留学生。 北美和西欧发达国家接收的外国留学生占当年世界外国留学生总数的 76%。

下面分析发达国家能够吸引那么多外国留学生的原因。

（1）发达国家具有发展上的优势

发达国家发展上的优势首先表现在经济上比较发达。 二战后，世界上主要资本主义发达国家经历了 20 年空前的经济快速发展时期。 在 1951—1970年的 20 年里，主要发达资本主义国家每年平均的经济增长率为 5.3%，超过此前任何时期资本主义国家经济发展速度，使发达国家的经济实力大大增强，人民的生活水平普遍提高。 例如，1980 年，世界国内生产总值总数为 11.9 万亿美元，其中发达国家的国内生产总值占世界总数的 69.4%，发展中国家的国内生产总值占世界总数的 22%，苏联、东欧国家国内生产总值占世界总数的 8.5%。 发达国家国内生产总值是发展中国家国内生产总值的 3 倍多。① 但是，发达国家的总人口仅为发展中国家总人口的三分之一。

其次是发达国家高等教育发达。 根据联合国教科文组织的统计，1980年，发达国家高等教育平均毛入学率为 30.1%，而发展中国家高等教育平均毛入学率只有 5.1%，只是发达国家高等教育毛入学率的六分之一。 因此，发达国家的总人口虽然只有发展中国家的三分之一，但发达国家高等学校在校学生规模是发展中国家高等学校在校学生规模的 1.9 倍（见下页表 3）。 所以，发展中国家的高等教育远远落后于发达国家。 发展中国家高等教育资源稀缺，使得有经济条件的家庭选择把子女送到发达国家留学。

---

① 转引自联合国贸易发展大会网站 www.unctad.org

表 3　1960—1980 年发达国家和发展中国家高等教育入学率

年份	发达国家高等教育		发展中国家高等教育	
	在校生（人）	毛入学率（%）	在校生（人）	毛入学率（%）
1960	954.4	12.8	211.2	2.0
1970	2100.6	23.4	572.8	4.3
1980	2978.2	30.1	1596.0	5.1

资料来源：《比较教育研究》2001 年第 2 期

发达国家的高等教育发达，不但表现在高等教育入学率高、高等学校学生规模大，而且表现在高等学校的教育质量高。 发达国家的高等教育质量高，可以用获得诺贝尔科学奖的科学家数量来说明。 世界公认，获得诺贝尔科学奖的物理、化学、生理及医学的成就是现代科学有关学科发展的具有里程碑意义的杰出成就。 从 20 世纪初诺贝尔科学奖诞生以来，在 20 世纪上半叶，欧洲的德国、英国、法国等国获得诺贝尔科学奖的科学家占多数；在 20 世纪下半叶，美国获得诺贝尔科学奖的科学家占多数。 这些科学家大多是大学的教授和研究人员。 这个事实表明，发达国家高等学校的教学和研究水平高。

（2）利用移民吸引外国留学生

在发达国家中，有 4 个国家是移民国家，它们是美国、加拿大、澳大利亚和新西兰。 1980 年，美国接收的外国留学生占当年世界外国留学生总数的 34%，即世界上每 3 个留学生就有一人在美国留学。 美国能够吸引大量外国留学生，除了其国家发展上的优势外，它是世界上最大移民国家也是重要因素之一。

直到 1882 年前，美国的移民政策是自由移民。 1882 年美国国会通过了美国第一个限制移民的法案——"排华法案"，不准华人进入美国，也不准华人加入美国籍。 1917 年，为提高移民文化素质，国会通过了《文化测验法案》。 这项法案主要是用来限制东南部欧洲国家移民；同时又设立了"亚洲禁区"（包括俄国的中亚地区、阿拉伯国家、巴基斯坦、印度、东南亚、中国等），规定该禁区内各国民族不得移民美国。 1921 年，美国开始实施限额移民政策，但仍然规定"演员、艺术家、宗教人士、讲师、教授、家庭佣人、专业知识人士(律师、医生等)"不受限额限制。 在 1924 年的移民法案中，规定"15 岁以上来美在指定或劳工部部长认可的学校修业的留学生"也不受限额限制。 所以，即使实行限额移民政策，对在美国留学的外国留学生而言，还是有移民美国的机会。

1924 年，美国规定的移民限额为 15 万多人，其中 71% 分配给欧洲的英国、德国和爱尔兰（当时称自由邦），24% 分配给其他欧洲国家，即 95% 移民配额分配给欧洲国家。 这个配额是根据 1890 年人口普查的结果确定的，外国移民配额为其已在美国定居人口总数的 2% 。 这个事实说明，1890 年美国人口普查的结果表明，当时美国人口的绝大多数是来自欧洲国家，即所谓白人。 到 1924 年，美国的移民仍然以欧洲国家移民为绝大多数。 美国的第一次人口普查是在 1790 年，据 1790—1820 年间的几次人口普查结果，白人在总人口中的比例均占 80% 以上。 1900 年的人口普查中，白人占 76% 。

1943 年，美国国会废除了长达 61 年之久的《排华法案》，规定废除1882—1913 年间颁布的所有排斥和禁止华人入境的移民法，每年给予中国105 名移民限额，允许华人以同等条件划归为美国公民。 随着排华法案的废除，1917 年设立的"亚洲禁区"也随之废除。 据统计，1945 年至 1949 年，入境美国的各国移民共 90 万人，其中，亚洲移民为 3 万人左右，占总数的3% ，90% 以上是欧洲国家移民。

美国 1952 年的移民限额为 15.6 万人，西欧国家仍占 95% 以上，但同时给予亚洲一些国家少量配额，一般为每个国家 100 名。

50 年代西欧国家经济迅速恢复后，西欧国家向美国移民的数量也迅速减少，后来发生每年分配给西欧国家的移民配额使用不完的情况，因而促成美国改变实行的以西欧国家移民为主的移民政策。

1965 年，美国颁布了《外来移民与国籍法修正案》，规定各国不分种族、宗教和国籍都可以申请移民美国；除了对西半球（指南北美洲国家）设立总额 12 万的移民限额外，欧洲、亚洲和非洲等地区的总限额每年为 17 万人，各国每年的移民入境人数不得超过 2 万；各国移民审批按照先来后到的原则办理，无国别限制。

据美国政府统计，在 1931—1960 年入境的所有外来移民中，欧洲移民占58% ，西半球移民占 36% ，亚洲移民占 5% ，其他地区移民占 1% 。 但是，在 1971—1980 年的各类移民中，欧洲移民降至 19%，西半球移民占 41%，亚洲移民占 34%。 在 1980—1984 年间，欧洲移民降至 12%，亚洲移民升至 48%，西半球移民为 37%，其他地区移民占 3%。 70 年代以来美国移民来源的重大变化，使来自西欧国家的移民所占比例逐渐减少，来自亚洲国家的移民所占比例迅速提高。

这就是为什么 60 年代以后，美国来自亚洲地区国家留学生迅速增加的重要原因之一。 因为根据美国法律，成为在美国的留学生有移民美国的机会。美国正是利用这个政策吸引了大量来自亚洲国家的留学生。 1980 年，美国的外国留学生的 57.5% 来自亚洲国家。

非移民的发达国家也通过接收外国留学生从发展中国家吸引人才和劳动力。 例如，法国、德国和英国，虽然不能像移民发达国家那样大量吸收移民，但是，通过接收外国留学生吸引人才也是这些国家的公开政策。

（3）通过对外援助吸引外国留学生

二战后，美国成为世界上经济实力最强大的国家。 1948 年，美国的人口仅占世界总人口的 6.5%，却拥有世界钢产量的 55%，石油产量的 70%，谷物产量的 33%，棉花产量的 50%，国民生产总值的 40%。

1947 年，美国提出"欧洲复兴方案"（又称马歇尔计划），对西欧国家提供援助。 9 月，英、法等 16 国联合向美国提出 4 年内提供 224 亿美元援助的要求。 欧洲国家以减少限制、开放市场方面的让步为条件，分别与美国签订了援助协定。 计划执行的 4 年（1948—1951 年）中，美国对西欧各国援助总额共达 210 亿美元。 这些援助成为西欧各国加快经济复兴的重要推动力量。同时，美国在向西欧国家的投资和出口过程中使其国内经济获得进一步发展。 1947 年，美国的出口占资本主义世界出口总额的 32.5%。 翌年，工业生产总值占资本主义世界工业生产总值的 56.4%，对外投资也明显超过英国。 在增加出口和投资的同时，美国还大量吸引西欧国家人才。 二战后，西欧国家百废待兴，美国不但吸引了大量西欧国家的科学技术人才，同时吸引大量西欧国家留学生来美留学。 1980 年，西欧国家在美国的留学生达到 2.3 万人，占当年美国外国留学生总数的 7.4%。

1949 年 1 月 20 日，美国总统杜鲁门在就职演说中提出美国全球战略的四点行动计划，并着重阐述了第四点，即对亚洲、非洲、拉美不发达地区国家实行经济技术援助计划，简称为"第四点计划"，又称"开发落后区域计划"。

美国国会于 1950 年 6 月通过了"援助不发达国家"的法案。 到 1951 年底，"第四点计划"已扩展到 33 个国家。 自 1945 年 7 月 1 日到 1967 年 6 月 30 日，在累计达 1172 亿美元的美国对外经济和军事援助中，30% 以上是给予非共产主义的不发达国家。 美国对发展中国家援助的 80% 是军事援助，其余为经济援助。

美国所谓的技术援助，就是向发展中国家提供经济发展所需的科学技术和管理等方面的知识，帮助培养动植物病虫害专家、疟疾和伤寒防治专家、供水和排水系统专家、冶金和采矿专家以及几乎各种工业的技术人员，因而吸引了大量留学生到美国留学。

美国将埃及、伊拉克、沙特阿拉伯、约旦、黎巴嫩、伊朗、以色列等国家列入该计划。 伊朗因为地处波斯湾，处于苏联南下印度洋的通道，本身又蕴藏丰富石油，因而也是美苏争夺的重要目标。 美国实施"第四点计划"后，伊朗成为美国实施该计划的第一个国家，美国资本随之大量涌入伊朗。美国还控制了沙特阿拉伯的石油资源。 1939 年，美国在中东石油开采额中所占的比例为 13.1%，1956 年则增加到 65%，而英国则由 1939 年的 80% 下降到 1956 年的 30%。

在 1980 年美国接收的外国留学生中，留学生最多的国家是伊朗。 伊朗当年在美国的留学生总数达 47000 多人，占当年美国全部外国留学生总数的 15%。 1980 年，沙特阿拉伯在美国的留学生也达到 1 万人。

西欧国家经济恢复后，也同样采取对外提供援助的手段，吸引发展中国家的留学生。 例如，1950 年由英国倡导的南亚以及东南亚地区发展的"科伦坡计划"，其宗旨是通过以资金和技术援助、教育及培训计划等形式的国际合作，来加强南亚和东南亚地区的社会经济发展。 英国实施该计划也是维护其在亚洲的传统影响。 美国实施"第四点计划"后在东南亚的举动引起英国的不安，这也是英国提出"科伦坡计划"的原因之一。

4. 苏联、东欧国家接收的外国留学生

二战后至 80 年代的冷战时期，美国来自苏联、东欧国家的留学生很少。

据美国教育部统计，1980 年，美国来自苏联、东欧国家的留学生有 1670 人，仅占美国当年外国留学生总数的 0.5%。 同样，苏联、东欧国家接收的留学生中，来自欧美发达国家的留学生也很少。 所以，苏联、东欧国家接收的留学生主要来自发展中国家以及这些国家之间的留学生流动。

在联合国教科文组织 1980 年对各国外国留学生的统计数字中，没有苏联当年接收的外国留学生统计数字，所以，前面表 2 中的苏联、东欧国家 1980 年接收的外国留学生数字未包括苏联接收的外国留学生数。

但是，根据原苏联教育部门的统计，1980 年苏联接收的外国留学生总数达到 8.8 万人。 如果按这个规模，1980 年苏联接收的外国留学生规模在世界各国中居第三位，仅次于美国和法国。

当时苏联接收的外国留学生的 80% 以上是奖学金留学生。 这些留学生大多数来自发展中国家和东欧国家。

据美国国际经济政策理事会的统计，1950 年，苏联的国民总产值占世界总产值的 13.5%，是当时经济总量仅次于美国的世界第二经济大国。 另外，根据联合国《世界经济统计简编 1982》，1961 年至 1980 年间，苏联、东欧国家的工业年平均增长速度，高于同期发达资本主义国家的工业平均增长速度。 所以，当时苏联在经济发展上仍然具有优势。 1980 年，苏联的高等教育毛入学率达 21.4%，而当时发展中国家的平均高等教育毛入学率只有 5% 左右。 所以，不论苏联的经济发展水平，还是苏联的高等教育发展水平，均具有吸引外国留学生的优势。 50 年代，我国曾有上万名留学生在苏联学习。 60 年代至 70 年代，苏联以提供奖学金的方式吸引了大量来自发展中国家的留学生。 同时，东欧国家也有大量留学生在苏联学习。 所以，当时苏联的外国留学生规模比较大。

5. 发展中国家接收的外国留学生

在 1980 年的世界外国留学生中，阿拉伯国家接收的外国留学生所占比例在发展中国家中最高，而且阿拉伯国家接收的外国留学生多数来自其他阿拉伯国家。 一方面因为阿拉伯国家之间语言文化相通，另一方面阿拉伯国家之间发展水平差异大，比较发达的阿拉伯国家接收了大量来自比较落后的阿拉伯国家的留学生。 例如，1980 年，黎巴嫩和埃及高等教育毛入学率分别为

33.6% 和 17%，而也门的高等教育毛入学率只有 2%。所以，黎巴嫩、埃及等国家具有发展上的优势。1980 年，黎巴嫩接收的外国留学生总数达到 31000 人，埃及接收的外国留学生总数达到 21700 人，是当年发展中国家接收外国留学生最多的两个国家。这两个国家接收的留学生多数来自周边的阿拉伯国家。

1980 年，亚洲的东亚和南亚发展中国家接收的外国留学生占当年世界外国留学生的比例仅为 3.0%。印度是当年东亚、南亚国家中接收外国留学生最多的国家。1980 年，印度接收的外国留学生总数为 14700 人。印度的外国留学生多数来自南亚及其周边国家。根据联合国教科文组织的统计，1980 年印度高等教育毛入学率达到 5.7%，高等学校在校学生规模达到 354 万人，是亚洲高等教育规模最大的国家。虽然，5.7 的高等教育毛入学率并不高，但其周边国家的高等教育毛入学率一般为 2%，或者更低。所以，印度具有高等教育的发展优势，能够吸引外国留学生到印度学习。

1980 年，撒哈拉以南非洲国家中有 4 个国家接收的外国留学生超过千人。这些留学生主要是来自非洲国家。

1980 年，拉丁美洲、加勒比海地区国家接收外国留学生最多的国家是巴西，当年巴西接收的外国留学生总数达到 12800 人。1980 年，巴西高等教育毛入学率达到 11%，远高于其一些周边国家，因此有条件吸引周边国家的留学生。

三、改革开放前我国的外国留学生教育发展的国际比较

根据联合国教科文组织的统计，1980 年，我国接收的外国留学生总数为 1300 人。即使与很多发展中国家相比，我国的外国留学生规模也是较小的。但是，我国的外国留学生规模是与我国当时的经济和高等教育发展水平相适应的。

1.我国经济发展水平低

世界上衡量一个国家的发展水平的重要指标之一是国家的国内生产总值（GDP）。虽然 1980 年我国国内生产总值在世界上进入前十位，但我国是世界上人口最多的国家，按人口平均产值在 100 位以后，所以，我国总体经济

发展水平还很低。

1980年，按照当时国家规定的贫困标准，我国的贫困人口总数高达2.5亿。我国当时的总人口为10亿，即四分之一的人口属贫困人口。贫困人口规模如此大也表明我国经济发展水平还很低。虽然新中国建立以来，我国的经济也取得了长足发展，但是因为底子薄，人口规模巨大，国家的总体发展水平仍然很低。所以，我国既不能像苏联那样拿出更多经费提供奖学金接收外国留学生，也不具有发展上的优势吸引更多外国留学生。

2.我国高等教育相对落后

1980年，我国高等教育入学率只有1.3%，高等学校在校学生总数只有116万人。

根据联合国教科文组织的统计，1980年，亚洲发展中国家（不包括阿拉伯国家）的高等教育毛入学率平均为4.8%，拉美和加勒比海地区国家的高等教育毛入学率平均为13.6%，阿拉伯国家的高等教育毛入学率平均为9.4%，撒哈拉以南非洲国家的高等教育毛入学率平均为1.6%。所以，当时我国高等教育的毛入学率在发展中国家中也属于最低行列。

正是因为高等教育发展水平低，我国高等学校接收外国留学生的能力受到限制。例如，1965年，美国把战争扩大到越南北方，处于战争状态下的越南提出一年向我国派出3000名留学生。对接收这么多越南留学生，当时高教部在向国务院的报告中提出，"留学生所需宿舍、食堂、教室、阅览室等，除充分发挥学校潜力，利用现有房屋外，由于接收留学生人数过多，全部挤在中国学生的宿舍和食堂确有困难，因此，需要扩建一部分留学生宿舍和食堂。"这个事实说明，在高等教育硬件上，我国扩大外国留学生规模也受到很大限制。

3.我国的外国留学生教育发展受国际条件限制

留学生交流从根本上来说是建交国家之间的学生交流。但是，到60年代末期，世界上与我国建立外交关系并保持正常国家关系的国家仅有40个左右。只是在1971年联合国恢复我国的合法席位后，1972年美国总统尼克松访华，到1980年世界上与我国建立外交关系的国家达到154个。到90年代初，我国与所有周边国家的外交关系正常化后，使我国具备了发展外国留学生教育的比较充分的国际条件。

4. 国家开放是发展外国留学生教育的必要条件

改革开放前，虽然外国留学生规模小，但在外国留学生教育管理上碰到了很多困难。 我国接收的留学生几乎全部是国家交换的奖学金留学生。 虽然我们尽最大努力为留学生提供了比较优惠的条件（与国内同类人员比较），但是，留学生"闹事"却经常发生。 这不但使我们很多留学生管理人员感到困惑，也曾因为这类问题，我们不得不调整留学生教育计划。 但是，改革开放后，我国的外国留学生规模扩大了几十倍，原来使我们留学生管理人员困惑的事情却很少发生。 为什么呢？ 人们可能列出这样或那样的原因，但是，最根本的一条是改革开放后国内形成的开放条件，即只有在一个开放的国度才能够更大规模地发展外国留学生教育。

第二章

改革开放 30 年的
来华留学生教育

一个国家外国留学生教育的发展，与这个国家的外国留学生教育政策、国家的经济和高等教育的发展水平、发展外国留学生教育的国际环境等密切相关。

改革开放以后，特别是 90 年代以后，我国发展外国留学生教育的国际环境空前改善，不仅能够与世界上绝大多数国家发展正常的国家关系，而且与绝大多数国家的政治、经济和文化方面的交流与合作，特别是经济方面的交流与合作不断发展扩大。

第一节　我国对外国际政治、经济关系的发展

到 1980 年，我国已经与世界上绝大多数国家建立了外交关系。改革开放 30 年的国家对外关系的发展，不但为发展来华留学生教育提供了广阔的国际环境，而且大大促进了我国与外国之间的留学生流动。

1978 年，党的十一届三中全会决定把全党工作重点转移到现代化建设上来，从此我国走上了改革开放的道路。

所谓对外开放，就是要在自力更生的基础上积极发展同世界各国平等互利的经济合作。对与外国的经济合作，1982 年的宪法规定："中华人民共和国允许外国的企业和其他经济组织或者个人依照中华人民共和国法律的规定在中国投资，同中国的企业或者其他经济组织进行各种形式的经济合作。在中国境内的外国企业和其他外国经济组织以及中外合资经营的企业，都必须遵守中华人民共和国的法律。它们的合法的权利和利益受中华人民共和国法律的保护。"

邓小平于 1984 年 11 月说："对外开放，我们还有一些人没有弄清楚，以为只是对西方开放，其实我们是三个方面的开放。一个是对西方发达国家的开放，我们吸收外资、引进技术等主要从那里来。一个是对苏联和东欧国家的开放，这也是一个方面。国家关系即使不能够正常化，但是可以交往，如做生意呀，搞技术合作呀，甚至于合资经营呀，技术改造呀，156 个项目的技术改造，他们可以出力嘛。还有一个是对第三世界发展中国家的开放，

这些国家都有自己的特点和长处，这里有很多文章可以做。"①

因此，我国外交工作的基本方针是要发展同各国的正常外交关系，创造有利于国家现代化建设的和平国际环境。邓小平于 1986 年 6 月说："我们坚持独立自主的和平外交政策，不参加任何集团。同谁都来往，同谁都交朋友，谁搞霸权主义我们就反对谁，谁侵略别人我们就反对谁。"②

一、对欧美资本主义发达国家的开放

新中国建立后，我国与外国建立外交关系的方针是：对方必须断绝与台湾的关系，承认中华人民共和国是中国唯一合法政府。美国不但拒绝承认中华人民共和国，反而与台湾签订军事协定，派军队进入台湾，实行封锁和孤立新中国的政策，其他很多欧美发达国家也追随美国。因此，新中国建立后，与欧美发达国家的关系发展经历了一个长期过程。

建国初期，欧洲中部的瑞士以及北欧地区的瑞典、丹麦、芬兰、挪威等西欧发达国家先后承认中华人民共和国，与我国建立了外交关系。

新中国建立 15 年后，即 1964 年，法国承认中华人民共和国，与我国建立了外交关系。

又隔 5 年后，1970 年 10 月和 11 月，加拿大和意大利承认中华人民共和国，先后与我国建立外交关系。其他欧美发达国家，都是在 1971 年 7 月 15 日中美双方发表了美国总统尼克松准备访问中国的《公告》以及 1971 年 10 月 25 日联合国第二十六届大会以绝对多数通过恢复中华人民共和国在联合国的一切合法权利之后，与我国建立外交关系的。

虽然 1972 年美国总统访华，双方发表了联合公报，但是，中美两国直到 1978 年 12 月才发表建立正式外交关系的公报，从 1979 年 1 月 1 日起两国建立外交关系。从美国总统访华到双方建立外交关系花了 7 年时间，说明中美关系发展的难度和复杂。

与资本主义发达国家外交关系的发展，为向资本主义发达国家开放创造

①　《邓小平文选》第三卷，第 99 页，人民出版社，1993 年第 1 版
②　《邓小平文选》第三卷，第 162 页，人民出版社，1993 年第 1 版

了条件。 我们对资本主义发达国家的开放，是要引进它们的先进技术和资金。 1979 年邓小平说："我们要有计划地、有选择地引进资本主义国家的先进技术和其他对我们有益的东西，但是，我们决不学习和引进资本主义制度，决不学习和引进各种丑恶颓废的东西。"① 所以，我们能否把对资本主义发达国家的开放政策贯彻到底，不但取决于我们的决心，而且取决于反对在中国引进和发展资本主义制度的斗争。

　　1979 年 1 月 1 日中美正式建交，三个月后的 3 月 26 日美国国会两院就通过了《与台湾关系法》，4 月 1 日，当时的美国总统卡特签署了该法使之生效。《与台湾关系法》宣称："以非和平方式，……决定台湾前途的任何努力，是对太平洋地区的和平和安全的威胁，并为美国严重关切之事。""美国将向台湾提供保持足够自卫能力所需数量的防御武器和防御服务"。 这些规定是对中国内政的粗暴干涉。

　　1989 年政治风波后，美国不但率先宣布制裁中国，而且西方 7 国(美国、法国、德国、英国、意大利、加拿大和日本)于 1989 年 7 月 15 日发表的政治宣言中，谴责中国平息反革命暴乱是所谓"违反人权的暴力镇压"，宣称要采取终止对华高层接触及延缓世界银行贷款等制裁措施。 从 1990 年至 2001 年，在联合国人权会议上，美国连续 10 次提出所谓"中国的人权状况"决议草案，以人权问题干涉中国内政，诋毁中国的国际形象。 许多西方发达国家也是美国所谓"中国的人权状况"决议草案的支持者。 我国坚决与美国的霸权主义作斗争，在广大发展中国家的支持下，连续 10 次挫败美国的阴谋。

　　1989 年 6 月 27 日，欧共体首脑会议发表关于中国的声明，宣布对中国实行一系列制裁措施，包括暂停双边部长级以上高层接触，停止各成员国同中国的军事合作和对中国实行武器禁运，推迟欧共体及其成员国与中国的新的合作计划、贷款等。

　　苏联解体后，与美国争夺世界霸权的苏联不存在了，美国成为世界上唯一的霸权国家。 美国宣传"世界历史终结"，即共产主义彻底失败，资本主

---

① 《邓小平文选》第二卷，第 168 页，人民出版社，1993 年第 1 版

义一劳永逸的胜利，原来影响世界形势的美国、苏联、中国的大三角关系不存在了，美国也不再需要中国对抗苏联了。 在这种形势下，1996 年，美国允许推行"两个中国"政策的台湾领导人李登辉访美，对此中国政府作出了强烈反应，宣布无限期召回中国驻美大使；中国人民解放军在台湾海峡进行了大规模军事演习。 这一切使美国认识到台湾问题的敏感性和严重性。 之后，美国政府领导人多次重申，美国不支持"台湾独立"，不支持台湾加入联合国，不支持"两个中国"或"一中一台"。

因此，改革开放以来，虽然与欧美国家特别是美国的矛盾不断，但我国对欧美发达国家开放政策不变，并继续向前发展。 例如，有利于我国经济发展所需要的资金和技术主要来自欧美发达国家，到 2001 年，美国在华投资企业达 33917 家，合同金额 681.25 亿美元，实际利用金额 345.74 亿美元，居各国对华投资之首。 欧盟是我国引进技术的主要来源地区，截至 1997 年，我国从欧盟共引进技术 6864 项，合同总额 380 亿美元，占我国同期引进技术总额的 44.9%。

二、对周边国家的开放

新中国建立后，我国政府一直非常重视发展与周边国家的关系。 上个世纪五六十年代，与苏联、朝鲜、蒙古、越南、印度、印度尼西亚、缅甸、巴基斯坦、阿富汗、尼泊尔、柬埔寨、老挝等周边国家建立了外交关系；70 年代，与日本、马来西亚、菲律宾、泰国、孟加拉等周边国家建立了外交关系。 但是，到 1978 年，仍然还有一些周边国家尚未与我国建立外交关系，一些已经与我国建立外交关系的国家，例如苏联、印度、越南、印度尼西亚等国家，因为这样或那样的原因，从 60 年代开始，或者中断了外交关系，或者处于非正常发展状态。

1. 对俄罗斯以及中亚地区国家的开放

1982 年，在当时的苏联领导人讲话表示要改善中苏关系后，当时中共中央总书记胡耀邦，在党的十二大政治报告中阐明了中国对中苏关系问题的立场，即只要苏联方面"采取步骤解除对我国安全的威胁，中苏关系就有走向正常化的可能。"当年，中苏两国代表开始进行正常化谈判。

1984 年 11 月 1 日，邓小平特别讲到了对苏联的开放问题。 他说："国家关系即使不能够正常化，但是可以交往，如做生意呀，搞技术合作呀，甚至于合资经营呀，技术改造呀，156 个项目的技术改造，他们可以出力嘛。"[①] 此后，中苏两国恢复了经贸和文化上的交流。 1989 年，苏联领导人戈尔巴乔夫访华，双方发表了《联合公报》，指出中苏两国高级会晤标志着两国国家关系的正常化。 1991 年 5 月，江泽民总书记访问苏联，双方发表第二个《中苏联合公报》，推动两国关系进一步发展。

1991 年 12 月 27 日，苏联解体的第二天，中俄双方就达成协议：中国承认俄罗斯是原苏联的继承国，是联合国安全理事会的常任理事国；双方确认两个《中苏联合公报》规定的基本原则将是中俄关系的指导原则；过去中苏间签署的条约和外交文件继续有效；中苏间正在进行的边界地区裁减军事力量和加强军事领域信任的谈判将继续进行，从而使中苏关系平稳过渡到中俄关系。

1996 年，俄罗斯总统叶利钦第二次访华，双方发表第三个中俄《联合声明》，宣布"两国决心发展平等信任的、面向 21 世纪的战略协作伙伴关系"。 此后，中俄战略伙伴关系取得了重大成果，主要表现在：两国领导人的交往实现制度化、机制化；边界问题谈判取得了突破性进展，基本解决了边界问题；在国际问题上的共识和共同利益不断增多，合作进一步加强；两国贸易和科技合作不断加强。

2005 年 6 月，中俄两国外长互换了《关于中俄国界东段的补充协定》批准书，标志着中俄边界问题从此得到彻底解决。 根据中俄双方协定，2006 年在中国举办了"俄罗斯年"，2007 年在俄罗斯举办了"中国年"，这是不断加强中俄关系的一个创举。 2005 年，中国和俄罗斯贸易额达 291 亿美元，比 1993 年两国贸易额增长了 2.8 倍。

1991 年苏联解体后，中国即同从苏联解体独立出来的中亚国家哈萨克斯坦、塔吉克斯坦、吉尔吉斯斯坦和乌兹别克斯坦建立了外交关系。 1996 年 4 月 26 日，中国、俄罗斯、哈萨克斯坦、塔吉克斯坦、吉尔吉斯斯坦五国元首

---

① 《邓小平文选》第三卷，第 99 页，人民出版社，1993 年第 1 版

在上海签署了五国关于在边界地区加强军事领域信任的协定。 1997 年 4 月 24 日，五国元首在莫斯科签署了《关于边境地区相互裁减军事力量的协定》。 1999 年 8 月，在五国元首比什凯克会晤后，中国、吉尔吉斯斯坦、哈萨克斯坦三国元首签署了三国国界交界点协定。 2000 年 7 月，五国元首签署的《杜尚别声明》宣布，五国将致力于使"上海五国"成为五国在各领域开展多边合作的地区机制。 2001 年 6 月 14 日，五国元首又一次在上海会晤，乌兹别克斯坦宣布加入"上海五国"；6 月 15 日，六国元首发表了上海合作组织成立宣言，正式宣布上海合作组织成立。 2003 年，胡锦涛在上海合作组织成员国元首莫斯科会议上讲话，强调上海合作组织的基本宗旨和原则是："毫不动摇地坚持'互信、互利、平等、协作、尊重多样文明、谋求共同发展'的'上海精神'；毫不动摇地坚持以安全和经济合作为重点，逐步带动其他各领域全面合作的发展战略；毫不动摇地坚持不结盟、不针对其他国家组织，广泛交往，广为合作的对外开放原则；毫不动摇地坚持高效、务实、稳健、创新的组织建设方针。"

2. 对日本以及东北亚国家的开放

1978 年 8 月 12 日，中日双方签订了《中日和平友好条约》。 同年 10 月，邓小平访问日本期间互换条约批准书，条约正式生效。 之后，双方在经济、贸易和文化方面的合作不断发展。 1979 年 12 月，日本首相大平正芳访问中国，宣布日本政府向中国提供政府开发援助日元贷款，第一批日元贷款为 3306 亿日元。 1984 年，开始提供总额为 4700 亿日元的第二批日元贷款。1989 年西方七国（包括日本）制裁中国后，日本率先打破制裁，宣布从 1990 年开始提供第三批日元贷款，总额为 8100 亿日元。

80 年代到 90 年代初期，中日关系总体上发展顺利，但也出现过一些问题。 1985 年 10 月，邓小平对来访的日本外相指出："这些年我们没有给日本出过难题，而日本的教科书问题，最近的参拜靖国神社问题，是给我们出了很大难题。"所谓教科书问题，是指日本政府文部省 1982 年以及后来审定日本中学历史教科书时，否定日本对中国以及其他亚洲国家侵略事实，美化其侵略行为。 所谓靖国神社问题，是指日本领导人参拜供有发动侵略中国及其他亚洲国家战争的 14 名日本甲级战犯的牌位的靖国神社。 中国政府谴责日本领导人参拜靖国神社的行为，日本的这一行为伤害了亚洲人民的感情。

苏联解体后，日本某些政治势力千方百计突破中日建交原则的界限，企图与台湾当局发展官方关系。 1996 年 7 月，日本右翼分子登上钓鱼岛，并在岛上建立灯塔；日本外相公开声称钓鱼岛是日本固有领土；9 月，日本右翼团体再次登上钓鱼岛活动，中国政府向日本政府提出强烈抗议。 1996 年，日本首相桥本龙太郎突破 11 年来日本政府的自我约束，以公职身份参拜靖国神社。 1996 年，日本与美国修正"日美防卫合作指针"，声称日本防卫合作范围局限于"周边事态"。 日本内阁官房长官声称日美防卫范围包括中国台湾。

1997 年正值中日邦交正常化 25 周年之际，当年 9 月和 11 月，中日两国总理互访，双方确认要努力构筑面向 21 世纪的中日睦邻友好合作关系。 1998 年 11 月，江泽民应邀访问日本，双方发表了《关于建立致力于和平发展的友好合作伙伴关系的联合宣言》，"双方认为，正视过去以及正确认识历史，是发展中日关系的重要基础。 日方表示，遵守 1972 年中日联合声明和 1995 年 8 月 15 日日本内阁总理大臣（村山富市）的谈话，痛感过去对中国的侵略给中国人民带来重大灾难和损害的责任，对此表示深刻反省。"这是日本首次明确承认过去对华战争的侵略性质。

2001 年 4 月，小泉纯一郎担任日本首相后，连续 6 年以公职身份参拜靖国神社，严重阻碍了中日关系的发展。 2006 年 9 月 26 日，安倍晋三就任日本首相后 13 天即来华访问，被称为中日关系的"破冰之旅"。 胡锦涛在会见安倍首相时说："进入新世纪，就在中日关系向新的深度和广度迈进的时候，由于日本个别领导人坚持参拜供奉有二战甲级战犯的靖国神社，使中日关系面临困难局面，这是我们不愿看到的。 安倍先生就任首相后，中日双方就克服影响两国关系的政治障碍和促进两国友好合作关系的健康发展达成一致，为中日关系的改善和发展创造了条件。"应安倍首相邀请，温家宝总理于 2007 年 4 月 11 至 13 日对日本进行了正式访问，被称为"融冰之旅"，是 7 年来中国总理对日本的首次访问。 2007 年 12 月 28 日，新任日本首相福田康夫应邀访华。 中日关系又进入良好发展状态。

2007 年，中日官方交流的人数比前 5 年之和的两倍还要多。 2007 年底，两国贸易总额达到 2630 亿美元，创历史新高。 中国首次超过美国成为日本的第一大贸易伙伴。

1991 年 9 月 17 日，第 46 届联合国大会一致通过朝鲜和韩国同时加入联合国。 1992 年 8 月，我国与韩国建立外交关系。 建交后，两国关系发展顺利。 2006 年，中韩双边贸易额超过 1300 亿美元，相当于十五年前的 27 倍。 2007 年中韩贸易总额达到 1405 亿美元。 同时，中国已经连续多年成为韩国第一大海外投资国和最大的对外贸易伙伴，韩国也成为中国第三大贸易伙伴。 2006 年，来华访问的韩国人共有 390 万人次。

3. 对东盟国家的开放

1976 年 2 月，第一次东盟首脑会议在印度尼西亚的巴厘岛举行，会议签署了《东南亚友好合作条约》以及强调东盟各国协调一致的《巴厘宣言》。 此后，东盟各国加强了政治、经济和军事领域的合作，并采取了切实可行的经济发展战略，推动经济迅速增长，逐步成为一个有一定影响的区域性组织。 印度尼西亚、马来西亚、菲律宾、新加坡和泰国是东盟的创始成员国。 20 世纪八九十年代，东南亚国家文莱、越南、老挝、缅甸、柬埔寨 5 国先后加入东盟，使东盟成为有 5 亿人口，面积达 450 万平方公里的 10 国集团。

1990 年，我国与印度尼西亚恢复外交关系，与新加坡建立外交关系。 1991 年与文莱建立外交关系。 至此，我国与东盟所有国家均建立了外交关系。 1991 年，我国与越南实现关系正常化。

我国在 1997 年发生的亚洲金融危机期间采取人民币不贬值的政策。 对国内，中国政府以深化改革和扩大内需的政策拉动经济增长；对国外，中国通过多边和双边渠道向泰国、印度尼西亚、韩国等遭受金融危机打击的国家提供了总计 40 多亿美元的援助，对亚洲乃至世界的金融和经济稳定作出了自己的贡献。 亚洲金融危机期间中国的作为，使我国成为举世公认的负责任的经济大国。

发生金融危机的 1997 年及其后的 1998 年，中国经济发展仍然分别保持了 8.8% 和 7.8% 的增长，然而进出口贸易却出现了停滞不前甚至下降的局面。 1997 年进出口贸易总额为 3251 亿美元，而 1998 进出口贸易总额仅为 3240 亿美元，出现了 1983 年以来的第一次下滑。

所以，中国成功地抵御了 1997 年的金融风暴，并为克服金融危机作出了自己的贡献，但是，我们也为之付出了代价。

1994 年，我国与东盟开始高级官员之间的会晤。 1997 年，我国与东盟的对话从部长级提高到国家领导人层次。 定期（每年一次）举行我国与东盟国家领导人非正式会晤（称 10＋1）的合作机制，为我国与东盟领导人提供了就双方合作、地区和世界政治经济问题进行交流、讨论和磋商的场所，其宗旨在于加强我国与东盟的合作，促进地区的和平和经济繁荣。 1997 年 12 月，在马来西亚举行的第一次 10＋1（东盟 10 国＋中国）领导人会议上，江泽民发表了《建立面向 21 世纪的睦邻互信伙伴关系》的重要讲话。 在随后会议发表的联合声明中，一致同意双方建立面向 21 世纪的睦邻互信伙伴关系。 2002 年 11 月，在第六次中国—东盟领导人会议上，双方签署了《中国与东盟全面经济合作框架协议》，确定了 2010 年建成中国—东盟自由贸易区的目标。 2003 年 10 月，第七次中国—东盟领导人会议期间，温家宝总理与东盟领导人签署了《面向和平与繁荣的战略伙伴关系联合宣言》。 在这次会议上，中国正式加入《东南亚友好合作条约》，双方政治互信进一步增强。 2004 年，温家宝总理出席第八次中国—东盟领导人会议，双方签署了《中国与东盟全面经济合作框架协议货物贸易协议》和《中国与东盟争端解决机制协议》，标志着中国—东盟自由贸易区进入了实质性建设阶段。 2005 年 7 月，中国—东盟自由贸易区《货物贸易协议》开始实施，双方 7000 余种商品开始全面降税，贸易额持续增长。 2007 年 1 月 14 日，中国与东盟在菲律宾宿务签署了中国—东盟自由贸易区《服务贸易协议》。 协议的签署为中国—东盟如期全面建成自由贸易区奠定了更为坚实的基础。

1991 年至 2007 年，中国与东盟贸易额从 84.08 亿美元增长到 2025.5 亿美元，增长了 23 倍。 中国和东盟互为第四大贸易伙伴。 在双边投资方面，截至 2007 年底，中国实际使用外资 7630 亿美元，其中 19.3% 来自东盟、日本和韩国。 中国在东亚国家设立的中资企业共计 1950 家，直接投资额达 35.2 亿美元。 截至 2006 年底，东盟国家在华累计直接投资达 426 亿美元。 在区域合作方面，始于 1992 年的大湄公河次区域经济合作（GMS），成员包括中国、柬埔寨、老挝、缅甸、泰国、越南等 6 国，对加强该地区经济合作、促进发展发挥着重要作用。 目前，大湄公河次区域开展了包括交通、能源、电信、环境、农业、人力资源开发、旅游、贸易便利化与投资九大领域 180 个合作项目。

东盟 10 国都已成为中国公民的旅游目的国。 2005 年，中国公民首站前往东盟国家的人数达到 300 万人次，占中国公民出境旅游总人数的三分之一。 2005 年东盟来华旅游人数超过 300 万人次，约占中国入境外国游客总数的五分之一。 在中国—东盟框架下，中国每年向东盟国家提供近 1500 人次的人才培训援助。

4. 对印度以及南亚地区国家的开放

1960 年中印边界武装冲突后，两国关系长期处于冷淡、僵持状态。1970 年，毛泽东对印度驻华使馆代办说："印度是一个伟大的国家，你们是一个伟大的人民。 我们总要友好的，不能老是这样吵下去嘛！"[1] 1976 年，双方恢复互派大使。 1979 年，双方开始副外长级边界问题谈判，至 1987 年共进行了 8 轮谈判。 中方坚持通过友好协商、互谅互让解决边界问题。1988 年 12 月，印度总理拉·甘地访华，这是 1954 年尼赫鲁访华后印度总理第一次访华。 拉·甘地访华使两国关系实现了正常化，恢复了两国政府间高层对话。 经贸、科技、文化领域的交流不断扩大。 1996 年，江泽民应邀访问印度，双方同意建立"面向 21 世纪的建设性合作伙伴关系"。 2003 年 6 月，印度总理瓦杰帕伊访华，两国总理签署了《中印关系原则和全面合作宣言》，全面规划了两国在各个领域的合作，标志着中印关系进入一个新的发展阶段。 2000 年中印两国的贸易额为 29 亿美元，2006 年达到 248.6 亿美元，比 2000 年增长了 7.6 倍。

我国与南亚其他国家，包括巴基斯坦、尼泊尔、孟加拉、斯里兰卡等国家的合作关系一直发展顺利。

三、对其他第三世界国家的开放

1974 年 2 月，毛泽东主席在会见赞比亚总统卡翁达时第一次提出世界划

---

[1]　《当代中国外交》，第 173 页，中国社会科学出版社，1988 年第 1 版

分为三个世界，中国属于第三世界的思想。

1974 年 4 月，邓小平在联大第六届特别会议上讲话，强调中国是一个社会主义国家，也是一个发展中国家。中国属于第三世界。中国政府和中国人民，一贯遵循毛主席的教导，坚决支持一切被压迫人民和被压迫民族争取和维护民族独立，发展民族经济，反对殖民主义、帝国主义、霸权主义的斗争，这是我们应尽的国际主义义务。中国现在不是、将来也不做超级大国。

1978 年 5 月邓小平在会见马达加斯加政府经济贸易代表团的讲话中指出："我们现在还很穷，在无产阶级国际主义方面还不可能做得很多，贡献还很小。到实现了四个现代化，国民经济发展了，我们对人类特别是第三世界的贡献可能会多一点儿。作为一个社会主义国家，中国永远属于第三世界，永远不称霸。"[①]

加强同第三世界国家的团结合作始终是我国外交工作的基本立足点。1984 年 5 月，邓小平在会见巴西总统时说："中国的对外政策，主要是两句话。一句是反对霸权主义，维护世界和平，另一句话是中国永远属于第三世界。中国现在属于第三世界，将来发展富强起来，仍然属于第三世界。中国与所有第三世界国家的命运是共同的。中国永远不会称霸，永远不会欺负别人，永远站在第三世界一边。"[②]

改革开放后，我国继续坚持向发展中国家提供力所能及的帮助。邓小平说："应该肯定我们过去援助第三世界是正确的。我们国家经济困难，但我们还得拿出必要数量的援外资金。从战略上讲，我们真正发展起来了，要用相当数量来援助。中国发展以后不要忘记这一点。在援助问题上，方针要坚持，基本上的援助原则还是那个八条（指 1964 年周恩来总理访问非洲国家时提出对外援助的八条原则），具体办法要修改，真正使受援国得到益处。"[③]

1. 对非洲国家的开放

改革开放后，我国与非洲国家的关系得到进一步发展。现在，非洲共有

---

①　《邓小平文选》第二卷，第 112 页，人民出版社，1993 年第 1 版
②　《邓小平文选》第三卷，第 56 页，人民出版社，1993 年第 1 版
③　《当代中国外交》，颜声毅著，第 195 页，复旦大学出版社，2007 年第 1 版

53 个国家，我国与其中 49 个国家保持外交关系。

1996 年，江泽民访问非洲，提出了中非建立面向 21 世纪长期稳定、全面合作国家关系的五点主张，即"真诚友好、平等相待、团结合作、共同发展、面向未来"。

根据非洲国家的建议，中国政府于 1999 年 10 月提出召开"中非合作论坛——北京 2000 年部长级会议"的倡议，得到非洲国家的热烈响应和广泛支持。2000 年 10 月，中非合作论坛第一届部长级会议在北京召开。来自 40 多个非洲国家的近 80 名部长和有关国际和地区组织的代表与会。会议通过了《中非合作论坛北京宣言》和《中非经济和社会发展合作纲领》。双方一致同意大力推动中非在经贸、金融、农业、医疗卫生、科技、文化、教育、人力资源开发、交通运输、环境、旅游等领域的合作，促进中非共同发展。

2003 年 12 月，中非合作论坛第二届部长级会议在埃塞俄比亚首都亚的斯亚贝巴举行，来自中国和 44 个非洲国家的代表与会。温家宝总理出席了会议，他在开幕式的讲话中强调，从第一次部长级会议以来的三年里，中非在各领域的合作不断加强，双方经贸合作势头良好，中方采取积极措施，增加进口非洲商品，中非贸易以超过 20% 的速度增长；中国在非洲新设投资企业 117 家；中国政府提前兑现承诺，减免了 31 个非洲国家 105 亿元人民币的债务。

2006 年 11 月 3 日至 5 日，中非合作论坛北京峰会暨第三届部长级会议在北京举行，48 个非洲国家元首和政府首脑出席了会议。会议通过《中非合作论坛北京峰会宣言》和《中非合作论坛——北京行动计划（2007 至 2009 年）》。中非共同宣布建立和发展中非战略伙伴关系。胡锦涛宣布，为推动中非新型战略伙伴关系发展，促进中非在更大范围、更广领域、更高层次上的合作，中国政府将采取以下八个方面的政策措施：

（1）扩大对非洲援助规模，到 2009 年使中国对非洲国家的援助规模比 2006 年增加一倍。

（2）今后 3 年内向非洲国家提供 30 亿美元的优惠贷款和 20 亿美元的优惠出口买方信贷。

（3）为鼓励和支持中国企业到非洲投资，设立中非发展基金，基金总额逐步达到 50 亿美元。

（4）为支持非洲国家联合自强和一体化进程，援助建设非洲联盟会议中心。

（5）免除同中国有外交关系的所有非洲重债穷国和最不发达国家截至2005 年底到期的政府无息贷款债务。

（6）进一步向非洲开放市场，把同中国有外交关系的非洲最不发达国家输华商品零关税待遇受惠商品由 190 个税目扩大到 440 多个。

（7）今后 3 年内在非洲国家建立 3 至 5 个境外经济贸易合作区。

（8）今后 3 年内为非洲培训培养 15000 名各类人才；向非洲派遣 100 名高级农业技术专家；在非洲建立 10 个有特色的农业技术示范中心；为非洲援助30 所医院，并提供 3 亿元人民币无偿援款帮助非洲防治疟疾，用于提供青蒿素药品及设立 30 个抗疟疾中心；向非洲派遣 300 名青年志愿者；为非洲援助100 所农村学校；在 2009 年之前，向非洲国家提供中国政府来华留学奖学金名额，由目前的每年 2000 人次增加到 4000 人次。

2007 年 1 月胡锦涛访问非洲，推动中国与非洲合作的八项措施的落实。

中非 2000 年的贸易额首次突破 100 亿美元，之后连续 6 年高速增长，2006 年达到 555 亿美元，中国成为非洲第三大贸易伙伴。截至 2006 年底，中国对非直接投资达 66.4 亿美元，投资项目分布在 49 个非洲国家。

2. 对拉美和加勒比海地区国家的开放

加勒比海地区的古巴于 1960 年 9 月与我国建立外交关系，是该地区与我国建交最早的国家。南美洲的智利于 1970 年 12 月与我国建立外交关系，它是南美洲第一个与我国建立外交关系的国家。而后，到 1978 年前，先后有秘鲁、墨西哥、阿根廷、圭亚那、牙买加、特立尼达和多巴哥、委内瑞拉、巴西、苏里南、巴巴多斯等国家与我国建立外交关系。80 年代初期，厄瓜多尔和阿根廷与我国建立外交关系。至此，南美洲大陆除巴拉圭外的所有国家均与我国建立了外交关系。

南美洲和加勒比海地区共有 33 个国家，其中 13 个国家位于南美洲大陆，其余 20 个国家位于加勒比海地区。至今，仍有 11 个位于加勒比海地区的国家未与我国建立外交关系。

根据世界银行的数据，2006 年，南美洲和加勒比海地区的人口总数为 5.5 亿，国民产值总量为 2.9 万亿美元，人均国民收入为 4785 美元；而 2006 年，我国人口总数为 13 亿，国民产值总量为 2.6 万亿美元，人均国民收入为 2000 美元。因此，这个地区的经济发展水平总体上比我国高。

巴西是南美洲和加勒比海地区第一经济大国。1974 年与我国建交后，1984 年巴西总统第一次访华。邓小平在会见巴西总统时说："中国与所有第三世界国家的命运是共同的。中国永远不会称霸，永远不会欺负别人，永远站在第三世界一边。""发达国家越来越富，相对的是发展中国家越来越穷。南北问题不解决，就会对世界经济的发展带来障碍。解决这个问题当然要靠南北对话，我们主张南北对话。不过，单靠南北对话还不行，还要加强第三世界国家之间的合作，也就是南南合作。第三世界国家相互交流，相互学习，相互合作，可以解决许多问题，前景是很好的。"[①]

90 年代末以来，"中国因素"对拉美经济增长的积极贡献越来越明显。以拉美大国巴西为例，在巴西向中国出口的商品中，大豆、铁矿砂、钢铁、豆油和木材占 75%。1999 年，中国在巴西的出口贸易中仅占 1.4%，至 2003 年，这一比重已上升到 6.2%。

1993 年，江泽民访问巴西，我国与巴西建立了战略伙伴关系。2001 年 4 月，江泽民主席访问拉美 6 国（智利、巴西、乌拉圭、阿根廷、古巴、哥斯达黎加），进一步推动了我国与拉美国家合作关系的发展。2004 年 11 月，胡锦涛主席访问巴西、阿根廷、智利和古巴等国家。在访问智利期间，胡锦涛与智利领导人共同宣布启动中智关于商签自由贸易协定的谈判。2005 年 11 月 18 日，在胡锦涛主席出席于韩国釜山举行的亚太经合组织领导人非正式会议期间，与智利总统拉戈斯共同出席了中智自由贸易协定的签字仪式。这是我国与拉美国家签署的第一个国家间自由贸易协定。中智自由贸易协定的签署，有利于进一步推动中国与整个拉美地区的经贸合作。

从 1993 年到 2003 年，我国与拉美地区的贸易增长了近 6 倍。2004 年底，我国与拉美地区的贸易额达到 400 亿美元，其中进口 218 亿美元，出口

①　《邓小平文选》第三卷，第 56 页，人民出版社，1993 年第 1 版

182 亿美元。 中国已经成为拉美地区的第三大贸易伙伴。 2005 年的贸易额又增加到 504.5 亿美元，比 2004 年增长了 26%。

2000—2004 年间，中国对智利的出口年均增长率达 22%，中国自智利的进口年均增长率高达 42%。 2004 年，两国贸易额达到 54 亿美元。

3. 对阿拉伯国家的开放

位于中东和北非地区的阿拉伯国家共有 22 个。 新中国建立后不久就有一些阿拉伯国家与我国建立了外交关系。 改革开放后，沙特阿拉伯于 1990 年与我国建立外交关系。 至此，所有阿拉伯国家均与我国建立了外交关系。

2000 年 3 月，阿拉伯国家联盟（建于 1945 年）外长理事会通过决议，提出成立"阿中合作论坛"的建议，对此中方给予高度重视。

2004 年 1 月 30 日，胡锦涛主席访问埃及时，在开罗会见了阿盟秘书长穆萨和阿盟 22 个成员国代表，提出建立中阿新型伙伴关系。 当天，李肇星外长与穆萨在阿盟总部宣布，中国和阿拉伯国家决定自即日起成立"中国—阿拉伯国家合作论坛"。

中国—阿拉伯国家合作论坛（中阿合作论坛）首届部长级会议于 2004 年 9 月 14 日在开罗的阿拉伯国家联盟（阿盟）总部召开。 会后签署了《中国—阿拉伯国家合作论坛宣言》和《中国—阿拉伯国家合作论坛行动计划》。 第二届中国—阿拉伯国家合作论坛部长级会议于 2006 年在北京举行。 会议签署了《中国—阿拉伯国家合作论坛第二届部长级会议公报》《中国—阿拉伯国家合作论坛 2006 年至 2008 年行动执行计划》《中华人民共和国政府和阿拉伯国家联盟关于环境保护合作的联合公报》及《中阿企业家大会谅解备忘录》等文件。

中阿经贸关系发展迅速。 我国与所有阿拉伯国家签署了双边经济、贸易和技术合作协定，并建立了经贸混委会机制，定期或不定期召开会议。 1995 年，我国与阿拉伯国家贸易额为 52.8 亿美元，2005 年增长到 512.7 亿美元，10 年间增长了 8.7 倍。 2005 年，我国从阿拉伯进口总额约为 276.4 亿美元。

四、我国参与经济全球化的程度不断提高

一个国家参与世界经济的程度主要表现在其国际贸易的规模、引进外资和向外国投资的规模、国际间人员流动的规模等。 在改革开放政策的推动下，我国的国际贸易、吸引外资和国际人员流动等均获得了快速发展。

1.加入世界贸易组织

1986 年，我国提出恢复在关税及贸易总协定中的缔约方地位。 这是我国在国家经济发展上把坚持独立自主同参与经济全球化结合起来的重大决策。

关税及贸易总协定是一个政府间关税和贸易规则的多边国际协定，简称关贸总协定。 它的宗旨是通过削减关税和其他贸易壁垒，削除国际贸易中的差别待遇，促进国际贸易自由化，以充分利用世界资源，扩大商品的生产与流通。 关贸总协定由 23 个成员签约于 1947 年，当时中国是签约方之一。到 1985 年 5 月，关贸总协定的正式成员已发展到 90 个国家和地区。 参加关贸总协定的国家和地区的总贸易额占当年世界总贸易额的 80% 以上。 由此可见关贸总协定组织在世界贸易中的重要地位。

关贸总协定既是一个多边国际协定，也是一个多边国际组织。 关贸总协定的签约国和地区就是这个组织的成员。

我国为什么在 1986 年提出恢复在关贸总协定中的缔约方地位？ 因为参加关贸总协定有利于我国对外开放政策的贯彻。 我国从 1978 年开始实施的对外开放政策，就是要发展国际贸易和吸引外资，促进国家经济的发展。 而作为关贸总协定的成员，它具有能使其产品在所有协定成员中享受无条件、多边、永久和稳定的最惠国待遇以及国民待遇，同时给予其他成员货物贸易的最惠国待遇、国民待遇。 否则，我国与外国贸易的最惠国待遇需与有关国家单独谈判。 例如，上个世纪的八九十年代，在与美国的双边贸易中，每年的最惠国待遇谈判都遭到美国国内主张遏制中国势力的施压。 因此，加入关贸总协定在总体上对我国发展贸易有利，有利于我国经济的发展。

1994 年 4 月 15 日，关贸总协定组织决定成立更具全球性的世界贸易组织（简称"世贸组织"），取代关贸总协定。 世贸组织涵盖货物贸易、服务贸

易以及知识产权贸易，而关贸总协定仅包括商品货物贸易。 世界贸易组织于
1995 年开始运作。

因为参加关贸总协定的新成员可以享有所有老成员过去已达成的开放市
场的优惠待遇，因此，新成员就必须按照世贸组织现行协定、协议的规定与
老成员一一进行开放其国内市场的谈判。 只有与所有老成员达成协议，才可
能成为世界贸易组织的成员。

中美于 1979 年才建立外交关系，美国国内的遏制中国的势力一直很活
跃。 美国等欧美发达国家不会轻易同意恢复我国的关贸总协定缔约方地位，
必定在要求我国开放国内市场上漫天要价。 例如，不承认中国以发展中国家
资格加入世界贸易组织等。

1998 年 6 月 17 日，江泽民接受美国记者采访时提出中国"入世"（加入
世界贸易组织）三原则：一是世界贸易组织没有中国参加是不完整的；二是中
国毫无疑问要作为一个发展中国家加入世界贸易组织；三是中国的"入世"
是以权利和义务的平衡为原则的。

从 1986 年我国提出恢复关贸总协定缔约方地位，到 2001 年 12 月 11 日世
界贸易组织正式接受我国成为该组织的第 143 个成员，总共花了 15 年时间。
它一方面表明我国对外开放的决心，一定要加入世界贸易组织；另一方面也
表明我国贯彻改革开放还要克服来自国外方面的困难。

2. 我国的国际贸易快速发展

改革开放的初期，我国经济发展水平还很低，因而国际贸易水平也很
低。 根据世界贸易组织的统计数据，1983 年，美国、联邦德国、日本、法
国、英国、加拿大和意大利等 7 个世界最发达的资本主义国家的国际贸易的
和占当年世界贸易总额的 46.8%，其中美国最高，所占比例为 11.2%；联邦
德国和日本居第二、三位，所占比例分别为 9.2% 和 8.0%；法国、英国、加
拿大和意大利四个国家所占比例依次为 5.2%、5.0%、4.2% 和 4.0%。 我
国当年的国际贸易额占世界贸易总额的 1.2%。

80 年代以来，由于改革开放政策的不断推进，我国经济不断发展。 我
国的国际贸易总额从 1978 年的 200 多亿美元，增加到 1990 年的 1100 多亿美
元。 根据世界贸易组织的统计数据，美国、联邦德国、日本、法国、英国、

加拿大和意大利等 7 个国家 1990 年的国际贸易的和占当年世界贸易总额的比例增加到 52.9%，其中美国仍然居第一位，所占比例为 13.1%；德国和日本居第二、三位，所占比例分别为 11.2% 和 7.5%；法国、英国、意大利和加拿大四个国家所占比例依次为 6.5%、5.9%、5.1% 和 3.6%。我国当年的国际贸易额占世界贸易总额的 1.7%，仍然远远落后于这些发达国家。

进入 90 年代，我国经济进入快速发展时期，虽然在 90 年代初期以及亚洲金融危机期间，我国的经济发展发生一些波动，但我国克服了这些困难，整个 90 年代的经济发展速度明显快于 80 年代。

1997 年发生的亚洲金融危机从东南亚的泰国开始，波及东南亚和东亚诸多国家和地区，致使很多国家货币贬值，经济发展遭到严重挫折。但是在金融危机期间，中国一直保持人民币不贬值，而且提供资金帮助有关亚洲国家渡过经济上的困难。1998 年 3 月 18 日新任总理朱镕基宣布：我们必须确保今年中国的经济发展速度达到 8%，通货膨胀率小于 3%，人民币不贬值。1998 年，我国国内生产总值增长 7.8%，基本上实现了原来确定的目标。中国经济继续保持发展和承诺人民币不贬值，对东南亚和东亚地区的经济稳定发挥了极大的支持作用。1998 年 1 月，当时美国财政部长鲁宾对我国作出的不使人民币贬值的承诺表示欢迎，称中国正在当前的亚洲金融危机中发挥着关键性的作用。而当时美国经济界人士曾普遍担心，中国人民币一旦贬值，将可能在亚洲甚至更广泛地区引起连锁反应。

2000 年，我国国际贸易额达到 4700 多亿美元，比 1990 年增长了 3 倍多。根据世界贸易组织的统计数据，美国、德国、日本、法国、英国、加拿大和意大利等 7 个国家 2000 年国际贸易额的和占当年世界贸易总额的比例为 49.5%，其中美国居第一位，所占比例为 13.1%；德国和日本居第二、三位，所占比例分别为 8.8% 和 5.5%；法国、英国、加拿大和意大利四个国家所占比例依次为 5.0%、5.1%、4.2% 和 4.0%。我国当年的国际贸易额占世界贸易总额的 4.0%，已经与当年意大利的国际贸易额相同。意大利的国际贸易额在上述 7 个国家中居第七位。

进入新世纪，我国经济发展速度进一步加快。2003—2007 年间，我国的国民总产值保持 10% 以上的增长速度。2001 年我国加入世界贸易组织后，我国国际贸易也进入新的快速发展时期。 我国的国际贸易总额继 2000 年赶上意大利后，2001 年赶上加拿大，2002 年赶上英国，2003 年赶上法国，2004 年赶上日本。 到 2004 年，我国国际贸易额已经居世界第三位。

2003 年，德国的出口贸易额超过美国居世界第一位，直到 2007 年，德国一直是世界上出口贸易最多的国家。 但是，因为美国的进口贸易额远大于德国，所以，美国的国际贸易总额仍然居世界第一位。 2005 年和 2006 年，我国的国际贸易仍然保持强劲的增长，与居世界第一、二位的美国和德国的国际贸易额差距进一步缩小。 2007 年，我国的出口贸易额达到 12180 亿美元，居世界第二位；第一位是德国，当年德国的出口贸易额为 13270 亿美元，比我国高出 1090 亿美元；美国的出口贸易额为 11630 亿美元，比我国少 551 亿美元，居世界第三位。 2007 年我国的进口贸易额仍然居世界第三位。

2007 年，我国的出口货物中，机电和高科技产品占 86.1%；进口货物中，机电和高科技产品占 82.2%。 说明我国的进出口贸易中主要是工业制成品，而机电和高科技产品在工业制成品中的比例在 80% 以上。

2003—2007 年间，我国国际贸易的主要伙伴国家和地区包括美国、欧盟、日本、东盟、韩国、俄罗斯以及我国的香港和台湾。 在这期间，我国对这八个地区的年出口额占当年全部出口总额 80% 左右；从这些地区的进口额占当年全部进口额的 70% 左右。 在我国与美国、欧盟国家的国际贸易中，出口大于进口，出口一般占我国出口总额的 40% 左右，进口一般占 19% 左右；而在与周边国家(日本、东盟、韩国、俄罗斯)的国际贸易中，进口大于出口，进口一般占我国进口总额的 40% 左右，出口一般占我国出口总额的 24% 左右。

国际贸易虽然交流的是货物，但我国出口的货物越多，国际上对我国的了解越多；国际贸易额越大，国际间的人员交往越多。 虽然国际商业语言是英语，但是，与中国人做买卖，能够懂汉语就会带来极大的方便。 虽然没有精确的数据证明国际贸易与留学生教育发展的关系，但是，国际贸易的发展对外国留学生教育的推动作用是毋庸置疑的。 例如，当前世界贸易大国都无一例外是接收外国留学生的大国。

3. 我国连续 15 年成为发展中国家吸收外资最多的国家

一个国家吸引外资和国际投资状况，也反映这个国家参与世界经济的程度。 国际贸易主要是商品的国际流通与交换，实现商品的价值。 而国际投资活动，则是各种资本的流动，在经营中实现资本的增值。

发达国家不但是对外投资的主要来源，同时也是吸收外资的主要国家。例如，1998 年，世界发展中国家吸收的外资仅占当年全部对外投资总额的24%。 2007 年，欧盟国家对外投资的 41% 投向美国和加拿大两个国家，其中英国、卢森堡、德国三国的对外投资额占当年欧盟对外投资总额的 60%；而美国同年对欧盟国家的投资占当年欧盟吸收外资总额的 45%，其中英国、卢森堡和法国三国吸收的外资总额占当年欧盟国家吸收外资总额的 50%。

据欧盟统计，2007 年欧盟对华投资 20 亿欧元，仅占其对外投资总额的0.5% 还不到。 2007 年我国实际使用外资来源居前十位的经济体是：香港、英属维尔京群岛、韩国、日本、新加坡、美国、开曼群岛、萨摩亚、台湾、毛里求斯。 香港地区的投资额占我国实际使用外资总额的 37.05%。 英属维尔京群岛和开曼群岛是两个离岸金融中心。 2007 年，我国实际使用外资总额达到 748 亿美元，连续 15 年成为发展中国家吸收外资最多的国家。

截至 2004 年底，全国累计批准设立的外商投资企业 508941 个，实际使用外资金额 5621.01 亿美元。 制造业是外商投资的主要领域，制造领域外商投资企业数占累计外资企业总数的 72.57%。 在累计批准设立的 50 多万家外商投资企业中，已中/终止或已停止运营企业逾 22 万家，约占累计设立外商投资企业的 44%。 2004 年现存注册运营外商投资企业约 28 万家，在外商投资企业中直接就业人员达到 2400 万人。

我国对外投资从 2002 年的 25 亿美元上升到 2007 年的 187 亿美元，增长了 5 倍多，排名从世界第 26 位上升到第 13 位，居发展中国家首位。

2003 年以来，面对激烈竞争的国际工程承包和劳务合作市场，我国积极实施"走出去"战略，大力开拓国际市场。 对外承包工程和劳务合作的主体由过去的以国有企业为主，逐步形成国有企业、股份制企业、民营企业整体推进的局面。 对外承包领域不断拓宽，方式更加灵活，由分包工程走向自主经营和总承包。 劳务合作的内容也由单纯提供劳务，发展为与外派技术、管理人员相结合的服务型、管理型的劳务输出。

2003—2006 年，我国对外承包工程合同金额和完成营业额分别为 1371 亿美元和 831 亿美元，年均增长 44.7% 和 27.9%；劳务合作合同金额和完成营业额分别为 161 亿美元和 172 亿美元，年均增长 17.4% 和 15.0%；2006 年末在外各类劳务人员 67.5 万人，是 2002 年的 8.7 倍。

到 2007 年，对外承包工程累计完成营业额为 1276 亿美元。对外劳务合作累计完成营业额为 238 亿美元，累计外派劳务人员 146 万人。目前，经中国商务部核准或备案的境外中资企业达到 1.2 万家，比 2002 年增长近 1 倍。

2007 年，外贸、外资和劳务输出等涉及直接就业人口达 1 亿人。海关税收从 2002 年的 2591 亿元增加到 2007 年的 7585 亿元，占全国税收收入的 15%；外商投资企业缴纳税收超过 9900 亿元，占全国税收收入的 20%。

4. 我国成为亚洲出境旅游人口最多的国家

中国公民自费出国旅游是从出境探亲旅游发展演变而来的。1989 年 10 月，国家旅游局经商外交、公安、侨办等部门，并经国务院批准，发布施行了《关于组织我国公民赴东南亚三国旅游的暂行管理办法》，规定由海外亲友付费、担保，允许我国公民赴新加坡、马来西亚、泰国等地探亲旅游。1992 年 7 月，又增加批准菲律宾为探亲旅游的目的地国家。

1997 年 7 月 1 日，由国家旅游局与公安部共同制定并经国务院批准的《中国公民自费出国旅游管理暂行办法》发布实施，中国公民自费出国旅游正式开始。这个管理办法，将中国公民出境探亲旅游正式改变为中国公民自费出国旅游，同时明确了中国公民自费出国旅游的方式、管理原则、特许经营此项业务的旅行社和旅游者的责任、权利、义务以及对违法行为的处罚措施等。随着这个管理办法的发布实施，出国旅游的管理工作力度明显加强，出国旅游市场秩序大为改观，逐步走上了健康发展的轨道。

1998 年，我国因公因私出境人数达 842.56 万人次，其中经过旅行社组织的自费出国旅游人数达到 181 万人次。

根据 1998 年全年的统计，中国公民出境去往亚洲国家的有 710.83 万人次，占总额的 84.37%；去往欧洲的有 76.99 万人次，占 9.14%；去往美洲的有 39.66 万人次，占 4.71%；去往大洋洲的为 10.66 万人次，占 1.27%；去往非洲的为 4.01 万人次，占 0.48%。

1998 年，旅行社组织中国大陆公民出境旅游者中去往人数最多的十个

（第一站）目的地依次为：中国香港、中国澳门、泰国、缅甸、越南、新加坡、马来西亚、俄罗斯、朝鲜、菲律宾。

2006 年，中国公民出境旅游目的地的国家和地区总数已达 132 个。 中国出境游人数达到 3452.4 万人次，比 2005 年增加了 11.27%，超过日本成为亚洲最大的客源输出国。

奥地利航空公司中国区销售总监任军认为，中国旅游者的影响远远超越了到底花了多少欧元这个问题，在奥地利一些小乡村都能看见汉字，许多店铺出售专门针对中国旅游者的纪念品，"这对于当地普通人就业，具有非同寻常的意义"。

旅游创造就业机会，而且直接推动国外汉语学习的发展。 因为，要参与接待中国游客的工作，就得懂汉语。 我国的旅游目的国首先是东南亚一些国家，这是 90 年代后期以来东南亚国家来华留学生迅速发展的重要原因之一。

总之，我国参与经济全球化的程度越高，世界各国与中国、中国人交流与接触就越广泛。 要与中国和中国人交流和接触，就要了解中国文化，而要了解中国文化，就要学习汉语。 所以，我国参与经济全球化能直接推动来华留学生教育的发展，我国参与经济全球化的程度越高，就越能推动来华留学生教育的更大发展。

第二节　改革开放 30 年高等教育的发展

一个国家高等教育发展的程度，直接影响其外国留学生教育的发展。 所以，了解改革开放 30 年我国高等教育的发展，才能够认识这期间我国外国留学生教育的发展。

改革开放 30 年我国高等教育的发展可以分为三个时期。 第一个时期是 1978 年至 1984 年改革开放初期。 这个时期高等教育的发展主要是 1976 年"文化大革命"结束后高等教育"拨乱反正"的继续。 第二个时期是从 1985 年至 1997 年。 1985 年中央发布了《关于教育体制改革的决定》，拉开了教育体制包括高等教育体制改革的大幕。 高等教育的改革从改革高等学校的招生、毕业生分配以及扩大高等学校办学自主权入手。　第三个时期是从 1998 年到 2008 年。　1998 年国家开始实施高等教育扩招政策，我国高等教育进入高等教育规模大发展时期。　1998 年，当时的中共中央总书记江泽民在北京大学建校百年纪念大会的讲话中提出建设世界一流大学的号召。　之后，建设世界一流大学成为我国高等教育发展的重要政策。

一、改革开放初期的高等教育（1978—1984）

1966 年发生"文化大革命"，高等学校停止招生。　1973 年开始恢复招生，因为当时国家仍然处在"文化大革命"期间，高等教育的一些政策，例如高等学校的招生办法等仍受"文化大革命"的政策影响。　1976 年"文化大革命"结束，国家在高等教育领域开始纠正"文化大革命"中的错误做法，例如废除"文化大革命"中高等学校推荐招生办法，1977 年恢复高等学校统一招生考试制度。　统一考试招生，使高等学校新生质量显著提高，高等学校的正常教学秩序开始逐步恢复。　1978 年，高等学校在校学生总数达 85.6 万人，超过了"文化大革命"前 1965 年全国高等学校在校学生规模。

1978—1984 年间，我国高等教育规模在总体上保持增长趋势。　虽然 1982 年的在校学生规模比 1981 年下降了 9.8%，但 1984 年的高等学校在校学生规模比 1981 年增长了 9.1%。　1978—1984 年间，高等学校在校学生规模平均年增长率为 9.8%，高等教育学生规模保持了较快的增长。

据统计，1984 年，全国共有普通高等学校 902 所，平均每所院校的在校生规模为 1500 多人。　在校生规模 5000 人以上的院校有 25 所，占院校总数的 2.8%。　总体来讲，高等学校在校学生规模偏小。　1984 年我国高等教育的（毛）入学率仅为 1.5%，所以还只有很少人有机会进入高等学校学习。

这一时期高等教育领域的重要政策发展，是第五届全国人民代表大会常务委员会第十三次会议，于 1980 年 2 月 12 日通过了《中华人民共和国学位条例》，并从 1981 年 1 月 1 日起实施。　这是我国第一部关于高等教育学位的法律文件。　新中国建立后，我国的高等学校既有本科教育也有研究生教育，但却一直没有学位制度。　学位制度的建立，促进了我国高等教育特别是研究生教育的发展，也有利于来华留学生教育的发展。　因为没有学位制度一直是影响我国外国留学生教育发展的原因之一。 60 年代曾发生过外国留学生以我国高等教育没有学位为理由而中途退学的事件。 1979 年，教育部曾提出专门为来华留学生建立学位制度，以有利于来华留学生教育的发展。 因此，这个条例的第十五条特别规定："在我国学习的外国留学生和从事研究的外国学者，可以向学位授予单位申请学位。 对于具有本条例规定的学术水平者，授予相应学位。"

二、1985—1997 年间高等教育的改革发展

1985 年 5 月 27 日，中共中央颁布了《关于教育体制改革的决定》（以下简称《决定》），它是紧接着 1984 年 10 月 20 日中共中央发布的《关于经济体制改革的决定》后的第一个具体领域的体制改革的决定，显示国家对教育改革的重视。 从此，我国高等教育走上了深刻的改革之路。 这些改革不但大大促进了我国高等教育的发展，而且为来华留学生教育的发展提供了制度上和能力上的强有力支持。

《决定》提出的对高等教育体制改革的总目标是："改革高等学校的招生计划和毕业生分配制度，扩大高等学校办学自主权"。 《决定》规定，在执行国家的政策、法令、计划的前提下，高等学校有权在计划外接收委托培养学生和招收自费生；有权调整专业的服务方向，制订教学计划和教学大纲，编写和选用教材；有权利用自筹资金，开展国际的教育和学术交流。《决定》还提出要改变高等教育学科比例不合理的状况，加快财经、政法、管理等薄弱学科和专业的发展。 对高等学校后勤服务工作的改革，《决定》提出了"实行社会化"的大方向。 这三个方面的改革都对来华留学生教育的发展产生了决定性的影响。

我国当时实行的高等学校的招生和毕业生分配制度是：国家根据人才需求确定每年高等教育招生总计划；在总计划下，确定每所高等院校的招生计划；学校通过国家统一考试录取新生；高等学校免收学费、住宿费，实行人民助学金制度，对经济困难的学生予以补助；毕业生根据国家需要统一分配工作。

《决定》提出高等学校有权在计划外接收委托培养学生和招收自费生，

实行国家计划招生、用人单位委托招生和招收少量自费生相结合的招生制度，使高等学校的学生来源分为三个部分：一是国家计划部分（以下简称国家计划生），即国家根据人才需要确定的每年总的招生计划下确定的每所高等学校的招生规模，这类学生的培养费由国家负担。　二是委托培养学生，即一些单位（这些单位在当时也都是公立单位）在国家计划外提出的人才培养计划。这类招生的具体计划由有关单位（即委托单位）与有关高等院校商定，委托单位负担这些学生的培养费。　三是自费生。　自费生的学费和住宿费由学生本人负担。　当时高等学校招生实行全国统一考试，高等学校根据学生的考试成绩录取新生。　先录取国家计划的招生，再录取委托计划的招生，最后录取自费生。　所以，自费生的考试成绩比前两类学生的考试成绩低一些。　因此，从 1985 年起，高等学校除国家计划招收的学生外，开始有了根据学校的教学和基础设施能力录取的委托生和自费生。　如果说国家计划招生规模完全决定于国家计划的话，那么每所高等学校招收委托生和自费生的规模就取决于学校自身的能力。　所以，高等教育的招生改革使高等学校在招生上有了部分自主权。　高等学校具有招生自主权，特别是招收自费生，是当时我国高等教育发展的最深刻的改革之一。

高等学校招收自费生后，虽然自费生的相对规模还比较小，但是，对同一学校里的学生，就存在两种录取标准和两种缴费标准。　国家计划生和委托生的招生统一考试成绩高一些，本人不缴纳学费和住宿费；自费生的招生考试成绩低一些，本人要缴纳学费和住宿费。　但是，学生进入学习过程后，国家计划生的学习成绩未必都比自费生好，自费生的学习成绩也未必都比国家计划生差。　因此，两种收费标准不尽合理。　为了解决这个矛盾，必须进行进一步改革。　因此国家规定，从 1989 年起，国家计划生和委托生均须缴纳学杂费和住宿费。　但开始阶段，国家计划生和委托生的学费和住宿费标准低于自费生的学费和住宿费标准。　到 1994 年，开始实行高等学校招生的录取标准和收费标准"并轨"改革，即不再按国家计划生、委托生和自费生分别录取新生。　高等学校按三类招生计划的总数，根据学校的招生标准统一录取新生，所有新生的学费、住宿费标准一样。　这项改革到 1997 年完成。　即从 1997 年起，我国所有高等学校学生均须交纳统一标准的学费和住宿费。

免费（免收学费、住宿费）上大学是新中国成立以来实行的高等教育政策。 但是，直到 80 年代初，我国高等教育的毛入学率也只有 2% 左右，能够接受高等教育的人口仅占同龄人口的极少数。 高等教育发展缓慢，特别是高等教育规模发展缓慢，主要是国家投入的高等教育经费所限。 新中国建立以来，虽然国民经济也得到了发展，但是由于底子薄，人口众多，国家能够投入教育的经费本来就有限，而在教育发展中又要首先保证基础教育的发展，能够用于高等教育的经费就更少了。 所以，我国高等教育发展缓慢的主要原因之一是缺少经费。 为了满足人民日益增长的对高等教育的需求，必须对高等教育的投入方式进行改革，把过去完全由国家负担，改为国家、单位和个人共同负担。 所以，1985 年开始的高等学校招生制度的改革，允许高等学校招收委托生和自费生，一方面是扩大高等学校招生自主权，另一方面，而且是更重要的方面，是扩大高等教育的经费来源。 委托生和自费生的教育经费由单位和个人负担。 从这个意义上说，招生制度的改革也是高等教育经费投入制度的改革。 正是从这项改革开始，到 1997 年，实现了所有高等学校学生自己负担学费和住宿费的改革。 这是我国高等教育发展的一项重大改革，这项改革大大推动了我国高等教育的发展。

1985 年我国普通高等院校本专科在校学生总数为 170 万人，这些学生全部是国家计划生，即全部由国家负担经费的学生。 1996 年普通高等院校本专科在校学生总数为 302 万，其中国家计划生为 228 万，委托生为 40 万，自费生 34 万。 与 1985 年比较，1996 年高等学校在校学生规模增加了 132 万，其中国家计划招生增加了 58 万，其余增加的 74 万人全部是委托生和自费生。 这就是说，在 1985—1996 年间，国家计划生规模仍保持增长，即国家对高等教育的经费投入仍保持增长。 它表明国家高等教育经费投入制度的改革，并不是要减少国家对高等教育的投入，而是设法增加高等教育经费投入的来源。 在 1985—1996 年间，不但委托生和自费生规模从 1985 年的零人增加到 1996 年的 74 万人，这部分学生的经费不由国家负担，而是由单位和个人负担，而且委托生和自费生的增长规模高于同期国家计划生增长的规模。所以，高等教育经费投入的改革，大大推进了高等教育的发展。 1997 年我国高等教育毛入学率达到 9.1%，比 1984 年增加了 7 个百分点。

据统计，1996 年，全国有普通高等学校 1032 所，高等学校在校学生平均规模达到 2900 多人，比 1984 年高等学校在校学生平均规模增加了近一倍。高等学校的效率显然提高了。 1996 年，高等学校在校学生规模 5000 人以上的院校达到 153 所，比 1984 年增加了 128 所。 高等学校规模的扩大，不但有利于高等学校学科的发展，而且有利于高等学校发展外国留学生教育。

《决定》提出的加快财经、政法、管理等薄弱学科和专业的发展方针的贯彻，使高等学校的这些学科获得快速发展。 例如，1983 年，高等学校的财经学科在校生总数为 4.9 万人，占当年在校本科生总数的 5.3%。 1996 年，高等学校财经学科在校生总数增长到 24.9 万人，占当年在校本科生总数的 13.9%。 在目前我国的来华留学生中，财经学科是来华留学生比较多的学科之一。 因此，来华留学生的发展得益于我国高等学校财经学科的发展。

高等学校后勤改革的社会化方向，就是解决高等学校学生的住宿和吃饭问题要采取"社会化"方针，不再由政府独揽。 这项改革措施直接有利于外国留学生教育的发展。 留学生住宿问题一直是制约我国外国留学生教育发展的因素之一。 后勤"实行社会化"的改革，提供了解决留学生住宿问题的可能。 例如，留学生可以在社会上解决住宿问题，解决了仅在学校内为留学生提供住宿存在的困难。

《决定》提出的"高等学校有权利用自筹资金，开展国际的教育和学术交流"，是对高等学校发展外国留学生教育的一条具体规定。 正是根据这个规定的精神，教育部决定实施高等学校自主接收外国留学生的政策。

三、高等教育扩招和建设世界一流大学

在 1978—1984 年间，高等教育发展经历了一次波动，即 1982 年高等学校在校生总数比 1981 年下降了 9.8%，然后经过两年时间才恢复到下降前的水平并有所提高。 在 1985—1997 年，高等教育发展也经历了一次波动，1990 年高等学校在校学生数比 1989 年下降了 1%，也是经过两年时间才恢复到下降前水平并有所提高，即 1992 年高等学校在校学生数比 1989 年增长了 4.9%。 高等教育发展的波动主要是由国家经济发展情况决定的，但也有高等教育自身体制的原因。 前一次波动发生在高等教育体制改革以前，高等学

校招生完全是国家计划招生，由于受国家经济情况的影响，国家招生计划受到影响而导致高等教育发展的波动。 后一次波动发生在高等教育体制改革刚刚启动之际，波动的原因与前一次相同。

1985—1997 年间，我国高等教育总体上保持稳步发展。 12 年间，高等学校在校生规模平均增长率为 5.4%，高等教育毛入学率从 1985 年的 2.9%上升到 1997 年 9.1%。 但是，我国高等教育仍然不能满足人民对高等教育的需要。 因为毛入学率 9.1%意味着有 90%的 18—22 岁的同龄人没有接受高等教育的机会。

根据联合国教科文组织的统计，1996 年，全世界高等教育的平均毛入学率为 16.7%，发展中国家的平均毛入学率为 9.6%。 1997 年我国高等教育毛入学率不但低于 1996 年世界的平均水平，而且低于 1996 年发展中国家的平均水平。 所以，我国高等教育的发展在世界上是落后的。 1996 年，世界发达国家高等教育的平均毛入学率已经达到 50.5%，我国高等教育的发展与发达国家的差距是巨大的。 由于科学技术和人才在国家经济发展中的作用越来越重要，所以，加快发展高等教育是我国的一项迫切任务。 到 1997 年，我国基本完成了高等学校招生体制改革，理顺了我国高等教育发展体制，为加快发展高等教育发展提供了体制条件。

1998 年，我国开始实施扩大高等学校招生政策。 在 1998 年至 2007 年间，不但高等学校在校学生规模保持平稳增长趋势，没有发生在校学生规模减少的波动，而且高等学校在校学生的平均年增长率达到 21.2%，几乎是1985—1997 年同类增长率的 4 倍。

2002 年我国高等教育毛入学率增长到 15%，进入了世界上所谓的高等教育发展"大众化"阶段。 我国各地高等教育发展水平也不平衡。 2002 年，北京市高等教育毛入学率达到 46%，居全国最高水平。 这也是北京外国留学生规模在全国各省、自治区、直辖市中居首位的原因之一。

2007 年，我国高等教育毛入学率达到 23%，高等学校在校生规模达到1885 万人，成为世界上高等学校在校学生最多的国家。 2007 年，高等学校在校生平均规模达到 9800 多人，是 1997 年在校生规模的 3 倍。 2006 年，高等学校在校学生规模在 5000 人以上的院校有 1106 所，占当年全国院校总数的 59%，即一半以上的高等院校的在校生规模超过 5000 人。

高等学校的财经、法律、管理等学科，在 1985—1997 年间获得较快发展的基础上，1998 年以来得到进一步发展。据统计，2006 年经济学科的在校本科生规模达到 54.7 万人，比 1996 年增长了 1.3 倍；2006 年法律学科的在校本科生规模达到 44.1 万人，比 1996 年增长了 6.1 倍；2006 年管理学科的在校本科生规模达到 146.7 万人，而 1996 年管理学科还没有作为一个单独学科对其学生进行统计。

1998 年 5 月 4 日，江泽民在庆祝北京大学建校一百周年大会上的讲话中指出："为了实现现代化，我国要有若干所具有世界先进水平的一流大学。这样的大学，应该是培养和造就高素质的创造性人才的摇篮，应该是认识未知世界、探求客观真理、为人类解决面临的重大课题提供科学依据的前沿，应该是知识创新、推动科学技术成果向现实生产力转化的重要力量，应该是民族优秀文化与世界先进文明成果交流借鉴的桥梁。"[1]

高等学校要成为"民族优秀文化与世界先进文明成果交流借鉴的桥梁"，就是说一流大学应该通过人才培养成为吸收和传播"民族优秀文化与世界先进文明成果"的桥梁，既培养自己国家的学生，也要培养外国留学生。所以，江泽民的讲话把培养外国留学生作为一流大学应该具有的功能之一。综观当今世界各国的一流大学，它们在主要为自己国家培养人才的同时，都接收了世界各国的优秀留学生。这些外国留学生为学校带来了不同的文化，外国留学生的学习和创新是认识未知世界和探求客观真理的一支重要力量，同时，留学生学成回国把优秀的民族文化和先进的文明成果带回他们的国家，传播到世界各地。因此，在建设一流大学的过程中，大学都应更自觉地把外国留学生教育作为大学必须注重的重要工作之一。

---

[1]　《90 年代中国教育改革大潮丛书——高等教育卷》，第 499 页，北京师范大学出版社，2002 年第 1 版

第三节　改革开放初期的来华留学生教育(1978—1984)

改革开放初期，国家的政治、经济均处在纠正"文化大革命"中的错误，恢复国家的正常政治和经济秩序的发展时期。 高等教育也处在恢复正常教学秩序时期。 所以，总体来说，这个时期的来华留学生教育延续 1973 年以来的做法，但在国家实施的一些具体开放政策推动下，来华留学生教育得到继续发展。

一、1979 年的扩大来华留学生招生计划

大量派遣留学人员出国，学习国外的先进科学技术和管理经验，是改革开放初期在教育上最先提出并实施的政策之一，派遣留学人员出国留学成为我国对外开放政策的重要组成部分。 国外的先进科学技术和管理经验主要在发达国家，所以，我国出国留学生的去向也主要是发达国家。

1978 年 3 月 18 日，邓小平在全国科学技术大会开幕式上的讲话中指出："任何一个民族、一个国家，都需要学习别的民族、别的国家的长处，学习人家的先进科学技术。 我们不仅因为今天科学技术落后，需要努力向外国学习，即使我们的科学技术赶上了世界先进水平，也还要学习人家的长处。"① 同年 5 月 7 日，邓小平指出要把"世界一切先进技术、先进成果作为我们发展的起点。"② 同年 9 月 18 日，邓小平在听取中共鞍山市委负责同志汇报的讲话中说："凡是引进的技术设备都应该是现代化的，必须是七十年代的，配套也要是七十年代的。 世界在发展，我们不在技术上前进，不要说超过，赶都赶不上，那才真是爬行主义。 我们要以世界先进的科学技术成果作为我们发展的起点。"③ 同年 10 月 10 日，邓小平在会见德意志联邦共和国新闻代表团的讲话中说："要实现四个现代化，就要善于学习，大量取得国际上

① 《邓小平文选》第二卷，第 91 页，人民出版社，1993 年第 1 版
② 《邓小平文选》第二卷，第 111 页，人民出版社，1993 年第 1 版
③ 《邓小平文选》第二卷，第 129 页，人民出版社，1993 年第 1 版

的帮助。要引进国际上的先进技术、先进设备，作为我们发展的起点。"①

1978 年 6 月 23 日，邓小平在听取清华大学工作汇报时的讲话中说："我赞成留学生数量增大，主要搞自然科学。""要成千成万地派，不是只派十个八个。"而且，派遣留学生"要千方百计加快步伐，路子要越走越宽。"②并指出这是学习外国先进技术的一个方法。不久，国家作出了扩大派遣出国留学生的决定。为了落实扩大派遣出国留学生渠道，我们首先与欧美发达国家以及日本等国家接触商谈。这些国家在表示欢迎的同时，无一例外地提出扩大向我国派遣留学生的要求。

70 年代初期，我国与除美国以外的欧美发达国家建立了外交关系后，随即与这些国家开展了留学生交流，它们均向我国派遣了留学生。当时双方交流留学生实行数量对等原则。1973—1977 年间我国接收的 2066 名留学生中，来自周边国家的留学生规模居首位，占总数 30.2%，而来自欧美发达国家的留学生规模居第二位，占总数的 26.3%。当时，欧美发达国家与我国建立外交关系不久，刚刚开始双边留学生交流；而且交流留学生的数量实行对等原则。与资本主义国家的留学生交流实行对等原则，是我国从 60 年代就开始实行的原则。就是在这样的情况下，来自欧美发达国家的留学生规模，与同期来自周边国家留学生的规模相差不大，说明欧美发达国家与我国交流留学生的需求比较大。

在 1979 年 1 月召开的来华留学生工作会议上，教育部副部长浦通修在报告中说明了为什么要扩大接收外国留学生规模。他说："特别需要提出的是，为了加速实现四个现代化，我们需要大批人才，除了国内培养外，还要派大量留学生出国学习。我们派出，人家必然就要派进，有来有往才行。目前我们开放的专业和学校是很有限的，开放专业只有 42 个，开放学校只有 32 所。这种情况远远不能适应大量交流和交换留学生的需要。"③

1979 年 2 月，国务院批准了教育部、外交部、文化部、财政部和国家计委关于扩大接收外国留学生规模的报告。报告提出了到 1985 年高等学校接

---

①　《邓小平文选》第二卷，第 133 页，人民出版社，1993 年第 1 版

②　《中华留学教育史录(1949 年以后)》，第 365 页，高等教育出版社，2000 年第 1 版

③　《中华留学教育史录(1949 年以后)》，第 884 页，高等教育出版社，2000 年第 1 版

收的外国留学生总数要达到 12000 人。 在当时来说，这是一个很大的增长，因为 1979 年我国的外国留学生规模只有不到 2000 人。

当时扩大外国留学生规模，就是扩大国家奖学金留学生规模。 因为 1973 年恢复接收外国留学生以来，不论是来自发展中国家的留学生，还是来自发达国家的留学生，都是奖学金留学生。 对来自发展中国家的奖学金留学生，免收学费、住宿费，并提供一定数量的生活费；对来自发达国家的奖学金留学生，一般免收学费，其他费用自理。 来华奖学金留学生的经费来自中央政府。 此外，国家还要对接收外国留学生的院校给予一定投入，建设供留学生使用的宿舍和食堂。 地方政府为高等学校的基本建设特别是留学生宿舍和食堂等建设也要提供一定投入。

所以，当时扩大外国留学生规模，不但受国家提供留学生所需要经费的能力的限制，而且受高等学校在硬件上容纳学生能力的限制。

1979 年以后，我国的奖学金留学生规模有所扩大。 例如，1979 年招收的外国奖学金留学生新生总数为 440 人，到 1984 年，当年的奖学金留学生新生总数达到 1286 人，比 1979 年增加了两倍。

二、接收短期来华留学生

改革开放后的首批自费留学生是短期来华留学生。 短期留学生首先来自西欧发达国家。

1978 年 7 月，法国第三巴黎大学东方语言学院的 29 名学习汉语的学生，来北京语言学院参加为期一个月的汉语学习。 这批留学生在华学习的一切费用由其自理。 这是改革开放初期第一批自费来华留学生。

这种短期留学生是否称为留学生，在开始阶段是有争议的。 1979 年教育部颁布的《外国留学生试行条例》中规定，我国接收外国留学生的类别为：本科生、研究生、进修生。 进修生是指具有本科学历的人来华进行专业进修，进修生的学习期限一般为半年至一年。 短期留学生是在校本科学生，而且来华学习的时间一般只有几周，所以，短期留学生显然不属于进修生。

但是，短期留学生规模不断扩大，短期留学生的来源国家也不断增加。因此，教育部在 1983 年的《关于实行为外国人举办短期学习班的有关规定的通知》中，明确规定"短期留学生也是留学生的一部分"。

短期留学生的学习学科，从开始阶段主要学习汉语扩展到其他学科。 例如，1984 年各高等学校举办的短期留学生班的学习学科，除汉语外，还包括书法、建筑、法律、中医、舞蹈、音乐、戏剧、绘画、武术等学科。 但多数短期留学生仍然以学习汉语为主。

改革开放前的来华留学生招生制度是：由教育部制订每年接收来华留学生的计划，包括国家奖学金留学生和自费留学生计划；教育部通过我国驻外使领馆或有关国家驻华使馆与有关国家商谈留学生名额、招生要求和条件；有关国家根据商定的条件确定来华留学生名单，并通过我驻外使领馆或有关国家驻华使领馆将名单提供给教育部；然后，教育部与有关高等学校联系落实留学生的接收院校，接收留学生院校必须是经教育部批准的开放院校；最后通过我驻外使领馆或外国驻华使领馆通知留学生本人。 虽然，教育部制订的接收外国留学生的计划中包括自费留学生，但是，实际上通过上述方法录取的留学生，是通过政府部门（或双方国家的使领馆）安排的留学生，绝大多数为奖学金留学生，自费留学生只是个别情况。

在开始接收外国短期留学生时，教育部也曾规定要遵照上述招生程序招收外国短期留学生。 例如，1980 年 3 月 1 日的《教育部关于 1980 年开办暑期汉语学习班的通知》中规定："各校汉语学习班招生人数由教育部统一下达。（属校际交流的，须事先报教育部审批。）人数确定后，各校要根据本通知的原则制定招生简章，经教育部同意后，由教育部与驻外使领馆和有关国家驻华使馆联系、商谈（校际交流的名额除外）。 渠道沟通后，留学生来华的具体事宜，由学校直接与国外有关部门联系。"

改革开放初期，国家支持高等院校与外国高等院校开展校际间学术交流，简称校际交流。 校际交流的内容包括聘请教师来华讲学，派遣教师出国任教，开展科学技术合作，包括参加国际学术会议，开展科学研究合作以及合作召开国际学术会议等。 据统计，在 1979—1982 年间，共有 115 所国内高等院校与外国的 250 所高等院校建立了校际交流关系。 这 115 所院校中，72 所是国家部委直属的高等院校，其余 43 所是省、自治区、直辖市所属的高等院校。 我国开放接收短期留学生后，"校际交流关系"是短期留学生来华的主要渠道之一。　根据这个情况，教育部在 1980 年 12 月 31 日发出的《关于高等院校开办外国人来华短期中文学习班问题的通知》中明确指出："举办短期中文学习班是接收外国留学生来华学习的一种形式，是校际交流的一项重要内容，可以为交换留学生提供条件，是一件很有意义的工作，应该积极创造条件，逐步将这项工作开展起来。"

为了进一步推动短期留学生教育的发展，教育部在 1980 年 12 月 31 日的通知中，提出了进一步扩大短期留学生教育的具体措施：一是扩大接收短期来华留学生的院校范围，规定有条件的综合大学、师范院校、外语院校，经报省、自治区、直辖市高教（教育）厅（局）和外事办公室同意，并报教育部备案，可以举办外国人短期中文学习班。　二是由学校自主招生，规定"学校直接与国外有关院校、团体和友好人士联系、签订协议，由学校办理录取手续"。　扩大接收来华短期留学生的院校范围和高等学校可以自主招生（短期留学生），虽然还仅限于短期留学生，但它是来华留学生教育体制的重要改革，冲破了原来高度集中的来华留学生管理体制。　高度集中的来华留学生教育管理体制主要表现在两个方面：一是高等院校接收外国留学生必须经教育部批准；二是留学生招生必须纳入国家统一招生计划。

1983 年 4 月教育部发布了《中华人民共和国教育部为外国人举办短期学习班的有关规定》，对高等学校直接招收短期外国留学生规定："鼓励有关高等学校直接与外国的有关院校签订举办短期学习班的双边协议，也可与非营利的外国民间友好组织签订此类协议。"该规定还明确阐明了教育部在发展短期外国留学生工作中的主要职责是："协调和制定统一的对外政策；了解和掌握情况，组织经验交流；安排根据政府间协议来华的短期留学生。"

短期留学生主要来自日本以及欧美等发达国家。　例如，1982 年的 2500多名短期来华留学生中，来自日本的占 60%，来自美国的占 30%，其余来自其他欧美发达国家，包括西欧发达国家和北美加拿大等国家。

日本是经济发达国家，又是与我国一衣带水的周边国家。　1972 年，中日两国建立外交关系后，立即开始了双边官方留学生交流，虽然规模还有限。　1978 年，我国开始实施大量派遣出国留学生政策，向包括日本在内的发达国家增加派遣出国留学人员。　日本是使用汉字的我国近邻国家，两国文化交流具有悠久的历史。 在当时的世界各国中，日本是学习汉语人数最多的国家之一。 所以，我国开放接收来华学习汉语的短期留学生后，日本来华短期留学生增长很快。 虽然我国接收中文短期留学生是从法国开始的，但是，日本很快成为派遣中文短期留学生最多的国家。

教育部公布的 1985 年接收短期留学生的院校共有 72 所，其中 50 多所是经教育部批准已经开放接收外国留学生的院校，有 18 所是根据教育部 1980 年的规定，由省、自治区、直辖市政府批准接收短期留学生的院校。 所以，到 1985 年，接收外国来华短期留学生的院校的大多数是原来已经开放接收留学生的院校，新开放的接收短期留学生的院校的数量占少数。

短期来华留学生的收费标准是由教育部协商中央有关部委统一制定的。1980 年，教育部规定了短期留学生的学费、宿费、伙食费标准。 1983 年，教育部、财政部、劳动人事部、国家物价局、国家外汇管理局联合发布了《关于重新印发为外国人举办短期学习班费用实行规定的通知》。 后来，由于人民币与美元比值时有变化，教育部与财政部于 1985 年发布了《关于调整为外国人举办短期学习班学费、宿费标准的通知》。 通知规定，鉴于人民币与美元比率时有变化，为稳定短期留学生的有关费用标准，决定以美元规定短期留学生的学费和宿费标准。 接收短期留学生学校，根据当时汇率折算成人民币收取留学生的学费和住宿费。

1978—1984 年间接收的 17900 多名来华留学生中（每年新生累计数），自费来华留学生为 12500 人，占这一时期来华留学生总数的 69.8%。 这些自费留学生绝大多数是短期来华留学生。

三、强调做好接收发展中国家留学生工作

改革开放前接收发展中国家来华留学生的实践表明，为发展中国家培养人才是对发展中国家提供帮助的一种有效方式。 改革开放后，我国对发展中国家提供援助的政策没有改变，而发展中国家也要求扩大向我国派遣留学生。

1977 年，我国高等学校恢复统一考试招生后，高等学校的学生质量显著提高，高等学校的正常教学秩序逐步得到恢复。 在这种情况下，非洲国家来

华本科留学生学习困难问题更加突出。 教育部负责人在 1979 年召开的来华留学生工作会议上指出，如果按照目前学校的标准和要求，当时在高等学校学习的来自非洲国家的本科留学生，会有一部分人或大部分被处理回国。 因为留在学校，他们确实难以跟上班。 但是，这些学生已经来我国学习几年了，无论是从他们个人前途考虑，还是从他们国家需要人才考虑，学校"要想方设法，克服困难，让他们学到一定知识和本领"。

在分析这些非洲国家留学生学习困难的原因时，普遍认为主要原因是这些留学生的文化水平低。 这些留学生是由他们国家推荐来华学习的，我国没有对他们进行文化考核。 根据国内刚刚恢复高等学校统一招生考试的情况，人们自然地提出了对选学理、工、农、医等学科的本科留学生也要通过文化考核决定是否录取，即通过统一考试决定他们是否可以来华学习。 当时提出的办法是："由我驻外使领馆主持考试，考题由国内出，考题水平大致与国内相应的考试相当，但录取分数标准适当降低。"1979 年是实行统一考试录取理、工、农、医等学科本科留学生的第一年，主要在非洲国家进行。 考试学科包括数学、物理和化学三门。 当时曾考虑三门学科考试成绩总分达到180 分即可录取，但参加考试的考生竟然没有人达到 180 分。 在大幅度降低录取分数线后，当年从撒哈拉以南非洲国家录取了 25 名留学生。 而 1975—1978年期间，每年从撒哈拉以南非洲国家录取的留学生平均为 130 人。 所以，通过考试录取非洲国家留学生，使非洲国家来华留学生数量大幅度减少。

我国每年向非洲国家提供一定数量的奖学金名额，但实行文化考试后，非洲国家能够派遣来华的留学生数量显著减少，引起了国内外的强烈反应。 在 1984 年召开的来华留学生工作会议上，教育部部长何东昌在报告中指出："接收和培养外国留学生是智力援外中一项具有战略意义的工作"。 他在报告中说："有些非洲国家政府认为，中国培养的留学生不仅业务基础和实践能力强，而且学到了中国人民勤劳实干的精神。 我驻非洲国家使馆反映，从中国毕业回国的留学生，绝大多数对我友好，感情深厚；甚至有的在中国学习期间受过处分而中途回国的人，对我仍表现友好。 我们要着眼于世界，放眼于未来，努力担负起这一历史责任，切实做好留学生工作。"

1984 年来华留学生工作会议以后，我国接收的发展中国家的留学生数量有了显著增加。据统计，1973—1978 年的六年间，来自撒哈拉以南非洲国家的奖学金留学生总数为 600 人，而在 1984—1989 年的六年间，来自撒哈拉以南非洲国家的奖学金留学生总数增加到 1500 人。

四、来自欧美发达国家留学生增加

据统计，1978—1984 年间，来华短期留学生总数达 12500 多人。我们在前面介绍来华短期留学生时已经指出，这些短期留学生的绝大多数来自包括日本在内的发达国家。据教育部的统计资料，1978—1989 年间的来华自费留学生的 98% 来自发达国家，这些自费留学生主要是短期留学生。

按每年来华奖学金留学生新生人数累计统计，1978—1984 年间共有来自109 个国家的 5387 名奖学金留学生来华学习。这期间来自日本的奖学金留学生达 1300 多人，占这个时期来华奖学金留学生总数的 24.1%，几乎四分之一的奖学金留学生是来自日本。而同期来自欧美发达国家的奖学金留学生总数为 2162 人，占同期来华奖学金留学生总数的 40.1%。这里的欧美发达国家共有 20 个，它们是两个北美国家，即美国和加拿大；两个大洋洲国家，即澳大利亚和新西兰；其余 16 个国家都是西欧发达国家。因此，在此期间，来自欧美发达国家和日本的来华奖学金留学生占同期来华奖学金留学生总数的64.2%。所以，1978—1984 年间，来华奖学金留学生的多数来自发达国家。

为什么来自发达国家的奖学金留学生规模超过来自发展中国家的奖学金留学生规模？

来自发达国家奖学金留学生占多数的原因有两个：一是因为与发达国家对等交流奖学金留学生的规模比较大。我们前面提到过，在 1973—1977 年间，我国与发达国家交流的奖学金留学生数量是完全对等的；1978 年以后，与发达国家的留学生交流，除对等交流的奖学金留学生外，还互派自费留学生。对等交流留学生有两层含义，即数量上对等和各自负担对方奖学金留学生的费用。当时国家外汇比较紧张，扩大对等交流的留学生规模，有利于节省外汇，可以派出更多出国留学生。所以，只要对方有可能，对等交流的奖学金留学生的规模一般比较大。 二是留学生的统计方法所致。 奖学金留学生的统计数字是每年新生的累计数。 来自发达国家的奖学金留学生的学习期限多为一年，因此每年的奖学金留学生新生名额多一些；而来自发展中国家的奖学金留学生多为本科留学生，在华学习时间一般要四五年，每年新生的名额少一些。

1979 年 1 月 1 日，中美两国正式建立外交关系，随即开始了在两国官方指导下的留学生交流。 对我国提出向美国派遣出国留学人员，美国的答复第一是欢迎，第二是中国必须接收美国派遣的留学人员。 当时美国向我国派遣的留学生均为美方自己负担费用的留学生，这类留学生数量不大，但多为研究学者。 这些学者提出的研究题目广泛，要求访问考察的单位、地区以及要求查阅的资料也比较广泛。 我国的有关单位和地区，或者没有接收外国人访问的物质条件，或者还没有开放。 因此，当时我国安排接收这些美国学者存在一些困难。 对此，美国人却认为中国不愿意接收美国留学生，并在中美两国国家领导人会谈中提出，向中方施压。 中国领导人明确告诉美方，安排这些美国学者到中国进行研究不存在政策问题。

为解决安排外国学者（当时主要是美国学者）来华从事研究，1985 年，国家教委、外交部、财政部联合发布了《中华人民共和国国家教育委员会接收外国研究学者入中国高等院校进行科学研究的有关规定》的通知。 这个规定对 1981 年发布的同类规定内容作了修改，明确申明"中华人民共和国国家教育委员会欢迎外国研究学者来华从事某一项科学研究工作"，但"一般应纳入政府间交流计划"。 外国研究学者选择的中国高等院校必须是开放院校；外国研究学者必须事先提交研究计划，以利于学校预先准备；外国研究学者在华研究期间，可以安排到开放地区进行与研究内容有关的考察活动，一般每半年一次，每次时间为两周；研究工作结束后，研究学者应向中方提交简要研究报告以及需要带走的资料目录，凡符合接待院校和中国海关规定的资料可以带出中国。

虽然此类来华研究学者数量并不多，但是，我国政府认真对待并解决这个问题，有利于我国与外国的留学生交流的开展。 从 1979 年开始，我国派遣大量留学生出国留学，其中以去美国为最多。 到 1986 年，我国去美国的各类留学人员达 2.8 万人，占同期赴世界各国的我国留学人员总数的一半以上；美国各类来华留学人员总数达 7900 人，其中多数是来华短期留学生。

第四节　开放的来华留学生教育体制的
建立（1985—1997）

一、开放普通高等院校接收自费留学生

改革开放后，经教育部批准对外开放接收外国留学生的院校的数量不断增加，从 1979 年的 23 所增加到 1984 年的 55 所。　此外，根据 1980 年教育部规定的"有条件的综合大学、师范院校、外语院校，经报省、自治区、直辖市高教（教育）厅（局）和外事办公室同意，并报教育部备案，可以举办外国人短期中文学习班。"到 1984 年，我国对外开放接收外国留学生的院校总数有70 多所。　1984 年，我国普通高等院校总数为 800 多所。　所以，参与接收来华留学生的高等院校数还不到全国普通高等院校总数的十分之一。

1985 年发布的《关于教育体制改革的决定》中明确规定，高等学校"有权利用自筹资金，开展国际的教育和学术交流"。　接收外国留学生当然是高等学校国际教育交流的一部分。　但是根据当时的规定，高等学校要接收外国留学生需要经教育部审批。　因此，一些高等院校要求简化审批手续，开放高等院校对外接收来华留学生。

1989 年，国家教委（教育部）发布了《关于招收自费外国来华留学生的有关规定》（以下简称《招收自费留学生规定》）。

《招收自费留学生规定》把自费生规定为："外国留学生在华费用，包括学费、住宿费、伙食费、医疗费、教材费及教学计划之外的实验、实习、专业参观等费用均由留学生本人负担者，称为自费生（含短期来华留学人员）。　根据我国接收外国留学生的类别，自费生包括学历生、进修生和短期生。"

《招收自费留学生规定》的第二条规定："普通高等院校要求接收自费

留学生，必须具备接收外国留学生的教学、生活、管理等条件，要有管理外国留学生的机构，并经省、自治区、直辖市一级教育主管部门批准。"并且规定，省、自治区、直辖市教育主管部门要将批准接收外国留学生的高等院校"报国家教委备案"。

《招收自费留学生规定》还规定："自费留学生要求来华学习，由其本人直接向招生院校提出申请，招生学校根据有关规定决定录取事宜。"

这个规定进一步扩大了接收来华留学生的高等院校的范围，并赋予高等院校自主招生的权利。 80 年代初，第一次扩大接收来华留学生高等院校的范围以及招收来华留学生的自主权，仅限于自费短期来华留学生。 这一次招生的范围扩大到所有自费来华留学生，包括学历留学生(本科生、研究生)和非学历留学生(进修生、短期留学生)。 此外，高等院校接收来华留学生的资格审批，由省、自治区、直辖市政府有关部门负责，不需经教育部审批，大大简化了审批手续。 另外，赋予高等学校自主招生的权力，使我国高等院校能够直接面对国际留学生市场。

开放高等学校接收自费留学生，不仅赋予高等学校自行接收来华留学生的权力，而且大大扩大了我国发展来华留学生教育的资源。 自 70 年代以来，为了把数量并不很大的奖学金留学生安排到有关院校学习，政府要拨出一定经费用于接收留学生院校的学生宿舍和食堂的建设。 高等学校接受自费来华留学生后，则由学校自筹资金解决接收来华留学生的必要条件。 实践证明，我国的普通高等学校不但有能力接收自费来华留学生，而且也有能力解决接收来华留学生所需要的物质条件。

开放高等院校接收自费留学生，大大促进了我国来华留学生教育的发展，使来华留学生的规模迅速扩大。 《招收自费留学生规定》实施后，开放接收来华留学生的院校数量显著增加。 1993 年，对外开放接收留学生的院校增加到 200 多所。 1997 年，全国接收来华留学生的院校增加到 330 多所。来华自费留学生数量也迅速扩大。 《招收自费留学生规定》颁布的第二年，即 1990 年，全国来华自费留学生总数只有 3800 多人。 到 1997 年，全国来华自费留学生总数增加到 39000 多人，比 1990 年增长了 9 倍多。

二、扩大高等学校留学生管理自主权

1979 年，上海华东纺织工业学院（现称东华大学）发生了规模比较大的中外学生冲突事件，卷入事件的有在上海地区高等学校的非洲国家留学生和几百名中国学生。 这个事件在国内外造成一定影响。 事件的发生，固然有非洲国家留学生的原因，但是在中国学生中和社会上存在的对非洲国家留学生不尊重现象也是重要原因之一。 中央领导对此事特别关心，要求在解决留学生有关问题的同时，要着重做好我们自己人的工作。 在中央领导的关怀下，在高等学校中和社会上开展了有针对性的教育活动，要使高等学校和社会进一步明确接收非洲国家留学生工作的意义，了解非洲国家留学生，尊重非洲国家留学生。 1982 年 4 月，中共中央宣传部和团中央发布了《关于正确对待留学生、加强爱国主义和国际主义教育的通知》。 通知强调，做好留学生特别是第三世界来华留学生工作，不仅涉及社会主义中国的形象和信誉，而且对正确体现我国对外方针政策，增进我国人民与第三世界国家人民的友谊和团结，促进反对霸权主义，维护世界和平事业，具有十分重要的意义。 教育部转发了这个通知，要求有关地方政府和高等学校的领导加强对我国青年学生的教育工作。

但是，在整个 80 年代，留学生闹事事件不断发生。 这些闹事事件的起因并不是政治原因，也很少是因为学校教学方面的原因所致，多为生活和校园管理方面的问题引起的。 留学生闹事包括罢餐、罢课、校内游行等，甚至有时上街游行，例如北京高校的外国留学生游行到教育部"请愿"。 在留学生闹事时，中国学生被卷入，就可能酿成大的中外学生冲突事件。 上面提到的 1979 年原上海华东纺织工学院中外学生冲突事件，以及 1988 年南京河海大学的中外学生冲突事件，是改革开放后 80 年代发生的比较重大的中外学生冲突事件，均造成不良影响。

为什么留学生闹事事件不断发生呢？ 我们国家一向站在第三世界国家人民一边，支持他们的民族独立斗争，援助他们的经济发展，接收第三世界国家留学生是我国对发展中国家援助的一个组成部分。 因此，我国与第三世界国家在政治上是友好国家，对来自这些国家的留学生也友好相待。 对在社会上发生的对来自非洲国家留学生的一些围观现象，主要是一些人出于好奇，并不是歧视。 我们接收的来自第三世界国家的留学生，多数是学习理、工、农、医等专业的留学生，我们把他们安排在我国最好的大学学习。 有些留学生学习上困难很大，接收外国留学生的院校想方设法帮助他们学习，尽量使他们跟上学习进度，并努力不使一个留学生掉队，使他们学到一定的本领，好为他们自己的国家服务。 在住宿和生活上，当时一个奖学金留学生一个月的生活费(主要用于伙食)，相当于中国同学伙食费标准的三倍到四倍；留学生的住宿生活条件比中国同学要优越得多，留学生一般两个人住一个房间，而中国学生一般要 6 到 8 个人合住一个房间。 为什么受到这样优待的留学生在生活和管理上稍有不满就采取一些极端措施向学校和政府施压呢？ 而且少数留学生屡教不改，一而再，再而三地带头闹事呢？

前面提到，1962 年，曾有一批来自非洲国家的留学生，因学习太紧张，学校管理太严格，对生活条件不满意，以及学校没有学位等原因要求退学，当时的教育部部长曾亲自与留学生谈话，希望他们留下继续学习，但是他们仍坚持回国。 此后，我们对留学生特别是来自发展中国家的留学生的退学比较重视。 在 1964 年制定的《外国留学生工作试行条列(草案)》中规定："凡留级、开除学籍者，必须报教育部批准；其他处理由学校决定，报教育部备案。"

1979 年颁布的《外国留学生工作试行条例(修订稿)》第二十二条规定："学校应根据考勤、考绩制度对留学生进行考核。 需要做休学、退学处理者，必须报教育部同意。 留级或其他处理，由学校报省、自治区、直辖市高教厅局决定，报教育部备案。"第三十五条规定："对违反校纪者，要给予适当的批评和教育，情节恶劣屡教不改者应受不同的校纪处分，直至开除。开除留学生须报教育部商外交部批准。"

因为这些规定，学校对带头无理闹事的学生所能做的就是一般的教育，即使有时给予警告一类的处分，留学生根本不在意，也达不到处分的目的，而处分本身并不是目的。 规定开除或开除学籍一类的处分报教育部批准，事实上把留学生的学习或违纪问题无意之中上升到我国与留学生的国家关系问题。 因为教育部在进行开除留学生的审理时，留学生所属国家的驻华使馆人员往往要出来说情，要求给留学生一次改正错误的机会。 因此，在上述规定存在期间，基本上没有因为学习成绩或严重违纪问题而开除过留学生的情况。 所以，有的留学生竟称他们是中国教育部请来的客人，学校无权管他们。

这里有一个如何看待和正确对待留学生身份的问题。 在我国高等学校学习的留学生，他们首先是我国高等学校的学生，然后他们还是外国人。 作为高等学校的学生，他们必须遵守学校的一切规章制度，不能有任何特殊性。作为外国人，我们在住宿和生活上给予适当照顾，是为了有利于他们的学习，不能因此否定留学生的学生身份。 因此，对学习不及格的留学生按学籍管理令其退学，以及对违反学校纪律的留学生给予纪律处分，是学校对学生的处分，不牵涉留学生所属国家关系问题。 在国家统一政策下，学校应该具有对学生的培养和管理的全部权力，政府部门不应该干涉学校对学生的管理权。

1985 年，经国务院批准转发的国家教委等中央有关部门制定的《外国留学生管理办法》，取消了对留学生学习不及格开除学籍以及因严重违纪给予开除处分须报上级主管部门批准的规定，把这些权力归还给接收留学生的院校。 《外国留学生管理办法》第二十四条规定："对犯错误留学生的校级处分分为警告、严重警告、记过、留校察看、勒令退学和开除学籍。" "学校处分一经决定，除向当事者宣布外，.学校应书面通知有关驻华使(领)馆或派出单位。"第二十五条规定："对留学生的考核、升级与留(降)级、休学与退学的管理，原则上应当与中国学生相同。"

1987 年，国家教委、外交部、公安部《关于加强和改进外国来华留学生管理工作的通知》中，再次强调"对留学生违反校纪事件，以学校为主按校纪处理；违反法律的事件，由当地公安、司法部门为主依法处理，有关院校应予以协助。"

1988 年，南京河海大学决定开除一名在学三年级的来自非洲国家的留学生。 这名留学生带校外社会人员(女)进入校内，在学校门卫人员向其说明根据学校规定不能带校外社会人员进入留学生宿舍时，该留学生一拳打向门卫的鼻梁，造成门卫人员鼻梁粉碎性骨折。 正是因为这名留学生的粗暴行为，导致了此后发生的中外学生冲突事件，并波及社会，造成严重社会影响。而且，这名留学生的严重错误并不是初犯。因此，学校决定对他给予开除学籍处分。对于学校的这个决定，有关国家使馆和一些其他人员说情，称非洲国家来华留学生并不多，都学到三年级了，是否可变通一下。对这些意见，学校认为，这个留学生的这次违纪并不是第一次，他已经因为违纪受到过几次处分，属屡教不改，为维护学校纪律的严肃性，学校坚持开除学籍的决定不变。但考虑到他已经临近毕业，如果回国一年后，确实有悔改表现，学校将视情况同意其复学，以完成学业。后来这个非洲学生返回河海大学完成了学业。

1990年，上海同济大学扎伊尔留学生因四门功课考试不及格，补考仍不及格，学校按有关规定对其作退学处理。该生对此不满，竟然殴打留学生办公室主任致其重伤。但是，学校仍坚持执行学校的规定，坚持原决定不变。

1985年以来，从全国来说，学校对严重违纪留学生开除学籍，对多门功课不及格的留学生作退学处理等，所涉及的留学生只是个别人。然而，90年代以来，来自非洲国家的留学生成倍增加，没有再发生严重的留学生闹事事件。学校具有留学生管理的完全自主权是重要原因之一。

为了有利于接收外国留学生院校直接面对国际留学生市场，简化来华留学生签证手续就成为必须解决的问题。

直到80年代中期，我驻外使领馆根据国内留学生主管部门（教育部）的通知，核发来华留学生的签证。随着来华留学生的不断扩大，特别是接收留学生院校的不断增多，而且接收留学生的院校又分布在全国各地，由教育部通知驻外使领馆核发来华留学生的签证，不便于各院校来华留学生教育的发展。

为了简化来华留学生的签证手续，经商外交部同意，国家教委规定，从1988年1月起，高等学校接收外国留学生的来华签证一律使用《外国来华留学人员审批登记表》（简称JW202表）。高等学校接收的外国留学生，只需填写上述登记表，驻外使领馆根据登记表审查合格，即可签发来华学生签证。1989年6月，JW202表改名为《外国来华留学人员申请表》。1993年又改名为中英文对照的《外国留学人员来华签证申请表》，使表格的名称与其职能更加一致了。 这个制度不但简化了来华留学生申请签证手续，而且更加规范化了。 这是来华留学生教育的一项重要的制度建设。

三、建立适应留学生教育需要的学位制度

我国高等学校没有学位制度，成为发展来华留学生教育的一个障碍。1962 年，一些非洲国家留学生要求退学的理由之一是我国高等学校没有学位制度。 当时的国家领导人之一周恩来总理曾提出专门制定授予外国留学生的学位制度。 后来由于发生"文化大革命"而搁置。

1979 年 4 月，经国务院批准的《关于外国留学生工作会议的报告》中提出，"为了调动留学生在华学习的积极性，并便于他们毕业回国就业和发挥作用，建立学位制度，向留学生颁发学位证书。"这是第二次单独为留学生建立学位制度的努力。

1980 年 2 月 12 日，第五届全国人民代表大会常务委员会第十三次会议通过了《中华人民共和国学位条例》，并从 1981 年 1 月 1 日起实施。 这个条例的第十五条规定："在我国学习的外国留学生和从事研究的外国学者，可以向学位授予单位申请学位。 对于具有本条例规定的学术水平者，授予相应学位。"

1989 年，国家调整接收来自非洲国家留学生的政策，实施减少本科生、增加研究生和进修生以及实施用外语授课接收研究生和进修生的政策。 因此，对留学生的学位授予面临一些新的问题需要解决。

在我国学位制度实施的过程中，由于留学生来自国家的实际情况不同，在留学生学位授予中发生了一些需要迫切解决的问题，特别是留学生对汉语语言的掌握等问题需要作出明确规定和要求。 本着"既要遵守我国现行学位制度的原则精神，又要考虑世界各国，特别是第三世界国家的实际情况，做到实事求是，保证质量"的原则，1991 年 10 月，国务院学位委员会就部分高等院校施行《关于普通高等学校授予来华留学生我国学位试行办法》发出通知。

通知对授予留学生各种不同学位作出了具体规定和要求。

"授予博士学位，不管来华留学生来自哪个地区的国家，都应按照本试

行办法的有关规定，严格要求，保证质量。"试行办法还就博士生的汉语能力作出规定，对在我国获得硕士或学士学位的申请攻读博士学位者，"要求具有使用生活用语和阅读本专业汉语资料的能力"；对在其他国家获得相当于我国硕士学位学术水平学历证书者，"要求具有使用生活用语和阅读本专业汉语资料的初步能力"，并规定"《中国概况课》应作为来华留学博士生的必修课"。

对授予留学生硕士学位，试行办法提出了两种培养规格，由高等学校自行选择决定。"对于来自亚、非地区国家的留学生，一般应采取学习课程为主，撰写论文为辅的培养规格；对来自其他地区国家的留学生，采取学习课程与撰写论文并重的培养规格。"试行办法还就硕士生的汉语能力规定，对在我国获得学士学位申请攻读硕士学位者，"要求具有使用生活用语和阅读本专业汉语资料的能力"；对在其他国家获得相当于我国学士学位学术水平学历证书者，"要求具有使用生活用语的初步能力"，并规定"《中国概况课》应作为来华留学硕士生的必修课"。

试行办法对授予学士学位的留学生的汉语能力规定，要"初步掌握汉语。要求具有使用生活用语和阅读本专业汉语资料的初步能力。《中国概况课》应作为来华本科留学生的必修课来安排和要求"。

对来华留学生撰写论文的语言，试行办法规定，"攻读我国哲学、经济学、法学、教育学、文学、历史学以及艺术、中医和临床医学等专业的学士、硕士和博士学位的来华留学生，应用汉语撰写和答辩论文。""攻读其他学科、专业的学士、硕士和博士学位的来华留学生，其本科毕业论文、硕士学位论文和博士学位论文可以用汉语、英语和法语撰写和答辩。"

四、建立汉语水平等级标准和汉语水平考试制度

1963 年以前，留学生的基础汉语培训主要是由专门的学校（当时的外国留学生高等预备学校）负责。

教育部部长蒋南翔在 1963 年的来华留学生工作会议的报告中提出，要"有计划有步骤地在专业院校开设汉语课"。他指出："掌握汉语工具是留学生学好专业的首要条件。只在预备学校学习一年汉语还是不够的。因此

有必要规定以汉语作为来华留学生的第一外语。 在专业院校中，用外语课的时间为留学生开设汉语课。 时间大体上一到两年。 主要目的是进一步提高留学生的汉语水平，帮助他们克服在学习专业时语言上的困难。 目前在开设汉语课问题上的主要困难是缺乏适当的人员和没有专门的编制。 为了有计划有步骤地解决这个问题，各有关院校可以根据留学生任务的大小，逐步设立兼职的或专门的汉语教员。 必要时可以适当增加一些编制。"此后，一些接收外国留学生的专业院校开始开设汉语课。 因为当时来自发展中国家的留学生主要是学习理、工、农、医等专业，当时我国接收外国留学生的一些理、工、农、医院校开始为留学生开设汉语课。

改革开放后，随着来华留学生规模的扩大，留学生基础汉语（进入专业前的汉语培训称为基础汉语）教学任务也不断增加。 1984 年，教育部部长何东昌在来华留学生工作会议的报告中就加强留学生的基础汉语教学指出，"除继续办好北京语言学院（1965 年在'外国留学生高等预备学校'基础上成立北京语言学院）外，还将开放四所师范院校，作为外国留学生基础汉语教学基地。 清华大学、天津大学、同济大学和北方交通大学等接收留学生较多的院校，也要创造条件开设基础汉语班。""多年的事实证明，对外汉语教学已经发展成为一门新的学科。 加强这一学科的教学和研究，不仅是扩大外国留学生的需要，也是发展对外交流，扩大对外影响的需要。""希望各级教育部门和各有关院校大力支持，切实办好和发展这一学科。"1984 年，教育部明确规定，"对外汉语"是高等学校的一门学科。 而后，北京语言学院和上海华东师范大学开设了对外汉语本科专业并招收本科生。

对外汉语培训已经不仅仅是来华留学生教育发展的关键环节，对外汉语培训的广度（参与的学校）和深度（发展成为学科）也大大提高了。 因此，对外汉语教学的科学化和规范化，是对外汉语教学进一步发展的关键。

经国务院批准，1987 年成立了跨中央国家部门的对外汉语教学领导机构，称为"国家对外汉语教学领导小组办公室"，简称"国家汉办"。 小组成员包括国务院的有关部委，由教育部领导担任组长。 国家汉办提出的对外汉语教学工作的基本方针是：根据我国对外开放总方针，把向世界推广汉语当做一项国家和民族的事业，立足国内，放眼世界，动员各方面有关力量，通过政府和民间渠道，采取多种形式，在国内外积极发展对外汉语教学。 1988 年，国家汉办颁布的《汉语水平等级标准和等级大纲》，是对外汉语教学科学化、规范化和标准化的集中体现。 它是制定对外汉语教学大纲、编写各类对外汉语教学材料、组织对外汉语教学和实施汉语水平考试的依据。

为不断推动对外汉语教师质量的提高，1990 年，国家教委颁布了《对外汉语教师资格审定办法》，并于 1991 年开始实施对外汉语教师资格审查工作。 到 1997 年，获得对外汉语教师资格的教师累计达 1454 人。

1989 年，国家教委颁布了《汉语水平考试（HSK）大纲》，并在国内外开始实施汉语水平考试。 1992 年，国家教委发布了《中国汉语水平考试（HSK）办法》。 办法规定："汉语水平考试（HSK）是统一的标准化考试，实行统一命题、考试、阅卷、评分，并统一颁发证书。""《汉语水平证书》的效力是：（1）作为到中国高等院校入系学习专业或报考研究生所要求的实际汉语水平的证明；（2）作为汉语水平达到某种等级或免修相应级别汉语课程的证明；（3）作为聘用机构录用人员汉语水平的依据。"

汉语水平等级标准和汉语水平考试制度的建立和实施，使我国对外汉语教学进入了新的发展时期。

五、对留学生实施外语授课

改革开放后的 80 年代，国内一直存在反对资产阶级自由化的斗争，所谓反对资产阶级自由化，就是反对"从右面怀疑或反对四项基本原则的思潮"。

1986 年 12 月中下旬，在资产阶级自由化思潮一度泛滥的背景下，合肥、北京等地一些高等学校的少数学生出于各种情绪和缘由上街游行，极少数别有用心的人从中进行反对共产党领导、反对社会主义道路的煽动，有的地方出现了扰乱交通秩序和违反社会治安规定的情况。

在这种形势背景下，我国高等学校的外国留学生不安定事件也时有发生。 虽然发生这些事件的原因并不是什么政治原因，主要是一些生活和日常管理方面的问题，但是留学生在学校内罢课、罢餐以及到社会上游行等，几乎每年都有发生。 1988 年 12 月南京的河海大学发生的中外学生冲突事件，虽然是由于非洲国家留学生违纪导致的，但是事件造成世界范围的影响。西方媒体以及非洲国家的媒体都对此事从他们各自的角度和需要作了报道。对我国的对外开放形象造成了损害，也不利于国内的安定团结。

鉴于 80 年代来华留学生闹事事件不断发生，从我国当时国内的实际情况考虑，特别是维护国内安定团结的需要，中央领导同志要求教育部对如何接收留学生的问题研究解决办法。

80 年代的来华留学生仍然以奖学金留学生为主。例如，1988 年在华外国留学生总数为 5835 人，其中自费留学生为 1239 人，而且绝大多数是短期留学生，其余 4596 人均为奖学金留学生。在 80 年代，参与闹事的留学生多为长期在华学习的留学生，其中多数为来自撒哈拉以南非洲国家的留学生。因为我国接收非洲国家留学生具有智力外援性质，所以，不能停止接收这些国家的留学生。因此，既要继续接收非洲国家留学生，又要尽量减少留学生的不安定事件的发生。据此，当时提出了减少接收本科留学生，增加接收研究生留学生和进修生的方针。因为本科生在华学习时间较长，来华进修生或研究生学习时间较短，而且进修生和研究生年龄大一些，因而更成熟一些。要增加接收研究生和进修生，因为这类留学生在华学习时间较短，年龄偏大，要求他们来华后一律先学习一年汉语，会对招生带来困难。因此提出了使用外语（英文、法文）培养研究生和进修生的办法。

当时我国一些大学校长对用外语培养留学生表示过不同意见，认为世界上每个国家接收外国留学生都使用其母语教授留学生，为什么我们要用外语教授留学生？对此，教育部强调，使用外语教授留学生是一种特殊安排，不是作为国家接收外国留学生的长期政策或方针，而是既要考虑到我国当时安定的需要，又要继续接收非洲国家留学生的两全办法。

从 1990 年开始，对非洲国家的来华留学生开始实施减少本科留学生，增加接收进修生和研究生（硕士）的做法，并用英语或法语授课。

国家教委向驻外使领馆发出的 1990—1991 年度来华留学生招生通知中规定："根据第三世界国家的实际情况和中央关于培养第三世界国家的来华留学生要实行高层次、短学制、注意效果的精神，决定从本学年起，除文科和医科专业以及个别国家外，不再向亚洲、非洲、拉丁美洲和南太平洋岛国的高中毕业生提供来华学习本科的奖学金，主要招收这些国家具有大专以上学历的在职人员（如大学、高中教师、政府官员、工程技术人员、医务人员等）和应届大专、大学本科毕业生来华深造。"为此，将在"部分院校为第三世界国家试办用外语或汉语授课的专业班，今年招收的第三世界国家的学生（除个别国家外），大多数要进入这些专业班学习。"要求驻外使领馆向有关国家解释清楚，上述做法的目的是提高培养人才的效果。

根据第三世界国家人才培养的需求，国家教委提出举办四种类型专业班：本科班，招收具有大学专科学历的人员，来华学习两至三年，对成绩合格者，颁发本科毕业证书并授予学士学位；硕士班，招收具有大学本科学历的人员，来华学习两至三年，成绩合格者，颁发硕士学位；医生进修班，招收医科大学本科毕业并具有三年医务工作经历的在职医生，学习期限一年至一年半，成绩合格者，授予单科医生进修证书；针灸进修班，招收具有医科大学本科毕业证书的在职医生，学习时间一年，成绩合格者，发给针灸进修证书。

专业班的留学生以留学生单独编班上课为主，与中国学生合班上课为辅。对在其国内已获得大专和大学本科毕业证书的来华留学人员，一般采用单独开班授课方式。

专业班的授课语言分两种：一种是汉语授课，学生来华后先学习一年汉语，然后进入专业学习；另一种是用外语（主要是英语，个别专业用法语）授课，学生来华后即进入专业学习，同时学习一些汉语（必修课），以解决在华生活语言的需要。

1990 年至 1992 年的实践证明，硕士班和专业进修班更受到亚洲和非洲国家留学生的欢迎。因此从 1993 年开始，重点发展这两种形式的专业班。

外语授课专业班的举办推动了来华研究生教育的发展，特别是硕士研究生教育的发展。例如，北京大学国际政治系从 1990 年开始举办国际关系硕士班，每期学习期限两年，全英文授课，毕业论文用英文撰写和答辩，成绩合格者授予硕士学位。这个班的学员是来自第三世界国家的奖学金留学生，其中多数来自非洲国家，而且多为在政府机构中任职的官员，因此该班又称"非洲官员班"。在 1990—1998 年间，共举办了 4 期，共有学员 35 人，除

3 人外，其余 32 人均获得了硕士学位。　又例如，90 年代初，清华大学精密仪器系和电机工程系举办了三个英语授课硕士研究生班，学员全部是来自非洲和亚洲国家的奖学金留学生。　这三个班的规模都不大，最多的一个班有 8 人，最少一个班只有 4 人，学习期限 2—3 年。　除个别人中途退学外，其他人均获得硕士学位。　从教学效果来说，这个班是成功的，学生也是满意的。但教师花的精力与培养成果不成比例。

外语授课专业班是针对奖学金留学生提出的。　但是，它的成功实施，也对我国高等院校自费留学生教育的发展产生了影响。　例如，有的院校开始举办英语授课西医本科留学生教育。

原西安医科大学从 1995 年开始举办全英语授课西医本科留学生教育。从 1995 年到 1997 年，西安医科大学共有医学本科留学生 74 人，其中 70 人来自巴基斯坦，另外 4 人来自尼泊尔、苏丹、黎巴嫩和加拿大。　根据教育部的有关规定，临床医学专业是不能实施全英文教学的，因为临床医学专业的课程包括一年医院实习，能够讲汉语是在中国的医院实习的前提条件。　但是，当时世界上一些国家的临床医学教育中，也流行临床医学留学生回国实习的做法。　因此，当巴基斯坦方面提出派遣留学生到西安医科大学读临床医学本科时，西安医科大学经慎重研究后，同意接收巴基斯坦的本科留学生来校学习临床医学，但双方商定，留学生的实习需要巴基斯坦方面的医疗机构给予合作，即当留学生读到高年级需要到医院实习时，安排他们回巴基斯坦实习。

六、1997 年来华自费留学生统计分析

80 年代，我国的外国留学生在数量上仍然以奖学金留学生为主。　1990 年，开放高等院校接收自费留学生后，我国外国留学生规模不断扩大，特别是自费来华留学生增长迅速。　据统计，1997 年的来华留学生总数为 43700 多人，其中自费留学生为 39000 多人，占当年来华留学生总数的 89.2%。　现对 1997 年自费来华留学生的来源国别、接收院校和学习专业分布等进行统计分析。

（一）自费来华留学生的来源国别

自费来华留学生的类别有学历留学生（包括研究生、本科生和专科生）、高级进修生、普通进修生和短期留学生。

在 1997 年的 39000 名自费来华留学生中，学历留学生占 21.4%，高级进修生占 1.6%，普通进修生占 37.2%，短期留学生占 39.5%。 所以，学历留学生、普通进修生和短期留学生三类留学生占当年自费来华留学生总数的98.1%。

1. 自费来华留学生的来源国别

据统计，1997 年的 39000 多名自费来华留学生来自 143 个国家，即当年世界上 80% 的国家有自费留学生在我国高等学校学习。 但是，自费来华留学生的来源国家又非常集中，一方面，当年自费来华留学生百人以上的国家只有 22 个，来自这 22 个国家的留学生占当年自费来华留学生总数的比例高达 96%；另一方面，98 个国家的自费来华留学生数在 10 人以下（含 10 人）。

这 22 个国家中，有 11 个国家是周边国家，来自这 11 个国家的自费留学生占当年自费来华留学生总数的 80%。 按自费来华留学生的数量，这 11 个周边国家依次为：日本（14699 人）、韩国（13201 人）、印度尼西亚（913 人）、马来西亚（500 人）、俄罗斯（405 人）、泰国（363 人）、新加坡（299 人）、菲律宾（232 人）、越南（211 人）、巴基斯坦（167 人）和蒙古（127 人）。 另外 11 个国家是欧美发达国家，来自这 11 个国家的自费留学生占当年自费来华留学生总数的 16%。 按自费来华留学生的数量，这 11 个欧美发达国家依次为：美国（3100 人）、澳大利亚（669 人）、法国（576 人）、德国（548 人）、加拿大（334人）、英国（315 人）、意大利（219 人）、芬兰（178 人）、瑞典（147 人）、瑞士（120 人）和荷兰（117 人）。

所谓周边国家，是指与我国接壤或邻近的国家。 此外，鉴于我国与周边国家的一些地区组织的关系，例如东南亚国家联盟、南亚国家组织、上海合作组织等，那些虽然不与我国接壤，但属于上述组织的成员的国家也列入我国的周边国家。 因此，我国的周边国家共有 24 个国家，包括东亚国家、东南亚国家、南亚国家、中亚部分国家和俄罗斯。

日本虽属于发达国家，但日本来华留学生与其他欧美发达国家的来华留学生有显著不同特点。 例如，日本不但来华留学生规模远远大于其他欧美发达国家，而且来自日本的学历留学生也远远多于来自欧美发达国家的学历留学生。 欧美发达国家来华学历留学生规模一般比例较小。 所以，虽然日本是一个发达国家，具有发达国家来华留学生的共性特点，但同时，日本来华留学生更表现为周边国家留学生流动的特点。 在世界上，因为政治、经济、文化的联系，周边国家之间的留学生交流要远远大于与其他地区国家的留学生交流。 因此，在分析来华留学生的发展情况时，把日本作为我国的周边国家对待。

欧美发达国家包括北美的美国和加拿大、西欧主要发达国家和大洋洲的澳大利亚和新西兰，共 20 个国家。

1997 年自费来华留学生大多数（占 80%）来自周边国家，11 个周边国家成为来华自费留学生的主要来源国家。

在 80 年代，上述 11 个周边国家中，有 5 个国家或者与我国的国家关系还未正常化，或者还未与我国建立外交关系。 这 5 个国家为韩国、苏联、印度尼西亚、新加坡和越南。 1989 年，我国与苏联开始实现关系正常化，1991 年苏联解体后，经过双方努力，中苏关系顺利地过渡到中俄关系。 1990 年与印度尼西亚恢复了外交关系，同年与新加坡建立外交关系。 1991 年与越南实现关系正常化。 1992 年与韩国建立外交关系。 1997 年，来自这 5 个国家的自费留学生占当年来华自费留学生总数的 38.6%，说明这些国家作为我国自费外国留学生来源国家的重要地位。

1997 年自费来华留学生规模居前 5 位的国家依次为日本、韩国、美国、印度尼西亚和澳大利亚，来自这 5 个国家的自费留学生占当年自费来华留学生总数的 84%，说明自费留学生来源国别的集中性。

此外，日本自费来华留学生占当年自费来华留学生总数的 38%，韩国占 34%，即超过 70% 的自费留学生是来自日本和韩国两个国家；而来自美国、印度尼西亚和澳大利亚三个国家的自费留学生仅占当年自费来华留学生总数的 12%。

2. 三类自费留学生的来源国别

这三类留学生是学历留学生、普通进修生和短期留学生，他们占自费来华留学生的 90% 以上。 不同类别留学生的来源国别特点不同,下面对他们分别进行分析。

（1）短期留学生

1997 年自费来华短期留学生共有 15400 多人,他们来自 67 个国家。 短期留学生的来源国家数仅占当年自费来华留学生的来源国家总数的 47%,即不到一半国家的来华留学生中有短期留学生。

来华短期留学生 20 人以上的国家共有 29 个,来自这 29 个国家的短期留学生占当年自费来华短期留学生总数的 99%。 其余 38 个国家的来华短期留学生占当年自费来华短期留学生总数的比例仅为 1%。

在这 29 个国家中,9 个国家是周边国家,来自这 9 个国家的短期留学生占当年自费来华短期留学生总数的 73%;16 个是欧美发达国家,来自这 16 个欧美发达国家的短期留学生占当年自费来华短期留学生总数的 25%;其余 4 个国家,1 个属于东欧、独联体国家,1 个属于西亚、北非地区国家,两个属于拉美、加勒比海地区国家。 来自这 4 个国家的短期留学生占当年自费来华短期留学生总数的 1%。 所以,1997 年的自费来华短期留学生的绝大多数来自两类国家,即周边国家和欧美发达国家,其中来自周边国家的短期留学生占 70% 以上。

来华自费短期留学生百人以上的国家共有 14 个,来自这 14 个国家的短期留学生占当年自费来华短期留学生总数的 94.8%。 所以,我们也可以说,1997 年的自费来华短期留学生的绝大多数来自 14 个国家,说明短期来华留学生来源国别的高度集中性。

在这 14 个国家中,7 个是周边国家,它们是:日本（7113 人）、韩国（3140 人）、印度尼西亚（303 人）、新加坡（167 人）、菲律宾（164 人）、俄罗斯（144 人）和泰国（122 人）。 来自这 7 个国家的短期留学生占当年自费来华短期留学生总数的 72.4%。 7 个是欧美发达国家,它们是:美国（2003 人）、澳大利亚（412 人）、法国（322 人）、德国（286 人）、加拿大（186 人）、意大利（131 人）和英国（110 人）。 来自这 7 个国家的短期留学生占当年自费来华短期留学生总数的 22.3%。 所以,来华短期留学生百人以上的国家全部是周边国家和欧美发达国家,其中来自周边国家的短期留学生占 70%

以上。

1997 年自费来华短期留学生规模居前 5 位的国家依次为日本、韩国、美国、印度尼西亚和法国。 来自这 5 个国家的自费短期留学生占当年自费来华短期留学生总数的 84%。 其中来自日本和韩国两个国家的短期留学生占当年自费来华短期留学生总数的 66%（日本占 46%，韩国占 20%）。

（2）普通进修生

1997 年自费来华普通进修生共有 15000 多人，他们来自 119 个国家，占当年自费留学生的来源国家数的 83%，即 1997 年 143 个国家的自费来华留学生中，其中大多数国家（80% 以上）有普通进修生。 但多数国家（71%）的来华普通进修生数量较小，有 85 个国家的来华普通进修生在 10 人以下。 同时，普通进修生的来源国家又比较集中。 来华普通进修生 20 人以上的国家共有 28 个，仅占普通进修生来源国家总数的五分之一。 但来自这 28 个国家的普通进修生占当年自费来华普通进修生总数的 97%，即绝大多数普通进修生来自这 28 个国家。

在这 28 个国家中，12 个国家是周边国家，来自这 12 个国家的普通进修生占当年自费来华普通进修生总数的 81%；15 个是欧美发达国家，来自这 15 个欧美发达国家的普通进修生占当年自费来华普通进修生总数的 16%；1 个国家属于西亚、北非地区国家，来自这个国家的普通进修生占当年自费来华普通进修生总数的 0.2%。 所以，1997 年的自费来华普通进修生主要来自两类国家，即周边国家和欧美发达国家，其中来自周边国家的普通进修生占 80% 以上。

此外，1997 年自费来华普通进修生百人以上的国家共有 12 个，来自这 12 个国家的普通进修生占当年自费来华普通进修生总数的 92%。 所以，我们还可以说，1997 年的绝大多数自费来华普通进修生是来自 12 个国家，进一步说明来华普通进修生的来源国别的高度集中性。

在这 12 个国家中，6 个是周边国家，它们是：日本（5969 人）、韩国（4977 人）、印度尼西亚（494 人）、俄罗斯（187 人）、越南（145 人）和泰国（121 人）。 来自这 6 个国家的普通进修生占当年自费来华普通进修生总数的 79.1%。6 个是欧美发达国家，它们是：美国（999 人）、德国（248 人）、法国

（239 人）、澳大利亚（230 人）、英国（184 人）和加拿大（105 人）。 来自这 6 个国家的普通进修生占当年自费来华普通进修生总数的 13.3%。 所以，自费来华普通进修生的绝大多数来自两类国家，即周边国家和欧美发达国家，其中来自周边国家的普通进修生占近 80%。

1997 年自费来华普通进修生规模居前 5 位的国家依次为日本、韩国、美国、印度尼西亚和德国。 5 个国家中，3 个是周边国家，两个是欧美发达国家，来自这 5 个国家的来华普通进修生占当年自费来华普通进修生总数的 84.4%，其中来自日本和韩国两个国家的普通进修生占当年自费来华普通进修生总数的 72.8%（日本占 39.7%，韩国占 33.1%）。

（3）学历留学生

1997 年自费来华学历留学生共有 8300 人，他们来自 103 个国家，即 143 个自费来华留学生的来源国家中，多数国家（70% 以上）的自费来华留学生中有学历留学生。

自费来华学历留学生 10 人以上的国家共有 26 个，来自这 26 个国家的自费学历留学生占当年自费来华学历留学生总数的 96.9%。 其余 77 个国家的来华学历留学生占当年自费来华学历留学生总数的 3.1%。

在这 26 个国家中，有 15 个是周边国家，来自这 15 个国家的学历留学生占当年自费来华学历留学生总数的 94%；7 个国家是欧美发达国家，来自这 7 个国家的学历留学生占当年自费来华学历留学生总数的 2%；其余 4 个国家中，3 个属于西亚、北非地区国家，1 个属于撒哈拉以南非洲国家，来自这 4 个国家的学历留学生占当年自费来华学历留学生总数的 1%。 所以，与普通进修生和短期留学生的来源国别不同，自费来华学历留学生的绝大多数（90% 以上）来自周边国家。 来自欧美发达国家的自费学历留学生仅占 2% 多一点儿。

1997 年自费来华学历留学生百人以上的国家共有 5 个，它们是：韩国（5017 人）、日本（1559 人）、马来西亚（394 人）、巴基斯坦（151 人）和泰国（115 人）。 来自这 5 个国家的学历留学生占当年自费来华学历留学生总数的 87%，其中来自韩国和日本两个国家的学历留学生占当年自费来华学历留学生总数 79.6%，其中韩国占 60.7%，日本占 18.9%。 也就是说，来自这两个国家的自费学历留学生占当年自费来华学历留学生总数的绝大多数（80%）。

对 1997 年上述三类自费来华留学生的来源国别进行比较，有如下特点：

一是三类来华留学生的来源国家数。短期留学生的来源国家数最少，只有 67 个国家，而普通进修生和学历留学生的来源国家数分别为 119 个和 103 个。但在三类来华留学生的数量上，短期留学生最多，虽然与普通进修生的数量差别缩小。

二是三类留学生来源国家的分布。短期留学生和普通进修生的绝大多数（90% 以上）来自周边国家和欧美发达国家，其中短期留学生的多数（70% 以上）和普通进修生的大多数（80% 以上）来自周边国家，来自欧美发达国家的短期留学生和普通进修生所占比例分别在 25% 和 16% 以上。但是，与上述两类留学生的来源国别不同，来华学历留学生的绝大多数（90% 以上）来自周边国家，来自欧美发达国家的自费学历留学生所占比例仅为 2%。

三是来自日本和韩国的三类留学生占多数。来自日本和韩国的短期留学生、普通进修生和学历留学生所占比例分别为 66%、73% 和 80%。学历留学生所占比例最高，其次是普通进修生，短期留学生所占比例最低。

（二）接收自费来华留学生的院校分布

据统计，1997 年接收自费来华留学生院校共有 330 所。1997 年全国普通高等院校总数为 1020 所，接收来华留学生的院校占全国普通高校总数的 32.4%，即三分之一的院校参与接收来华留学生。

这 330 所院校遍布全国 31 个省、自治区、直辖市。1990 年以前，我国接收来华留学生院校所在的省、自治区、直辖市数量仅占全国省、自治区、直辖市总数的一半左右，且大多为东部地区直辖市和省份。即使在改革开放初期，接收来华留学生院校所在的省、自治区、直辖市数量也没有明显扩大。1990 年以后，我国西部的西藏、新疆、贵州、青海、宁夏等省、自治区的院校，也参与到接收来华留学生的院校行列。

根据教育部的统计年鉴，国内高等院校分为综合大学和专业类学院（大学）。据此，这 330 多所接收外国留学生的院校中，有综合大学 31 所，理工院校 85 所，师范院校 59 所，西医院校 23 所，中医院校 23 所，财经院校 18

所，农林院校 14 所，语言院校 8 所，艺术院校 21 所，其余为其他类院校。

在这 330 所院校中，接收来华留学生超过 20 人(含 20 人)的院校共有 174 所。 这 174 所院校接收的来华留学生占当年来华留学生总数的 97.3%；其余 156 所院校接收的留学生少于 20 人，其中近一半院校(72 所)接收来华留学生在 5 人以下，而这 156 所院校接收的留学生总数仅占当年来华留学生总数的 2.7%。

接收来华留学生超过百人的院校共有 80 所。 这 80 所院校接收的留学生占当年来华留学生总数的 85.7%。

这 80 所院校分布在 15 个省、直辖市。 除陕西(2 所)、四川(2 所)、湖北(1 所)和云南(1 所)4 个省的 6 所院校外，其他 74 所院校均分布在东北和沿海的 11 个省、直辖市，它们是：黑龙江、吉林、辽宁、北京、天津、山东、江苏、上海、浙江、福建、广东。

接收留学生 500 人以上的院校共有 19 所。 这 19 所院校接收的外国留学生占当年来华留学生总数的 51.2%。

这 19 所院校中的 17 所院校位于北京、上海和天津三个直辖市，其中北京 9 所，上海 5 所，天津 3 所。

按当时高等院校的分类，这 19 所院校中，5 所是综合类大学，5 所是师范类院校，5 所是语言类大学，2 所是中医院校，1 所是理工类大学，1 所是财经类院校。 综合大学、师范院校和语言院校三类院校占总数的 80%。

接收留学生超过千人的院校有 6 所，其中 4 所位于北京，2 所位于上海。 按当年接收留学生的数量，它们依次为：北京语言大学、北京大学、北京师范大学、复旦大学、北京外国语大学和华东师范大学，其中北京语言大学接收的自费来华留学生达到 4800 人，其他 5 所院校接收的自费来华留学生均在 1000 人至 2000 人之间。 这 6 所院校接收的留学生占当年来华留学生总数的 30%。

按当时高等院校分类方法，这 6 所院校中，2 所是综合大学，2 所是师范类院校，2 所是语言类院校。

总之，1990 年开放高等院校接收自费留学生后，接收自费留学生的高等院校数量迅速增加。 到 1997 年，全国三分之一的普通高等院校参与到接收来华留学生的院校行列。 接收外国留学生的院校的地理分布，从主要是位于东北和东部地区的约全国一半省、直辖市的院校，扩展到西部地区的省、自治区的院校，使全国 31 个省、自治区、直辖市均有高等院校接收来华留学生。

但是，来华留学生的院校分布仍然非常集中。 一方面，19 所院校接收的留学生占当年自费来华留学生总数的一半以上，而且，这些院校的绝大多数位于北京、上海和天津三个大城市。 另一方面，156 所院校（占 330 所院校的 47%）接收的留学生少于 5 人。

从院校分类上看，接收留学生比较多的院校，主要以综合大学、师范院校、语言类院校为主。

三类自费留学生的接收院校分布不尽相同。 这三类留学生是指短期留学生、普通进修生和学历留学生。

1997 年接收自费来华留学生的 330 所院校中，接收短期留学生的院校共有 137 所，占接收自费留学生院校总数的 41.5%。

在这 137 所接收自费短期留学生的院校中，接收短期留学生 10 人以上的院校共有 111 所。 这 111 所院校接收的短期留学生占当年自费来华短期留学生总数的 99%。

这 111 所院校分布在 18 个省和直辖市，其中北京有 27 所，占 111 所院校总数的四分之一；67 所院校分布在东北和沿海省、直辖市，它们是：上海（13 所）、辽宁（13 所）、天津（8 所）、浙江（6 所）、山东（5 所）、江苏（5 所）、吉林（5 所）、广东（4 所）、黑龙江（4 所）、福建（3 所）和河北（1 所），占 111 所院校总数的 60%；17 所院校分布在中部和西部地区的省和自治区，它们是：四川（4 所）、广西（4 所）、湖北（3 所）、陕西（3 所）、云南（2 所）和青海（1 所），占 111 所院校总数的 15%。

按院校类别来说，在这 111 所院校中，有理工院校 26 所，综合大学 22 所，师范院校 22 所，中医院校 10 所，语言院校 5 所，共 85 所，占 111 所院校总数的 76%。 这 5 类院校接收的短期留学生占当年自费来华短期留学生总数的 92%。

接收短期留学生超过百人的院校共有 33 所，这 33 所院校接收的短期留学生占当年自费来华短期留学生总数的 76.7% 。

这 33 所院校分布在 12 个省、直辖市，位于北京的院校有 12 所，占 33 所院校总数的三分之一强；19 所院校分布在东北和沿海省、直辖市，它们是：上海（6 所）、天津（3 所）、辽宁（2 所）、黑龙江（2 所）、广东（1 所）、山东（1 所）、江苏（1 所）、吉林（1 所）、福建（1 所）和浙江（1 所），占 33 所院校总数的 57% ；其他两所院校位于西部地区的陕西省。

1997 年自费来华短期留学生规模居前 5 位的院校为：北京语言大学（3130 人）、北京师范大学（908 人）、北京大学（829 人）、复旦大学（648 人）、上海师范大学（604 人）。

1997 年接收自费来华留学生的 330 所院校中，接收普通进修生的院校有 233 所，占接收自费留学生院校总数的 70.6% 。 全国各个省、自治区、直辖市均有接收普通进修生的院校。

233 所接收普通进修生的院校中，接收普通进修生 10 人以上的院校共有 153 所，这 153 所院校接收的普通进修生占当年自费来华普通进修生总数的 95% ；其余 80 所院校接收的普通进修生仅占当年来华普通进修生总数的 5% 。

全国所有省、自治区、直辖市均有接收普通进修生 10 人以上的院校。

按院校类别来说，在这 153 所院校中，有综合大学 37 所，理工院校 41 所，师范院校 27 所，财经院校 13 所，语言院校 7 所。 这 5 类院校总数为 125 所，占 153 所院校总数的 82% 。 这 5 类院校接收的普通进修生占当年自费来华普通进修生总数的 94% 。

接收普通进修生超过百人的院校共有 48 所，这 48 所院校接收的普通进修生占当年自费来华普通进修生总数的 69.4% 。 这 48 所院校分布在 13 个省、直辖市，位于北京的院校达 16 所，占总数的三分之一；29 所院校位于东北和沿海省、直辖市，它们是：上海（6 所）、天津（4 所）、广东（4 所）、山东（4 所）、辽宁（3 所）、江苏（3 所）、吉林（3 所）、浙江（1 所）和黑龙江（1 所），占 48 所总数的 60% ；其余 3 所院校分别位于中部和西部地区的四川、陕西和云南。

接收普通进修生规模超过 400 人的院校共有 6 所，按照接收普通进修生的数量，它们依次为：北京语言大学(769 人)、清华大学(479 人)、复旦大学(448 人)、首都师范大学(444 人)、北京第二外语学院(435 人)、华东师范大学(433 人)。

在 1997 年接收自费来华留学生的 330 所院校中，接收学历留学生的院校共有 125 所，占接收自费留学生院校总数的 38%，只有三分之一的院校接收了学历留学生。

在接收学历留学生的 125 所院校中，接收学历留学生数 10 人以上的院校共有 78 所，这 78 所院校接收的学历留学生占当年自费来华学历留学生总数的 92%；其余 47 所院校接收的学历留学生仅占当年来华自费学历留学生总数的 8%。

这 78 所院校分布在 17 个省、自治区、直辖市，其中北京有 20 所，占 78 所院校总数的四分之一；49 所院校分布在东北和东部沿海省、直辖市，它们是：上海(12 所)、吉林(6 所)、天津(5 所)、广东(5 所)、山东(5 所)、黑龙江(4 所)、江苏(3 所)、浙江(3 所)、辽宁(3 所)、福建(2 所)和河北(1 所)，占 78 所院校总数的 63%；其余 9 所院校分布在中部、西部省和自治区，它们是：湖北(4 所)、四川(2 所)、陕西(1 所)、河南(1 所)和内蒙(1 所)。

按院校类别来说，在这 78 所院校中，中医院校 14 所，数量最多，其次是综合大学 12 所，师范院校 9 所，西医院校 9 所，语言院校 4 所。这 5 类院校的总数为 48 所，占 78 所院校总数的 61%。

接收学历留学生超过百人的院校共有 21 所，这 21 所院校接收的学历留学生占当年自费来华学历留学生总数的 64.5%。这 21 所院校所在省、自治区、直辖市为：北京(7 所)、上海(4 所)、吉林(3 所)、天津(2 所)、江苏(2 所)、广东(1 所)、山东(1 所)和辽宁(1 所)。按院校类别来说，综合大学 8 所，中医院校 7 所，语言院校 4 所，师范院校 2 所。

接收自费来华学历留学生规模居前 5 位的院校，按学历留学生数量，依次为：北京语言大学(998 人)、北京大学(613 人)、北京中医药大学(398 人)、天津中医学院(327 人)和上海复旦大学(299 人)。

对接收三类自费留学生的院校进行比较，有如下一些特点：

一是接收三类留学生院校的数量。接收自费普通进修生院校数达到 233

所，而接收短期留学生和学历留学生院校数分别达到 137 所和 125 所。 就接收各类留学生百人以上的院校来说，接收普通进修生的院校为 48 所，接收短期留学生和学历留学生的院校分别为 33 所和 21 所。 虽然，1997 年自费来华短期留学生比普通进修生稍微多一点儿，但接收普通进修生的院校数量远比接收短期留生的院校数量多；短期留学生的数量几乎是学历留学生的两倍，但接收这两类留学生的院校数量差不多。

二是接收三类留学生院校的省、自治区、直辖市分布。 接收普通进修生 10 人以上院校共有 153 所，全国所有省、自治区、直辖市均有接收普通进修生 10 人以上的院校。 接收短期留学生 10 人以上的院校共有 111 所，分布在 18 个省、自治区、直辖市。 接收学历留学生 10 人以上的院校共有 78 所，分布在 17 个省、自治区、直辖市。 但不论哪类留学生，接收留学生 10 人以上的院校多数分布在东部沿海省、直辖市。

三是接收留学生院校的类别。 接收短期留学生院校中，以理工院校、综合大学、师范院校、中医院校和语言院校占多数。 接收普通进修生的院校中，以综合大学、理工院校、师范院校、财经院校和语言院校占多数。 接收学历留学生的院校中，以中医院校、综合大学、师范院校、西医院校和语言院校占多数。

(三) 自费来华留学生的学习专业

80 年代的来华留学生多为奖学金留学生，其中来自发展中国家的奖学金留学生多为本科留学生，学习的学科主要分布在理科、工科、农科和医科，医科包括西医和中医，并以西医学科的留学生为多；来自发达国家的奖学金留学生一般为学习文科的进修生，他们选学的学科主要为中国语言文学、历史和哲学等人文学科。 当时我国高等学校的经济、管理、法律等社会学科还比较薄弱，选学这方面学科的留学生数量较少。 所以，延续 80 年代以来的留学生统计做法，1997 年自费来华留学生的学习学科统计包括文科、医科、工科、理科和农科等，其中文科留学生指学习人文学科和社会学科的留学生。 此外，90 年代高等学校开放接收自费留学生后，学习体育（包括武术）和中国艺术的留学生明显增加。 所以，1997 年自费来华留学生的学习学科统计共包括 7 类学科，它们是文科（含人文、社会学科）、医科（含西医和中医）、工科、艺术学科、理科、体育和农科等（见表 4）。

表 4　1997 年自费来华留学生学习学科分布

学科	学历生（人）	进修生（人）	短期生（人）	合计（人）	占总数比例（%）
文科	5073	14495	13871	33439	85.7
医科	2548	234	1346	4128	10.6
工科	229	199	126	554	1.4
理科	200	51	2	253	0.6
艺术	215	194	7	416	1.1
体育	61	113	3	177	0.5
农科	13	7	48	68	0.2
合计	8969	15293	15403	39035	

　　根据表 4 的统计数字，学习文科的留学生最多，占 85.7%；其次是学习医科的留学生，占 10.6%；其余 5 个学科的留学生总和，仅占当年自费来华留学生总数的 3.7%。 以下对各学科的留学生情况作一分析。

　　1. 文科留学生

　　根据前面的分析，1997 年的自费来华留学生主要由普通进修生、短期留学生和学历留学生构成。 文科留学生中的进修生占 43.3%，短期留学生占 41.5%，学历留学生占 15.2%。

　　据统计，短期留学生的大多数是学习汉语留学生，占总数的 80% 以上。 进修生包括高级进修生和普通进修生，其中高级进修生仅有 219 人，而高级进修生一般是进修人文学科的留学生或研究学者。 所以，进修生当中的普通进修生总数为 14200 多人，虽然其中也有些人是进修人文学科的留学生，但 80% 以上是进修汉语的留学生。 学历留学生包括本科生、研究生和专科生。 1997 年自费来华留学生中，本科生为 3899 人，研究生为 1106人，专科生只有 68 人。 1106 名研究生中的大多数是人文学科（包括中国文学、历史、哲学等）的研究生。 3899 名文科本科生的大多数是汉语言专业的本科留学生。

　　汉语言专业是专门针对外国留学生设置的专业。 第一所设置汉语言专业的院校是北京语言大学。 北京语言大学创立于 1962 年，当时校名为外国留学生高等预备学校，学校的主要任务是对来华留学生和我国出国留学生提供预备教育。 对外国留学生主要是汉语预备教育，对出国留学生是有关外语预备教育和出国培训。 1965 年，经国务院批准，外国留学生高等预备学校改名为北京语言学院。 学院除了继续承担来华留学生的汉语教学、出国留学生和出国教师的外语培训等外，作为高等院校，学院的本科课程包括中国语言文学、外语(包括英语、法语、俄语和西班牙语)等专业，招收国内本科生。当时学院的外国留学生汉语教学任务主要是来华奖学金留学生的第一年汉语培训。 所以，北京语言学院既是一所面向国内的普通高等院校，又是一所专门对来华留学生进行汉语培训的院校。

1973 年，高等学校恢复接收来华留学生后，北京语言学院是最先恢复接收来华留学生的院校之一，因为当时北京语言学院是承担外国留学生来华后第一年汉语培训的唯一院校。

70 年代初期，日本和欧美发达国家与我国建立外交关系后，来自这些发达国家的留学生有所增加。 来自这些发达国家的留学生选学的专业，主要是包括汉语在内的人文学科。 随着学习文科特别是汉语的留学生的增加，希望在中国读文科或汉语本科的留学生不断增多。 当时语言学院设置有以中国学生为对象的中国语言文学系。 但是，这个系的课程设置不完全适应以学习汉语为主的来华留学生的需要。 因此，1975 年，北京语言学院试办以来华留学生为对象的"现代汉语"本科专业(后称汉语言专业)。 1978年经教育部批准，汉语言专业成为北京语言学院面向来华留学生的一个本科专业。

80 年代，这个专业的学生数量并不多。 90 年代，特别是韩国来华留学生大量增加后，这个专业的留学生数量不断增加，不但北京语言学院的汉语言专业迅速扩大，其他高等院校也开始举办汉语言本科专业。 在汉语言专业的发展过程中，在保持汉语言教育作为专业的主要课程内容的同时，还出现了一些新的专业方向，例如汉语言经贸方向、汉语言外语方向等。 所谓汉语言经贸方向，其课程设置除包含基本汉语言本科课程外，还增加了一些经贸方面的课程，以利于留学生毕业后从事经贸方面的工作。 汉语言外语方向，除基本汉语言本科课程外，还增加一门外语(主要为英语)课程，学生毕业后除掌握汉语外，还能基本上掌握一门外语(主要是英语)。

汉语言本科专业的入学资格，除必须具有高中毕业资格或同等学力者外，各院校对入学者的汉语水平要求不尽相同。 有的院校要求入学者的汉语水平必须达到汉语水平考试 3 级（HSK3 级），有的院校则接收汉语零起点的留学生。 汉语言专业的汉语入学门槛比较低，再加上人才市场对懂汉语人才的需求较大，使汉语言专业在我国招收自费来华留学生的本科专业中最先发展起来。 从 60 年代开始，我国高等学校的理、工、农、医等本科专业已经开始接收来华留学生，但这些专业的留学生主要是奖学金留学生，80 年代以前，这些专业的自费留学生还很少。

1990 年开放高等院校接收自费留学生后，最先举办此类专业的院校包括综合大学、师范院校、外语院校等各类高等学校。 例如，北京大学、复旦大学、上海外国语学院等院校都先后举办了汉语言专业，招收来华留学生。

据北京语言大学的统计，1997 年，该校汉语言专业本科在校生总数为 889 人。 前面我们提到过，1997 年自费来华文科本科留学生总数为 3899 人，北京语言大学一所院校当年的汉语言本科生就占当年文科本科留学生总数的 22.8%。 所以，虽然对 1997 年全国各院校汉语言本科留学生数目没有准确的统计数字，但根据北京语言大学汉语言专业本科留学生规模，可以估计出当年 3899 名自费来华文科本科留学生中，汉语言本科专业本科留学生数应在一半以上，约 2000 人。

2. 医科留学生

医科自费留学生中的进修生占 5.7%，短期生占 32.6%，学历生占 61.7%。 与文科留学生中学历留学生的比例最小不同，医科留学生中，学历留学生的比例最大，说明医科来华留学生以学历留学生为主。

这里的医科包括西医和中医两类学科。 根据 1997 年各院校接收自费来华留学生的统计，全国共有 17 所中医院校接收了外国留学生。 这 17 所中医院校接收的中医学历留学生总数为 2087 人，其中研究生 147 人，短期留学生 1223 人。 所以，中医学历留学生占当年来华医科学历留学生总数的 82%；中医短期留学生占当年医科短期留学生总数的 91%。 也就是说，1997 年医科自费来华留学生中,大多数学历留学生(80% 以上)是中医学历留学生,绝大多数短期留学生(90% 以上)是中医短期留学生。

中医是我国的传统医学。 自上个世纪 70 年代以来,世界上越来越多的国家开始接受中医。 例如,针灸疗法是中医的重要组成部分,到上个世纪的七八十年代,世界上 120 多个国家和地区使用针灸疗法治病,而且许多国家成立了针灸学术组织。 1980 年,世界卫生组织提出了 43 种推荐针灸治疗的适应病症。 1987 年 11 月 22 日,由中国针灸学会作为东道主,举行了世界针灸联合会成立大会暨第一届世界针灸学术大会,并在会议上宣布成立"世界针灸联合会"(简称"世界针联"),总部设在中国。 第一届会员大会共接纳团体会员 57 个(其中包括 5 个国际性团体),它们分布在近百个国家和地区,以亚洲、欧洲和美洲居多。 57 个团体会员拥有 37000 多名针灸工作者。 大会通过了"世界针联"章程和"世界针联"道德准则。针灸已成为世界医学的重要组成部分。 所以,一方面中医发源于中国,我国中医学科在世界上具有相对优势;另一方面,中医的一些治疗方法在世界已经相当普及,这是我国中医学科成为最早吸引外国学历留学生的主要学科的原因。

因为中医对汉语水平要求比较高,而韩国和日本学生的汉语水平相对比较高,所以,中医来华本科留学生以韩国、日本的留学生居多。

90 年代是我国自费来华学历留学生发展的初期,我国高等学校学科的相对优势首先表现在汉语和中医这两个具独特优势的学科。 我国汉语学科的优势,不但吸引了大量短期留学生和普通汉语进修生,而且使以来华留学生为对象的汉语言本科专业逐步发展起来。 我国中医学科的优势,首先使中医来华留学生最先发展起来。 汉语言和中医两个学科的本科留学生总数约 4000多人,占当年来华学历留学生总数的一半以上。

3.其他学科留学生

据统计,1997 年自费来华留学生中,工科、理科、农科、艺术和体育等5 个学科的留学生总数为 1468 人,其中学历留学生占 48.9%,进修生占38.4%,短期生占 12.6%。 学历留学生规模最大,其次是进修生,短期留学生规模最小。 虽然,这 5 个学科的留学生仅占当年自费来华留学生总数的

4%，所占比例很小，但各类留学生所占比例，反映了这些学科来华留学生的结构特点，即主要是学历生和进修生。

第五节　来华留学生全面快速增长（1998—2008）

这个时期我国改革开放发展的突出特点是我国参与世界经济的程度空前深入广泛，我国在世界上的经济地位上升到新的高度。

在这期间，我国经济保持更加快速稳定的发展，到 2007 年，我国国民总产值（GDP）超过西方七国中的意大利、加拿大、英国和法国而居世界第四位；我国的进出口贸易总额超过意大利、加拿大、英国、法国和日本而居世界第三位；我国吸收外国投资的数量一直居发展中国家首位；我国的国外投资和国外承包工程规模都有了显著的发展。 这些都标志着我国对外开放的进一步发展，标志着在世界经济一体化的形势下，我国参与世界经济的程度更加深入广泛。 这些经济上的交往，无疑伴随和带动人员交流的增长，包括来华留学生的增加。

1997 年亚洲发生金融危机，为了不使危机进一步恶化，我国宣布人民币不贬值而蒙受国际贸易减少和经济发展受影响的损失，同时，向遭受金融危机国家提供资金援助，帮助他们克服困难。 我国在亚洲金融危机期间的作为赢得了一个负责任经济大国的称誉。

经过 15 年坚持不懈的努力，世界贸易组织终于在 2001 年接受我国为世界贸易组织第 143 个成员。 加入世界贸易组织，促进了我国国际贸易的快速发展。 正是在加入世界贸易组织后的五年间，我国进出口贸易总额超过西方最发达的七国中的五个国家，确立了我国世界贸易大国的经济地位。

这个时期我国高等教育进入加速发展时期。 从 1998 年开始实施的高等教育扩招政策，使高等学校的在校学生数量迅速增加，从 1998 年的 340 万人增加到 2007 年的 1880 万人，高等教育规模扩大了 4.5 倍。 高等教育规模的扩大无疑为来华留学生的发展提供了更大的容纳留学生的能力。

所以，1998 年以后，无论是来华留学生教育发展的国外条件（国际政治和经济交往），还是来华留学生教育发展的国内条件（高等教育接收来华留学生的能力），都大大地改善了，因而也迎来了来华留学生教育的快速发展时期。

一、发展来华留学生教育成为建设世界一流大学的重要内容

1998 年，当时的国家主席、中共中央总书记江泽民同志在北京大学建校一百周年会议的讲话中提出建设世界一流大学的号召。这个号召成为我国高等学校发展追求的目标。国家在政策上和财力上专门制定了相关政策，支持高等学校创建世界一流大学的活动。所以，建设世界一流大学的活动无疑极大地推动了我国高等教育的发展。

在什么是世界一流大学的标准中，江泽民提出，一流大学"应该是民族优秀文化与世界先进文明成果交流借鉴的桥梁"。

人们在分析世界一流大学的发展特点时看到，世界一流大学在学校的教师和学生的来源和选择上都实行高度开放的政策，它既是世界优秀人才积聚的地方，也是世界优秀学生（包括留学生）积聚的地方。所以，发展来华留学生教育是世界一流大学建设必须实行的政策。我国大学接收来华留学生的重要意义，正是发挥江泽民提出的"民族优秀文化与世界先进文明成果交流借鉴的桥梁"的作用。

新中国建立后开展的来华留学生教育，我们视为国际主义义务。改革开放后，发展来华留学生教育除了国际主义义务之外，也是适应国际教育交流的要求。1990 年开放所有普通高等学校接收自费来华留学生，不但是发展我国来华留学生教育之必需，而且只有如此，才能吸引更多的外国留学生来华学习。因为在一个开放的国际留学生市场上，你只有敞开大门，人家才会找上门。在当时的国际国内条件下，在开放高等学校接收自费留学生后，外国留学生"蜂拥"而入，留学生所到之处，遍及全国所有省、自治区、直辖市，包括边远地区的高等学校。到 1997 年，我国接收自费来华留学生的院校高达 330 多所，接收的留学生数量达到 39000 多人，占当年接收来华留学生总数的 89%，自费来华留学生已经成为我国接收的来华留学生的主体。

推进建设世界一流大学的政策，使高等学校在接收来华留学生上从过去的"被动"变为"主动"。高等学校积极参加在国外举办的"教育展览"，

是高等学校把来华留学生教育作为学校建设重要内容的具体表现。　进入新世纪以来，我国的有关组织与国外有关部门合作，多次在国外举办由国内高等学校参加的以发展来华留学生教育为目的的教育展览。　参加这种教育展览，不一定在招收来华留学生上达到立竿见影的目的，但是，来华留学生数量的增加就是来华留学生来源市场与国内接收留学生的高等学校间对接的结果。从数量上来说，我国的来华留学生市场主要是发展中国家的留学生市场。　但是，改革开放以来，我们主要是学习发达国家的先进科学技术，因此，我国的高等学校的对外联系也主要是发达国家的高等院校。　我国的高等院校与发展中国家的高等院校联系较少，因此发展中国家的青年学生对我国高等学校的了解也很少。　所以，参加在发展中国家举办的教育展览，对于向外国学生介绍我国高等学校来说是绝对有益的。　从这个意义上来说，这些年来的教育展览对发展我国的来华留学生教育是有推进作用的。

高等学校把发展来华留学生教育作为学校建设的重要内容，无疑大大有利于高等学校来华留学生教育的发展，这是这个时期来华留学生教育快速发展的推动力之一。

二、1998—2007 年间来华留学生全面快速增长

与国内高等教育的发展变化相比，一个国家外国留学生的数量发展变化具有更多的不稳定性。　一个国家国内高等教育学生数量的增长，在一个时期内一般不会产生急剧的跳跃式变化。　但是，外国留学生数量的增长却往往会发生这样的急剧跳跃式变化，因为国际和国内因素的变化都可能对一个国家外国留学生数量的增长造成明显影响。　因此，看一个国家外国留学生数量的变化状态，主要看一个时期内其外国留学生数量变化的趋势。

例如，在 1998—2007 年间，1997 年发生的亚洲金融危机和 2003 年我国发生的"非典"疫情，都对来华留学生的发展造成了一定影响。　1997 年的亚洲金融危机，使很多亚洲国家特别是周边国家的来华留学生明显减少，使我国 1998 年接收的来华留学生总数出现负增长。　1998 年比 1997 年减少了1.4%，这是自 1990 年以来我国来华留学生发展中第一次出现负增长。　又如，2003 年的"非典"疫情，使 2003 年的来华留学生总数又一次出现负增

长。 2003 年比 2002 年减少了 9.5%。 此外，不同年份增长的差异也很大。但是，在 1990—1997 年间来华留学生快速增长的基础上，我国来华留学生在 1998—2007 年间呈现全面快速增长的趋势。

1. 来华留学生总体规模增长最快时期

1997 年来华留学生总数达到 43712 人，是 1998 年以前来华留学生规模最高的年份。 1998 年的来华留学生总数比 1997 年有所减少，但减少不多，只减少了 600 多人。 1999 年来华留学生开始恢复增加，使 1999 年的来华留学生总数达到 44700 人，比 1997 年增加了一千多人。 虽然，2003 年的来华留学生总数比 2002 年下降了 9.5%，但是 2000—2008 年间的其他年份的来华留学生总数都保持了快速增长，除 2003 年外，其他所有年份的来华留学生总数均比上一年增长 15% 以上，其中最高的年份增长达到 42.6%。

2007 年来华留学生总数比 1998 年增长了 3.5 倍(见表 5)。

表 5　1998—2007 年来华留学生总数变化

年份	留学生总数（人）	比上一年增长比例（%）
1998	43084	
1999	44711	3.7
2000	52150	16.6
2001	61869	18.6
2002	85829	38.7
2003	77715	−9.5
2004	110844	42.6
2005	141087	27.3
2006	162695	15.3
2007	195503	20.2

在 1990—1997 年间，除 1997 年外，其他年份的来华留学生的年增长率均在 15% 以上，其中最高年份达到 59%。 1997 年的来华留学生总数比 1990 年增长了 4.8 倍(见下页表 6)。

表 6　1990—1997 年来华留学生总数的变化

年份	留学生总数（人）	比上一年增长比例（%）
1990	7494	
1991	11972	59.3
1992	14024	17.1
1993	16871	16.8
1994	25586	51.6
1995	35759	39.7
1996	41211	15.2
1997	43712	6.0

　　通过对这两个时间段的留学生增长情况进行比较可能会发现，由于 2007 年来华留学生总数比 1998 年的增长了 3.5 倍，而 1997 年比 1990 年增长了 4.8 倍，似乎 1990—1997 年间留学生的增长快于 1998—2007 年间留学生的增长。

　　实际上不是这样。一是这两个时间段的来华留学生增长起点不同。1990 年来华留学生总数仅有 7400 多人，而 1998 年的来华留学生总数却达到 43000 多人，是 1990 年来华留学生总数的 5.8 倍。二是 1990—1997 年间，来华留学生年度增长绝对数最高为 10100 人，其余年份比上一年的增长绝对数均少于万人；但在 1998—2007 年间，有 5 个年份的来华留学生总数比上一年增长的绝对数超过两万人，其中 3 个年份来华留学生增长的绝对数超过 3 万人。所以，1998—2007 年间是我国来华留学生总体规模增长最快的时期。

　　2. 各类留学生全面增长，学历留学生增长最快

　　在来华留学生中，普通进修生、短期留学生和学历留学生三类留学生占绝对多数。在 2000—2007 年间，每年这三类留学生的和占当年来华留学生总数的 97% 以上。所谓各类来华留学生全面增长主要指普通进修生、短期留学生和学历留学生三类留学生均保持快速增长趋势。

　　（1）短期留学生

　　在 1999—2007 年间，除 2003 年外，每年的短期留学生均比上一年有增加，尽管各年份增长的幅度差别很大，有的年份增长幅度在 10% 以下，有的

年份却高达 159%。 2003 年短期留学生比 2002 年减少了几乎一半，主要是
因为 2003 年的"非典"疫情发生在三四月份，而多数短期留学生是暑期来华
的。 此外，2003 年短期留学生大幅度减少，也是 2004 年短期留学生比 2003
年增长高达 159% 的主要原因之一。 一方面，2003 年短期留学生大幅度减少
而使当年短期留学生数规模相对比较低，比 1999 年的短期留学生规模还低；
另一方面，很多 2003 年已计划来华但未成行的短期留学生在 2004 年来华学
习，致使 2004 年短期留学生比 2003 年增加的绝对数达到 21000 人。 在
1999—2007 年间，其他各年份的短期留学生比上一年增长的绝对数均没有超
过万人。 所以，2004 年短期留学生的高增长率是一个特殊情况。

在 2000—2004 年间（2003 年除外），每年的来华短期留学生占当年来华
留学生总数的 30% 左右。 但是，2005—2007 年间，每年的短期来华留学生
占当年来华留学生总数的比例下降到 26%，比 2000—2004 年间下降了 4 个百
分点，即在 1999—2007 年间，短期留学生在来华留学生中的比例呈下降趋
势。 此外，2007 年的短期留学生比 1999 年增长了 2.3 倍（见表 7）。

表 7　1999—2007 年短期留学生数量变化

年份	短期留学生		占总数的比例（%）
	数量（人）	比上一年增长比例（%）	
1999	15495		35.9
2000	16479	6.3	31.5
2001	20643	25.2	33.3
2002	25328	22.6	29.5
2003	13259	−47.6	17.0
2004	34358	159.1	30.9
2005	37375	8.7	26.4
2006	42962	14.9	26.4
2007	51340	19.5	26.2

（2）普通进修生

在 1999—2007 年间，每年的普通进修生均比上一年有增长。 即使是
2003 年，来华短期留学生减少了几乎一半，但当年普通进修生仍保持增长，
只是增加的幅度只有 0.9%。 其他年份普通进修生的年增长率均在 10% 以

上，但各年份增长幅度差别很大，有的年份高达 60% 以上。

　　在 1999—2007 年间，普通进修生在来华留学生中所占比例基本在 40% 左右。 因为 2003 年短期留学生的减少，使当年普通进修生占来华留学生总数的比例高达 50%，是 1999—2007 年间普通进修生所占比率最高的年份。 其他年份的普通进修生占当年来华留学生总数的比例在 40% 左右。 此外，2007 年的普通进修生比 1999 年增长了 3.3 倍(见表 8)。

表 8　1999—2007 年普通进修生数量变化

年份	普通进修生		占总数比例（%）
	数量（人）	比上一年增长比例（%）	
1999	17158		39.8
2000	21342	24.3	40.9
2001	24040	12.6	38.8
2002	38668	60.8	45.0
2003	39026	0.9	50.2
2004	44097	12.9	39.7
2005	57913	31.3	41.0
2006	63877	10.2	39.2
2007	74933	17.3	38.3

（3）学历留学生

　　在 1999—2007 年间，每年的学历留学生均比上一年有增加。 即使是 2003 年，当年的短期留学生是负增长，普通进修生仅增长了 0.9%，但学历留学生仍然增长了 16.9%。 2003 年学历留学生的这个增长比率，虽然低于同期其他多数年份，但高于 2001 年的增长率。 这表明 2003 年的"非典"疫情，对学历留学生的增长影响有限。 此外，在 2005—2007 年间，每年的来华学历留学生比上一年增长的绝对数均超过万人。

　　在 1999—2007 年间，2003 年以前，每年的学历留学生在来华留学生中所占比例在 24%—26% 之间；2003 年以后，这个比例则保持稳定增长趋势，从 2004 年的 28.5%，增长到 2007 年的 34.8%。 此外，2007 年的来华学历留学生比 1999 年增长了 5 倍(见下页表 9)。

表 9   1999—2007 年学历留学生数量变化

年份	学历留学生		占总数比例（%）
	数量（人）	比上一年增长比例（%）	
1999	11479		25.6
2000	13703	19.3	26.2
2001	16650	21.5	26.9
2002	21055	37.0	24.5
2003	24616	26.4	31.6
2004	31166	26.6	28.1
2005	44851	43.9	31.7
2006	54859	22.3	33.7
2007	68213	24.3	34.8

比较三类留学生在来华留学生总数中所占比例可以看出，在 1999—2007 年间，短期留学生在来华留学生中所占比例下降了，普通进修生在来华留学生中所占比例可以说基本保持在 40% 左右，学历留学生在来华留学生中所占比例上升了。

在 1999 年的来华留学生中，普通进修生所占比例为 39.8%，居第一位；短期留学生所占比例为 35.9%，居第二位；学历留学生所占比例为 26.2%，居第三位。到 2007 年，普通进修生所占比例为 38.3%，虽比 1999 年的比例下降了 1.5 个百分点，但其规模仍然居第一位；学历留学生所占比例为 34.8%，比 1999 年的比例提高了 8 个百分点，其规模由 1999 年的第三位上升到 2007 年的第二位；短期留学生所占比例为 26.2%，比 1999 年的比例下降了 9 个百分点，其规模由 1999 年的第二位下降到 2007 年的第三位。

从几个方面可以看出，在此期间学历留学生的增长速度快于普通进修生的增长速度。首先，2007 年的学历留学生比 1999 年增长了 5 倍，而同期普通进修生仅增长了 3.3 倍。其次，2007 年学历留学生在来华留学生中所占比例比 1999 年提高了近 8 个百分点，而 2007 年普通进修生在来华留学生中所占比例比 1999 年下降了 1 个百分点。第三，从留学生增长的数量来说，2007 年学历留学生总数比 1999 年增加了 56900 人，而 2007 年普通进修生总数比 1999 年增加了 57700 人，仅比学历留学生的增加数多 800 人。所以，综合来说，在 1999—2007 年间，学历留学生的增长速度最快。

3.国家奖学金留学生规模继续扩大

在 1999—2007 年间，虽然来华奖学金留学生在整个来华留学生中所占比例呈下降趋势，但奖学金留学生的规模却保持增长趋势。 1999 年奖学金留学生占当年来华留学生总数的比例为 11.7%。 而后，这个比例呈逐年下降趋势，到 2007 年，奖学金留学生占当年来华留学生总数的比例下降到5.2%。但是，1999 年来华奖学金留学生总数为 5211 人，2007 年的来华奖学金留学生总数增加到 10151 人，比 1999 年增长了 94.7%，几乎增长了一倍（见表 10）。

表 10　1999—2007 年来华奖学金留学生规模

年份	留学生总数（人）	奖学金留学生	
		数量（人）	比上一年增长比例（%）
1999	44711	5211	11.7
2000	52150	5362	10.3
2001	61869	5841	9.4
2002	85829	6074	7.1
2003	77715	6153	7.9
2004	110844	6715	6.1
2005	141087	7218	5.1
2006	162695	8484	5.2
2007	195503	10151	5.2

来华奖学金留学生包括学历留学生、普通进修生、高级进修生和短期留学生，但是，学历留学生和普通进修生占来华奖学金留学生的绝大多数。 据统计，在 1999—2007 年间，除 2003 年外，奖学金留学生中的学历留学生和普通进修生占当年来华奖学金留学生总数的比例均在 90% 以上。

在 1999—2007 年间，这两类奖学金留学生的发展变化不同。 每年奖学金普通进修生规模虽然保持增长趋势，但其占当年来华奖学金留学生总数的比例却呈下降趋势，从 1999 年的 39% 下降到 2007 年的 28%。 而每年奖学金学历留学生规模在保持增加的同时，其占当年来华奖学金留学生总数的比例也呈增长趋势，从 1999 年的 54% 增长到 2007 年的 65%。

4. 来华留学生中自费留学生所占比例继续增长

1990 年开放高等学校接收自费留学生后，自费留学生在来华留学生中所占比例逐步提高，到 1997 年，来华留学生中近 90% 是自费留学生。自那时起，自费留学生在数量上已经成为我国接收的来华留学生的主体。

在 1999—2007 年间，虽然奖学金留学生保持增长趋势，从 1999 年的 5211 人，增加到 2007 年的 10151 人，增长了 94.7%，但是，自费留学生在来华留学生中所占比例继续保持增长趋势，从 1999 年的 88.3% 增加到 2007 年的 94.8%，说明来华自费留学生继续保持快速增长趋势（见表 11）。

表 11　1999—2007 年来华留学生中自费生的比例

年份	来华生总数（人）	自费留学生	
		数量（人）	占来华生总数比例（%）
1999	44711	39500	88.3
2000	52150	46788	89.7
2001	61869	56028	90.6
2002	85829	79755	92.9
2003	77715	71562	92.1
2004	110844	104129	93.9
2005	141087	133869	94.9
2006	162695	154211	94.8
2007	195503	185352	94.8

同样，在奖学金学历留学生保持增长的同时，自费学历留学生所占比例仍然呈增加趋势。在 1999—2007 年间，奖学金学历留学生从 1999 年的 2842 人增加到 2007 年的 6615 人，增长了 1.3 倍；但奖学金学历留学生在来华学历留学生中所占比例却从 1999 年的 25% 下降到 2007 年的 10%。所以，在普通进修生、学历留学生和短期留学生三类来华留学生中，学历奖学金留学生在来华学历留学生中所占比例是最高的。

根据我国的外国留学生奖学金政策，来华留学生中的自费留学生所占比例不会无限增长。因为奖学金留学生总要占有一定比例，虽然这个比例大小与奖学金留学生的总体规模有关，也与自费留学生的总体规模有关。 根据各国高等教育的发展政策和规律，奖学金留学生永远不可能在一个国家的外国留学生中占多数。 奖学金留学生的主要作用是导向作用。 我国来华留学生中的自费留学生所占比例应该至少在 90% 以上。

5. 本科留学生在学历留学生中所占比例逐步提高

来华学历留学生包括专科生、本科生和研究生（硕士生和博士生）。 但是，在 1999—2007 年间，来华专科留学生的发展还处在起始阶段。 主要表现在不但每年的留学生数量少，而且数量发展变化起伏较大。 例如，2001 年的专科留学生总数为 1282 人，是此期间专科留学生规模最高的年份，占当年来华学历留学生总数的 11%。 2002 年的专科留学生只有 499 人，仅为 2001 年的 39%。 2006 年的专科留学生再次超过千人，2007 年专科留学生增加到 1119 人，比 2006 年增加了 110 人。 虽然，2007 年的专科留学生规模已经接近 2001 年的最高规模，但因为 2007 年的学历留学生比 2001 年增长了 3.1 倍，所以，2007 年的专科留学生仅占当年来华学历留学生总数的 0.2%（见表 12）。

表 12　1999—2007 年专科留学生数量变化

年份	专科生（人）
1999	181
2000	228
2001	1282
2002	499
2003	263
2004	450
2005	593
2006	1009
2007	1119

世界发达国家包括美国接收的外国留学生中，专科外国留学生均占有一定比例。 它是上个世纪 80 年代以来世界外国留学生教育发展的特点。 1999 年以来，我国的专科留学生发展虽然有起伏，但总的趋势还是发展的。 今后

的发展还可能有波折，但是，在经济一体化的条件下，我国的专科留学生教育一定会逐步发展起来。

目前阶段，我国的学历留学生主要是本科生和研究生两部分。

在 1999—2007 年间，本科留学生在来华学历留学生中的比例呈增加趋势，从 1999 年的 74.3% 增加到 2007 年的 82.4%，9 年间增加了 8 个百分点。

这也许是目前阶段我国学历留学生发展的基本特点。目前一些发达国家的外国留学生中，研究生所占比例高于本科生。但是，研究这些国家的外国留学生发展历史，我们可以看到，它们都毫无例外地经历过学历留学生以本科生为主的阶段。

目前阶段的问题，不是我国学历留学生中的本科留学生比例太高，而是我们该如何做好来华本科留学生教育工作。来华本科留学生教育的发展，必将有利于来华研究生教育的发展。

三、2007 年自费来华留学生统计分析

据统计，2007 年来华留学生总数为 195000 人，其中自费留学生为 185000 人，占当年来华留学生总数的 94.8%。与 1997 年比较，自费生比例提高了 5 个百分点。

2007 年的 185000 名自费来华留学生中，普通进修生、短期留学生和学历留学生三类留学生占当年来华自费留学生总数的 99.2%，其中普通进修生总数为 72000 人，占当年自费来华留学生总数的 38.9%，短期留学生总数为 51200 人，占当年自费来华留学生总数的 27.6%，学历留学生（包括专科生、本科生和研究生）总数为 61500 人，占当年自费来华留学生总数的 33.2%。与 1997 年比较，这三类来华留学生占当年来华自费留学生总数的比例有所变化。1997 年的这三类自费来华留学生中，学历留学生规模占第三位；2007 年的这三类自费留学生中，学历留学生规模超过当年的短期留学生规模，居第二位。

（一）自费来华留学生的来源国别

1. 自费来华留学生的来源国别

2007 年的 185000 名自费来华留学生来自 183 个国家，比 1997 年增加了 40 个国家。 在这 183 个国家中，自费来华留学生超过千人的国家共有 22 个。 来自这 22 个国家的自费来华留学生为 171000 人，占当年自费来华留学生总数的 92.6%。

在这 22 个国家中，有 15 个是周边国家，它们是韩国、日本、越南、泰国、俄罗斯、印度、印度尼西亚、巴基斯坦、哈萨克斯坦、蒙古、尼泊尔、马来西亚、新加坡、菲律宾和吉尔吉斯斯坦。 来自这 15 个周边国家的自费来华留学生总数为 141000 人，占当年自费来华留学生总数的 76.3%；7 个国家是欧美发达国家，它们是美国、法国、德国、英国、加拿大、意大利和澳大利亚。 来自这 7 个欧美发达国家的自费来华留学生占当年自费来华留学生总数的 16.3%。

与 1997 年自费来华留学生的来源国别比较，一方面，2007 年自费来华留学生的来源国别延续了 1997 年自费来华留学生来源国别趋势，即自费来华留学生的绝大多数（90% 以上）都是来自周边和欧美发达国家；另一方面，2007 年自费来华留学生比 1997 年增长了 3.7 倍，但两个年度来自周边国家和欧美发达国家的留学生所占比例却大致相同，其中来自周边国家留学生占大多数（80% 左右），来自欧美发达国家留学生占 16% 左右。

此外，1997 年自费来华留学生超过百人的 22 个国家中，周边国家和欧美发达国家都是 11 个。 但是，2007 年的自费留学生超过千人的国家中，15 个为周边国家，欧美发达国家为 7 个。 周边国家数增加了 4 个，欧美发达国家数减少了 4 个。 比 1997 年增加的 4 个周边国家是印度、哈萨克斯坦、尼泊尔和吉尔吉斯斯坦。 它表明在我国发展自费来华留学生教育的初期，来自发达国家的留学生发展比较快。 但随着时间的推移，周边国家的来华留学生发展加快，其来华留学生规模超过一些人口规模较小的欧洲发达国家的来华留学生规模。

2007 年自费来华留学生规模居前 5 位的国家依次为韩国、日本、美国、越南和泰国。 来自这 5 个国家的自费留学生占当年自费来华留学生总数的

62%。 而 1997 年自费来华留学生规模居前 5 位国家的自费留学生，占当年自费来华留学生总数的比例为 82%，比 2007 年的同类比例高出 20 个百分点。 这个事实说明，在自费来华留学生发展初期，留学生集中来自少数国家；随着自费来华留学生的发展，在主要来华留学生来源国家的留学生继续增加的同时，自费来华留学生的来源国家分布更广，来华留学生比较多的国家越来越多。

2. 三类自费来华留学生的来源国别

这三类自费留学生指普通进修生、学历留学生和短期留学生。

2007 年的 72000 多名自费来华普通进修生来自 163 个国家，比 1997 年多了 44 个国家。 在这 163 个国家中，自费来华普通进修生百人以上的国家共有 41 个，来自这 41 个国家的自费来华普通进修生占当年自费来华普通进修生总数的 96.7%。 而其余 122 个国家的普通进修生仅占当年自费来华普通进修生总数的 3.3%。

在这 41 个国家中，有周边国家 17 个，来自这 17 个国家的普通进修生占当年自费来华普通进修生总数的 75%；欧美发达国家 16 个，来自这 16 个国家的普通进修生占当年自费来华普通进修生总数的 18.8%；其余 8 个国家，有 3 个国家属于拉美、加勒比海地区国家，3 个国家属于西亚、北非地区国家，1 个国家属于撒哈拉以南非洲国家，1 个国家属于东欧、独联体国家，来自这 8 个国家的普通进修生占当年自费来华普通进修生总数的 2.9%。 所以，2007 年的绝大多数(90% 以上)自费普通进修生来自 33 个周边和欧美发达国家，其中 70% 以上来自周边国家，19% 以上来自欧美发达国家。

2007 年自费来华普通进修生 2000 人以上的国家共有 9 个。 所以，应对这 9 个国家的留学生情况作一简单分析，而不是仅对留学生规模居前 5 位的国家进行分析。

在这 9 个国家中，7 个为周边国家，它们是：韩国、日本、印度尼西亚、泰国、越南、俄罗斯、哈萨克斯坦；两个为欧美发达国家，它们是美国和法国。 来自这 9 个国家的自费来华普通进修生占当年自费来华普通进修生总数的 78.8%。

1997 年自费来华普通进修生规模居前 5 位的国家的普通进修生占当年自

费来华普通进修生总数的 84.4%；而 2007 年，普通进修生规模居前 9 位的国家的自费来华普通进修生仅占当年自费来华普通进修生总数的 78.8%，比 1997 年普通进修生居前 5 位国家的普通进修生占当年来华普通进修生总数的比例还要低。 虽然就居于前 5 位的任何国家来说，2007 年的普通进修生比 1997 年大大增加了，例如，1997 年韩国的来华普通进修生总数只有 4900 人，2007 年增加到 26500 人，比 1997 年增长了 4.3 倍，但是，就来华普通进修生最多的前 5 个国家整体来说，2007 年居前 5 位国家的来华普通进修生占当年来华普通进修生总数的比例，远低于 1997 年的同类比例。 它表明来华普通进修生比较多的国家大大增加了。

2007 年的 61500 名自费来华学历留学生来自 162 个国家，比 1997 年多了 59 个国家。 在这 162 个国家中，自费来华学历留学生百人以上的国家共有 29 个，来自这 29 个国家的自费来华学历留学生占当年自费来华学历留学生总数的 86.3%。 其余 133 个国家的来华学历留学生仅占当年自费来华学历留学生总数的 13.7%。

在这 29 个国家中，18 个是周边国家，来自这 18 个周边国家的学历留学生占当年自费来华学历留学生总数的 81.1%；6 个欧美发达国家，来自这 6 个国家的学历留学生占当年自费来华学历留学生总数的 3.9%；其余 5 个国家中，3 个国家属于撒哈拉以南非洲国家，两个属于西亚、北非地区国家，来自这 5 个国家的学历留学生占当年自费来华学历留学生总数的 1.3%。 所以，2007 年自费来华学历留学生的大多数（80% 以上）来自周边国家。

2007 年，自费来华学历留学生规模居前 5 位的国家依次为韩国、越南、印度、巴基斯坦和日本。 来自这 5 个国家的自费来华学历留学生占当年自费来华学历留学生总数的 61.8%，其中韩国自费来华学历留学生占当年自费来华学历留学生总数的 33.8%。

与 1997 年比较，不但 2007 年规模居前 5 位国家的来华学历留学生占当年自费来华学历留学生总数的比例下降了 26 个百分点，而且韩国自费来华学历留学生占当年自费来华学历留学生的比例也下降了 27 个百分点。 但是，2007 年韩国的自费来华学历留学生总数达到 23000 人，是 1997 年自费来华学历留学生总数的 4.6 倍。 这个事实说明，随着我国来华留学生教育的发展，在学历留学生主要来源国家的来华学历留学生大幅度增加的同时，自费来华学历留学生的分布国别更加分散了。

2007 年的 51000 多名自费短期来华留学生来自 160 个国家，比 1997 年增加了 93 个国家。 在这 160 个国家中，自费来华短期留学生百人以上的国家共有 35 个，来自这 35 个国家的自费短期留学生占当年自费来华短期留学生总数的 95.6%。

在这 35 个国家中，周边国家 15 个，来自这 15 个国家的短期留学生占当年自费来华短期留学生总数的 61.4%；欧美发达国家 16 个，来自这 16 个国家的短期留学生占当年自费来华短期留学生总数的 33%；其余 4 个国家中，两个属于拉美、加勒比海地区国家，两个属于西亚、北非地区国家，来自这 4 个国家的短期留学生占当年来华自费短期留学生总数的 1.2%。

2007 年自费来华短期留学生规模居前 5 位的国家依次为韩国、美国、日本、泰国和俄罗斯。 虽然这些国家的短期留学生比 1997 年有了很大增加，例如，2007 年韩国的短期留学生为 14500 人，是其 1997 年短期留学生的 4.6 倍，但是，这 5 个国家的自费来华短期留学生占当年自费来华短期留学生总数的比例仅为 68.4%，比 1997 年居前 5 位的国家的自费来华短期留学生所占比例下降了 16 个百分点。 它表明短期留学生的来源国别更广泛了。

总之，2007 年的自费来华留学生来自世界上的 180 多个国家，比 1997 年增加了 40 多个国家。 2007 年普通进修生、学历留学生和短期留学生三类自费来华留学生的来源国家数均在 160 个左右，与 1997 年比较，普通进修生的来源国家增加了 40 多个，学历留学生的来源国家增加了 50 多个，短期留学生的来源国增加了 90 多个。

与 1997 年一样，2007 年的自费普通进修生和短期留学生的绝大多数（90% 以上）仍然来自周边和欧美发达国家，其中来自周边国家的留学生所占比例为 60%—70%，来自欧美发达国家的留学生所占比例为 20%—30%。此外，学历留学生的大多数（80% 以上）来自周边国家，来自欧美发达国家的学历留学生所占比例很小，只有 4%。

在 1997 年的自费来华普通进修生和短期留学生中，日本的规模居第一位，韩国居第二位；而当年的学历留学生中，韩国的规模居第一位，日本居第二位。 但是，到 2007 年，在三类留学生中，韩国的留学生规模均居第一位，日本仅在普通进修生中居第二位，短期留学生的第二位是美国，学历留学生的第二位是印度。

2007 年韩国自费来华学历留学生占当年自费来华学历留学生总数的 37%；普通进修生占当年自费来华普通进修生总数的 37%；短期留学生占当年来华自费短期留学生总数的 28%。 所以，2007 年自费来华普通进修生和学历留学生的三分之一以上来自韩国一个国家，短期留学生的四分之一以上来自韩国一个国家。

（二）接收自费来华留学生的院校分布

1. 自费来华留学生

据统计，2007 年我国普通高等院校总数为 1908 所，比 1997 年普通高等院校数增长了 87%。 2007 年接收自费来华留学生的院校共有 543 所，比 1997 年接收自费来华留学生院校数增长了 64%。 接收自费来华留学生院校数的增长低于同期我国普通高等院校数量的增长。

90 年代以来，我国高等教育获得迅速发展，不但高等院校数量和在校生数量大大增加，而且高等院校设置的专业趋于多样化。 综合大学和专业类院校的分类方法已经不适应当前高等院校的实际情况。 所以，对 2007 年接收自费来华留学生的院校，不再采用原来的分类方法进行分类。

2007 年接收自费留学生的 543 所院校中，接收留学生 20 人以上的院校共有 407 所，这 407 所院校接收的留学生占当年自费来华留学生总数的 99.4%；其余 136 所院校接收的留学生仅占当年自费来华留学生总数的 0.6%。

接收留学生百人以上的院校共有 260 所，这 260 所院校接收的留学生占当年自费来华留学生总数的 93.9%。

接收留学生千人以上的院校有 50 所，这 50 所院校接收的留学生占当年自费来华留学生总数的 61%。 这 50 所院校分布在 15 个省、直辖市。 除陕西（2 所）、四川（1 所）、湖北（1 所）和云南（1 所）4 个省的 5 所院校外，其他 45 所院校均分布在东北和沿海的 11 个省、直辖市，它们是：北京（11 所）、上海（11 所）、天津（5 所）、广东（4 所）、辽宁（3 所）、山东（3 所）、江苏（3

所）、黑龙江（2 所）、吉林（1 所）、浙江（1 所）、福建（1 所）。 在这 50 所院校中，有 32 所是"211"大学，占 50 所院校总数的 64%，即三分之二的院校是"211"大学。

接收留学生 3000 人以上的院校共有 8 所，它们是：北京语言大学（10658人）、北京大学（6238 人）、复旦大学（5783 人）、上海交通大学（5475 人）、北京师范大学（4606 人）、清华大学（4433 人）、对外经济贸易大学（3448 人）和华东师范大学（3087 人）。

2. 三类主要自费留学生的接收院校分布

这三类留学生是指学历生、普通进修生和短期留学生。

据统计，2007 年接收自费来华普通进修生的院校共有 418 所，占接收自费来华留学生院校总数的 77%。 全国所有的省、自治区、直辖市均有接收普通进修生的院校。

在这 418 所院校中，接收普通进修生 20 人以上的院校共有 249 所，这249 所院校接收的普通进修生占当年自费来华普通进修生总数的 98.4%；其余 169 所院校接收的普通进修生仅占当年自费来华普通进修生总数的 1.6%。

全国所有省、自治区、直辖市均有接收普通进修生 20 人以上的院校。2007 年，西藏大学接收普通进修生 35 人。

接收普通进修生百人以上的院校共有 130 所，这 130 院校接收的普通进修生占当年自费来华普通进修生总数的 90.2%。 这 130 所院校，虽然多数仍然是分布在东部地区的高等院校，但除贵州、宁夏和西藏外，全国其他所有省、自治区、直辖市均有院校接收的自费普通进修生达到百人以上。 在这130 所院校中，有 60 所院校是"211"大学，占 130 所院校总数的近一半。目前，全国"211"大学共有 112 所，所以，超过一半以上的"211"大学接收的自费普通进修生在百人以上。

接收自费普通进修生千人以上院校共有 18 所，这 18 所院校接收的自费普通进修生占当年自费来华普通进修生总数的 39%。 在这 18 所院校中，有7 所位于上海，6 所位于北京，2 所位于广东，另外 3 所分别位于浙江、天津和福建等省、直辖市。 在这 18 所院校中，有 13 所是"211"大学，占接收普通进修生千人以上院校总数的 72%。

2007 年，接收自费普通进修生 1500 人以上的院校共有 8 所，它们是：上海交通大学（2878 人）、复旦大学（2255 人）、清华大学（2042 人）、北京师范大学（1931 人）、对外经济贸易大学（1749 人）、中山大学（1694 人）、华东师范大学（1616 人）和上海外国语大学（1542 人）。 这 8 所院校接收的普通进修生占当年自费来华普通进修生总数的 21.8%。

2007 年，接收自费来华学历留学生的院校共有 402 所，占接收自费来华留学生院校总数的 74%，几乎占总数的四分之三。 除西藏外，其他省、自治区、直辖市均有接收学历留学生的院校。

在接收自费学历留学生的 402 所院校中，学历留学生在 20 人以上的院校共有 228 所，这 228 所院校接收的自费学历留学生占当年自费来华学历留学生总数的 98.1%；其余 174 所院校接收的自费学历留学生仅占当年自费来华学历留学生总数的 1.8%。 除西藏、甘肃、贵州和青海外，其他所有省、自治区、直辖市均有接收自费学历留学生 20 人以上的院校。

接收自费学历留学生百人以上的院校共有 133 所，这 133 所院校接收的自费学历留学生占当年自费来华学历留学生总数的 90.3%。 除西藏、甘肃、贵州、青海和宁夏外，其他省、自治区、直辖市均有接收学历留学生百人以上的院校。 在这 133 所院校中，有 59 所院校是"211"大学，占接收自费学历留学生百人以上院校总数的 44%。

接收自费学历留学生千人以上的院校共有 12 所，它们是：北京语言大学（3208 人）、复旦大学（2551 人）、北京大学（2077 人）、对外经济贸易大学（1693 人）、清华大学（1414 人）、中国人民大学（1366 人）、北京中医药大学（1355 人）、北京师范大学（1246 人）、吉林大学（1091 人）、上海财经大学（1046 人）、武汉大学（1020 人）和上海交通大学（1019 人）。 这 12 所院校接收的自费学历留学生占当年自费来华学历留学生总数的 31%。

2007 年，接收自费来华短期留学生的院校共有 336 所，占接收自费来华留学生院校总数的 62%。 除西藏外，其他省、自治区、直辖市均有接收自费短期留学生的院校。

接收自费短期留学生 20 人以上的院校共有 208 所，这 208 所院校接收的自费短期留学生占当年自费来华短期留学生总数的 98.3%；其余 128 所院校接收的自费短期留学生仅占当年自费来华短期留学生总数的 1.7%。 除西藏、甘肃、贵州外，其他所有省、自治区、直辖市均有接收短期留学生 20 人以上的院校。

接收自费短期留学生百人以上的院校共有 98 所，这 98 所院校接收的自费短期留学生占当年自费来华短期留学生总数的 87.8%。 这 98 所院校分布在 20 个省、自治区、直辖市，其中 80 所院校分布在东北和东部沿海省、直辖市，它们是：黑龙江(2 所)、吉林(4 所)、辽宁(6 所)、天津(8 所)、北京(19 所)、山东(7 所)、江苏(6 所)、上海(14 所)、浙江(2 所)、福建(3 所)、广东(6 所)、海南(1 所)和广西(2 所)；其余 18 所院校分布在中部和西部一些省、自治区、直辖市，它们是：河南(1 所)、湖北(4 所)、湖南(1 所)、陕西(4 所)、四川(4 所)、重庆(1 所)和云南(3 所)。 在这 98 所院校中，有 49 所院校是"211"大学，占接收自费短期留学生百人以上院校总数的一半。

接收自费短期留学生千人以上的院校共有 9 所，它们是：北京语言大学(6155 人)、北京大学(3111 人)、上海交通大学(1578 人)、北京师范大学(1424 人)、哈尔滨工业大学(1116 人)、华东师范大学(1075 人)、上海中医药大学(1044 人)、云南师范大学(1044 人)和华南师范大学(1017 人)。 这 9 所院校接收的自费短期留学生占当年自费来华短期留学生总数的 22%。 在这 9 所院校中，有 6 所是"211"大学。

下面对 2007 年接收三类自费留学生的院校进行比较，有如下特点：

一是接收各类留学生院校的数量。 接收普通进修生和学历留学生的院校数量分别达到 418 所和 402 所，而接受短期留学生的院校数量相对少一些，比接收普通进修生的院校少 82 所。 就接收各类留学生百人以上的院校来说，接收普通进修生和学历留学生的院校分别为 130 所和 133 所，而接收自费短期留学生的院校为 98 所。

二是接收各类留学生院校的省、自治区、直辖市的分布。 所有省、自治区、直辖市均有接收自费普通进修生的院校；除西藏外的其他省、自治区、直辖市均有接收自费学历留学生和短期留学生的院校。 就接收各类留学生百人以上的院校来说，接收普通进修生的院校分布在除贵州、宁夏和西藏外的其他省、自治区、直辖市；接收学历留学生院校分布在除西藏、贵州、宁夏、青海和甘肃外的其他省、自治区、直辖市；接收自费短期留学生分布在20 个省、自治区、直辖市。

三是接收各类留学生的院校类别。就接收各类留学生百人以上的院校来说，接收普通进修生的 130 所院校中，有 60 所是"211"大学；接收自费学历留学生的 133 所院校中，有 59 所是"211"大学；接收自费短期留学生的98 所院校中，有 49 所是"211"大学。

（三）自费来华留学生的学习专业

2007 年的 185000 名自费来华留学生分布在 15 个学科，其中 9 个学科的留学生规模占自费来华留学生总数超过 1 个百分点，均超过 2000 人。这 9个学科是：汉语言（63.6%）、西医（8.6%）、中国语言文学（7.2%）、中医（4.6%）、经济（4.3%）、管理（4.3%）、工科（2.6%）、法学（2.1%）和艺术（1.2%）；其他 6 个学科（体育、理科、历史、农科、教育和哲学）的留学生占当年自费来华留学生总数的 2.3%。

对三类留学生来说，其学习的学科分布也不同。

有 9 个学科的学历留学生规模占自费来华学历留学生总数的比例超过 1个百分点。这 9 个学科是：西医（24.5%）、汉语言（21.5%）、经济（11.6%）、中国语言文学（9.8%）、中医（9.5%）、管理（7.3%）、工科（5.6%）、法学（5.0%）、艺术（2.5%）；其他 6 个学科（体育、理科、历史、农科、教育和哲学）的学历留学生占当年自费来华学历留学生总数的 2.6%。这 9 个学科与自费来华留学生最多的 9 个学科完全一样，只是排序不同。

学历留学生最多的 5 个学科（西医、汉语言、经济、中国语言文学和中医）的学历留学生占当年来华学历留学生总数的 76.9%。

有 3 个学科的普通进修生规模占自费来华普通进修生总数的比例超过 1个百分点。这 3 个学科是：汉语言（91.2%）、中国语言文学（3.6%）、管理（1.9%）；其他 12 个学科的普通进修生占当年自费来华普通进修生总数的3.2%。

普通进修生的学科分布比较窄。统计数据表明，90% 以上的普通进修生是来华学习汉语的。

有 8 个学科的短期留学生规模占当年自费来华短期留学生总数的比例超过 1 个百分点。 这 8 个学科是：汉语言(72.4%)、中国语言文学(9.2%)、中医(4.6%)、管理(3.8%)、西医(1.7%)、体育(1.7%)、工科(1.6%)、法学(1.1%)。 其他 7 个学科(哲学、艺术、农科、理科、经济、历史、教育)的短期留学生占当年自费来华短期留学生总数的 4.0%。

虽然短期留学生的学科分布比普通进修生的学科分布广一些，但它们的共性是来华学习汉语的留学生占多数。 短期留学生中学习汉语和中国语言文学的留学生占当年自费来华短期留学生总数的 81.6%，即大多数短期留学生学习的学科是汉语。

第六节 各类来华留学生教育的发展

一、短期留学生

在改革开放的 30 年时间里，短期来华留学生在总体上一直保持增长趋势，到 2007 年，短期来华留学生总数达到 5 万多人。

1978 年开始接收自费短期来华留学生，当年只有来自法国的 29 名短期来华学习汉语的留学生。 但是，短期来华留学生发展很快，1981 年的来华短期留学生数量已经达到 1800 多人，（按人头计算）超过当年在华奖学金留学生数量。 1986 年，短期留学生达到 4600 多人。

1981—1986 年间是短期留学生的发展初期，短期留学生的增长跳跃性比较大。 例如，1982 年的短期留学生比 1981 年增长了 53%，而 1986 年比 1985 年仅增长了 0.3%。

90 年代，短期来华留学生继续保持增长趋势，到 1997 年，自费来华短期留学生总数达到 15000 多人，是 1991 年短期留学生的 1.3 倍。 在 1997 年的自费留学生中，短期留学生占 39.5%，普通进修生占 38.5%，本科生占 17.2%，研究生占 4.0%。 短期留学生成为各类来华留学生中数量最多的留学生。 虽然，由于学习期限不同，短期留学生与其他类留学生不具可比性，但是，短期留学生的数量快速增长反映了当时留学生发展的一种趋势。

1998 年以来，除 2003 年因"非典"使当年的来华短期留学生比上年有较大减少外，短期留学生一直保持稳定增长趋势。 到 2007 年，短期来华留学生总数增加到 51340 人，是 1997 年的短期留学生的 3.3 倍。

短期留学生是我国最先发展起来的自费留学生类别。 1997 年的三类主要自费留学生中，短期留学生最多。 虽然，2007 年的短期留学生规模均少于当年的普通进修生和学历留学生，但就其规模来说，仍然是我国自费来华留学生中重要一部分。

从短期留学生的来源国别来说，它是我国与周边国家和欧美发达国家留学生交流的重要组成部分。 根据 1997 年和 2007 年的来华自费留学生统计分析，短期留学生的绝大多数（90% 以上）来自周边国家和欧美发达国家，其中来自周边国家的短期来华留学生占总数的 60%—70% 左右，来自欧美发达国家的短期留学生占总数的 25%—30% 左右。

从接收院校来说，短期留学生是我国很多重点大学接收的外国留学生的重要组成部分。 例如，2007 年接收短期留学生百人以上的 98 所院校中，有 49 所是"211"大学；接收短期自费留学生千人以上的 9 所院校中，有 6 所是"211"大学。

短期留学生教育的发展是我国对外汉语教学的重要组成部分。 大多数（80% 以上）自费来华短期留学生以学习汉语为主。 短期留学生参加的、以学习汉语为主要目的语言培训班称为短期汉语培训班。 短训班的留学生多由国外学校或其他机构组织来华的。 短训班的期限一般为 4—20 周。 短训班 60% 以上的活动是围绕汉语学习进行组织的。 一般来说，汉语短训班期限为 4 周的占 50% 左右，期限为 18 周左右的占 30% 左右，其余是期限为 8 周或 12 周左右的短期班。 短期留学生的身份以在校学生居多，约占短期留学生的 70% 左右，其中很多人是国外大学中文系在校学生。

所以，从留学生规模、来源国别、接收院校和学习学科等各个方面来说，短期留学生都是我国自费来华留学生的重要组成部分，并将长期存在。发展好这部分留学生工作仍然是高等院校的重要任务。

二、普通进修生

从新中国接收外国留学生开始就有进修生，它是指已经具有本科学历的留学生，来华学习、进修一年到两年。 当时的来华进修生学习的主要学科是中国文学、历史、哲学等。

上个世纪 70 年代初，一些欧美发达国家与我国建立外交关系后，双方开始交换留学生。 这些国家多数来华留学生为进修生，但分为高级进修生和普通进修生两类，对具有研究生学历的进修生称为高级进修生；对具有本科学历的进修生称为普通进修生。 高级进修生数量较少，普通进修生占多数。来自发达国家的进修生学习的学科一般为中国文化、历史、哲学和汉语等。在 70 年代，虽然发展中国家也有进修生来华学习，但数量较少。

1990 年开放高等院校接收自费留学生以前的 80 年代，来华的进修生大多数是我国与欧美发达国家和日本交流的奖学金留学生。 1989 年来华进修生的规模约在 2000 人左右。 1989 年当年的来华奖学金留学生共有 3871 人，其中 50% 左右是进修生（含高级、普通进修生）。

我国自费留学生教育的进一步发展，大大推动了普通进修生教育的发展，使普通进修生规模不断扩大。 从 90 年代初，高等学校开放接收自费留学生后，普通进修生的规模也随着不断扩大。 特别是国外大学在校学生来华进修汉语的人越来越多，因为一些国家的大学允许他们的学生休学一年出国学习。 针对这一部分留学生的需要，普通进修生的概念扩大了，规定对具有大学两年学历的人来华进修汉语也可被称为普通进修生。

根据统计，1997 年自费来华普通进修生规模略少于当年的短期留学生，但高于学历留学生。 1998 年以来，自费普通进修生一直保持增长趋势，即使 2003 年因为"非典"，当年短期留学生有明显减少，但普通进修生仍保持增长，虽然增长的幅度减小了。 到 2007 年，普通进修生总数达到 72000人，比 1997 年增长了 3.7 倍，使普通进修生成为当年自费来华留学生的最大群体。

从来源国别来说，普通进修生是我国与周边国家和欧美发达国家留学生交流的重要组成部分。 根据 1997 年和 2007 年自费来华留学生的统计分析，自费来华普通进修生的绝大多数（90% 以上）来自周边国家和欧美发达国家，其中来自周边国家的普通进修生占总数的 75% —80% 左右，来自欧美发达国家的普通进修生占总数的 16% —19% 左右。

从接收院校来说，普通进修生是我国很多重点大学来华留学生的主要组成部分。例如，2007 年接收普通进修生百人以上的 130 所院校中，有 60 所院校是"211"大学。而接收自费普通进修生千人以上的 18 所院校中，有 13 所院校是"211"大学。所以，普通进修生是我国高等院校来华留学生的重要组成部分。

普通进修生是我国发展对外汉语教学的重要组成部分，因为绝大多数（80% —90%）自费来华普通进修生学习的专业是汉语。

所以，从留学生规模、来源国别、接收院校和学习学科等各个方面来说，普通进修生都是我国自费来华留学生的重要组成部分，并将长期存在。

既然 80% 以上的普通进修生是学习汉语的普通进修生，以下专门对此类普通进修生进行分析。

来华汉语普通进修生大致可以分为三类：一类是为进入专业学习作语言准备，其中多数是各学科的学历留学生；第二类是国外大学在学学生来华学习汉语，作为其国内大学课程的一部分；第三类是具有本科学历及以上人员，为其工作需要来华进修汉语。例如许多人的目标是通过汉语学习达到汉语水平考试（HSK）相应级别水平，以利于就业需要。对三类汉语进修生所占比例，目前尚无精确统计。鉴于近年来我国本科留学生快速增长，第一类汉语进修生的数量呈增长趋势。

1. 汉语进修生的培训方式和目标

来华汉语进修生的起始汉语水平差别很大，有的是零起点，从未学习过汉语；有的学习过一段时间汉语，但程度差别很大。因此，有关院校采取通过简单测试决定留学生所在学习班级。很多院校接收的汉语进修生规模较大。因此，根据留学生的起始汉语水平，对学习汉语留学生往往要分成五六个或七八个不同层次的班级。

因为进修生一般学习期限为一个学期或一个学年，其学习目标包括：一是为进入中国院校的学历教育作语言准备，要达到具有能够与中国同学同班上课的汉语能力；二是能够通过汉语水平考试（HSK）5 级或 6 级，这是一些国内外企业录用懂汉语人才和一些中国院校接收学历留学生必须具有的汉语水平考试成绩；三是达到具有使用汉语生活用语的能力，例如，对来华用英文进行学习的留学生，必须达到这样的汉语水平。

2. 关于学历留学生的汉语预备教育

80 年代以前的来华学历留学生，在进入专业学习前，绝大多数须接受一年预备汉语教育。 当时的实践证明，汉语零起点来华学历留学生，经过一年汉语培训后，其汉语能力还不能完全适应与中国同学同班上专业课。 因此，从 60 年代开始，专业院校为留学生加开一年或两年汉语课，帮助留学生提高汉语能力，使他们尽快适应在专业院校的学习。 同时，尽管留学生汉语有困难，学校在坚持留学生必须与中国同学同班上课的同时，另外安排教师专门给留学生补课，或者把讲过的专业课再讲一遍。 采用上述方法，一般来说，到专业学习的第三年，留学生的汉语能力一般能够适应与中国同学同班上课了。

上述培养学历留学生的方法，是改革开放前来华学历留学生规模比较小的时候所采用的。 在来华学历留学生大量增加，国家实行社会主义市场经济政策后，过去的培养方法，特别是大量的额外补课就行不通了。 因此，提高汉语能力成为提高本科留学生培养质量，扩大本科留学生规模的关键因素之一。

要提高学历留学生的汉语能力，目前只能在改进一年汉语培训上做文章。

近年来，一些院校对本科留学生汉语预备教育进行了改革。 改革主要在两个方面：一是增加周课时量，一般每周的课时量在 30—35 课时。 过去的此类汉语培训的课时量一般每周 20 课时。 二是在课程设置上增加汉语讲授数、理、化等科技课程，这类课程占总课时量的三分之一左右。 汉语讲授数、理、化等科技课程的目的，不是要留学生学习数、理、化等科技内容，而是提高汉语应用能力。 此外，数、理、化等科技课程的设置要根据留学生学习专业的需要。 对学习理工科、财经学科、医学等不同专业方向，设置的数、理、化等科技课程也不尽相同。

国内外大量的外语培训实践证明，强化培训是提高外语培训效果的有效方法。 就课程数量来说，所谓强化就是每周的课程量不能少于 30 个课时。国内已经有很多院校在留学生汉语培训中使用这个方法，而对本科学历留学生的汉语预备教育使用强化教育方法，是对传统的学历留学生汉语预备教育的突破。

在语言的使用中学习语言，也是国际上外语培训的一个方法。 教育部于2001 年提出"本科教育要创造条件使用英语等外语进行公共课和专业课教学"，其主要目的是提高我国高校学生的外语应用能力。 在留学生汉语预备教育中，用汉语讲授数、理、化等科技课程，对汉语初学者来说无疑是一种挑战。 在留学生汉语学习的什么阶段加入数、理、化等科技课程，数、理、化科技课程的量应该多少，都需要在实践中找到这个度。 一些院校已经积累了一些经验，而且使用这种方法学习的效果也是正面的。

在继续实践的基础上，如果我们能够建立一套规范，使汉语零起点外国留学生在华接受一年汉语培训后，基本上能够与中国同学同班接受理、工、农、医、经济、管理等学科的本科教育，那将大大有利于我国上述学科的本科外国留学生教育的发展。

3. 关于汉语水平考试(HSK)的目标

80 年代我国推出汉语水平考试(HSK)后，当时通过考试证明，汉语零起点外国学历留学生，经过一年汉语培训后，其汉语水平考试(HSK)成绩一般能达到 3 级。

近年来，有很多院校采用强化培训方法，使汉语零起点留学生经过一年汉语培训后，其汉语水平考试(HSK)成绩能够达到 5 级或 6 级。 我国目前很多理工科院校规定，本科学历留学生的入学汉语水平，至少达到 HSK5 级或6 级。

所以，经过在华一年汉语培训，究竟能够使汉语零起点留学生达到怎样的水平，仍然是一个值得研究的问题。

教育部曾规定，学习中医的外国留学生必须学习两年汉语。 现在，有的中医院校要求外国学历留学生入学汉语水平至少达到 HSK6 级。 这些院校的实践表明，汉语达到 HSK6 级并且专业上合格的外国留学生，基本上能够与中国同学同班学习。 这就是说，如果汉语零起点留学生来华培训一年汉语，其 HSK 能够达到 5 级或 6 级，那么，来华学习中医的留学生也不需要专门学习两年汉语了。

目前，在留学生中也存在汉语水平考试（HSK）成绩高，但实际汉语能力差的现象。 仅侧重于汉语水平考试（HSK）试题的专门训练的留学生，往往汉语水平考试（HSK）成绩高而实际能力差。 我们需要的是汉语水平考试成绩要与其实际汉语应用能力相一致。

三、研究生

1. 改革开放后来华研究生规模不断增加

我国高等学校从 1950 年就开始了研究生教育，但是，直到 1981 年开始实施我国第一个高等教育学位制度前，我国的国内研究生教育发展较慢。 改革开放时的 1978 年，全国在校国内研究生总共一万人。

从 50 年代我国就开始接收外国研究生。 由于没有学位制度以及国内研究生教育规模小，留学生研究生的数量也很少。

实施学位制度后，在国家不断加强高等教育发展的条件下，国内研究生教育获得了较快发展。 到 1997 年，在校研究生总数达到 17 万多人。 与改革开放初期相比，我国国内研究生教育的规模显著扩大了。

80 年代，来华研究生的绝大多数是奖学金留学生。 1989 年来华研究生的总体规模也只有三四百人，他们几乎全部是奖学金留学生。

我国从 1990 年开始实施的一些发展来华留学生教育政策，有力地推动了来华研究生教育的发展。 这些政策包括：根据国家发展形势和第三世界国家人才培养的需要，对接收第三世界国家来华留学生实施"高层次、短学制、注意效果"的方针；有条件的院校可采取完全外语（主要是英语）授课方式接收来华留学生；开放所有具有学历教育资格的普通高等院校，创造条件接收自费来华留学生，包括学历来华留学生；在保证研究生教育质量前提下，对第三世界国家来华研究生教育实施一些特殊政策等。 到 1997 年，我国高等学校接收的自费来华研究生总数达到 1562 人，超过当年奖学金来华研究生规模。

1997 年来华研究生总数（含自费和奖学金生）占当年我国国内在校研究生总数的 1.5%。

1998 年实施高等教育扩大招生政策后，国内研究生教育的发展也呈现加快趋势。到 2007 年，在校国内研究生总数达到 119 万人。国内研究生教育规模的扩大，为来华研究生教育的发展提供了有利条件，使来华研究生教育规模不断扩大，使 1998—2007 年间成为我国来华研究生规模增长最快时期。

外语授课接收来华研究生政策的实施，对来华研究生的扩大发挥了重要作用，当时很多院校特别是理工科院校接收的研究生，其授课语言为外语（主要为英语）。例如，2001 年河海大学的 40 名在学来华研究生中，32 名是完全用英语学习的研究生；2001 年江南大学的 30 名在学来华研究生中，24 名是完全用英语学习的研究生；2002 年北京航空航天大学 110 名在学来华研究生全部是用英语学习的研究生。

在 1999—2007 年间，来华研究生（含自费和奖学金研究生）保持增长趋势，从 1999 年的 2896 人增加到 2007 年的 10846 人，2007 年比 1999 年增长了 3.5 倍。

两类来华研究生均保持增长趋势。奖学金来华研究生从 1999 年的 1172 人增加到 2007 年的 3804 人，2007 年比 1999 年增长了 2.2 倍。但奖学金研究生在来华研究生中所占比例，从 1999 年的 38.8% 下降到 2007 年的 35.1%。自费来华研究生从 1999 年的 1724 人增加到 2007 年的 7042 人，2007 年比 1999 年增长了 4 倍；而且，自费研究生在来华研究生中所占比例，从 1999 年的 61.2% 增加到 2007 年的 64.9%。虽然，两类研究生在来华研究生中所占比例，一个呈下降趋势，一个呈上升趋势，但下降的幅度和上升的幅度都不大。

2007 年奖学金研究生在来华研究生中所占比例仍然高达 35%，而其他各类来华留学生中的奖学金留学生所占比例均在 5% 以下。

虽然来华研究生保持增长，但研究生在来华学历留学生的比例呈下降趋势，从 1999 年的 25.2% 下降到 2007 年的 15.9%（见下页表 13）。

表 13　1999—2007 年来华研究生数量变化

年份	研究生		占学历生总数比例（%）
	数量（人）	自费生比例（%）	
1999	2896	61.2	25.2
2000	3251	60.0	23.7
2001	3571	57.8	21.4
2002	4247	59.1	20.1
2003	5034	61.1	20.4
2004	5815	61.2	18.6
2005	7111	65.2	15.8
2006	8643	64.8	15.7
2007	10846	64.9	15.9

2007 年来华研究生占当年国内在学研究生总数的比例为 0.9%，比 1997 年的同类比例下降了 0.6 个百分点。

2. 2007 年来华研究生的来源国别

2007 年的来华研究生中，奖学金研究生占 35%，其余 65% 是自费来华研究生。现分别对 2007 年自费来华研究生和奖学金来华研究生的来源国别进行统计分析。

（1）自费来华研究生的来源国别

2007 年自费来华研究生总数为 7042 人，来自 132 个国家。其中来华研究生在 20 人以上的国家共有 31 个，来自这 31 个国家的自费研究生占当年来华自费研究生总数的 93.4%；其余 6.4% 的来华研究生分别来源于其他 101 个国家。所以，来华研究生的国别来源相对比较集中。

在这 31 个国家中，有 14 个是周边国家，来自这 14 个周边国家的自费来华研究生占当年自费来华研究生总数的 74.4%；10 个是欧美发达国家，来自这 10 个欧美发达国家的自费来华研究生占当年自费来华研究生总数的 15.8%；其余 7 个国家，5 个属于西亚、北非地区国家，1 个属于拉美、加勒比海地区国家，1 个属于撒哈拉以南非洲国家，来自这 7 个国家的研究生占当年自费来华研究生总数的 3.2%。

2007 年自费来华研究生在百人以上的国家有 11 个，来自这 11 个国家的研究生占当年自费来华研究生总数的 79.8%。 在这 11 个国家中，9 个是周边国家，来自这 9 个周边国家的自费来华研究生占当年自费来华研究生总数的 70.3%；两个是欧美发达国家，来自这两个国家的研究生占当年自费来华研究生总数的 9.5%。

2007 年自费来华研究生规模居前 5 位的国家为：韩国(2586 人)、越南(490 人)、美国(450 人)、泰国(425 人)和巴基斯坦(350 人)。 来自这 5 个国家的自费研究生占当年自费来华研究生总数的 61%。 其中，韩国一个国家的自费来华研究生占当年自费来华研究生总数的 36.7%。 所以，2007 年的自费来华研究生的来源国别比较集中。 自费来华研究生最多的 5 个国家的研究生占当年自费来华研究生总数的 60% 以上，而且，三分之一以上的自费来华研究生来自韩国一个国家。 从自费来华研究生的来源国家地区分布来说，70% 以上来自周边国家，10% 来自欧美发达国家，其他近 20% 来自其他国家。

（2）来华奖学金研究生的来源国别

2007 年来华奖学金研究生总数为 3804 人，来自世界上 141 个国家。 其中奖学金研究生在 20 人以上的国家共有 57 个，来自这 57 个国家的奖学金研究生占当年来华奖学金研究生总数的 86%。 其余 14% 的奖学金研究生分别来自 84 个国家。

在这 57 个国家中，16 个是周边国家，来自这 16 个国家的奖学金研究生占当年来华奖学金研究生总数的 36.1%；28 个是撒哈拉以南非洲国家，来自这 28 个国家的奖学金研究生占当年来华奖学金研究生总数的 34.7%；7 个是西亚、北非地区国家，来自这 7 个国家的奖学金研究生占当年来华奖学金研究生总数的 8.9%；4 个是拉美、加勒比海地区国家，来自这 4 个国家的奖学金研究生占当年来华奖学金研究生总数的 3.4%；两个是欧美发达国家，来自这两个国家的奖学金研究生占当年来华奖学金研究生总数的 3.3%。

2007 年来华奖学金研究生在百人以上的国家共有 9 个，来自这 9 个国家的奖学金研究生占当年来华奖学金研究生总数的 30.7%。 在这 9 个国家中，

7 个是周边国家,另外两个国家,一个属于西亚、北非地区国家,另一个属于撒哈拉以南非洲国家。

2007 年来华奖学金研究生规模居前 5 位的国家为:越南(204 人)、日本(141 人)、蒙古(140 人)、巴基斯坦(129 人)和韩国(124 人)。来自这 5 个国家的奖学金研究生占当年来华奖学金研究生总数的 19.4%。

所以,与自费来华研究生比较,奖学金来华研究生的来源国别分布相当广泛,这是奖学金留学生的固有特点。但是,从奖学金来华研究生的来源国家地区来说,来自周边地区国家和撒哈拉以南非洲地区国家的奖学金研究生,分别占当年来华奖学金研究生总数的 35% 以上。这两类地区国家的奖学金来华研究生占当年奖学金来华研究生总数的 70% 以上。

(3)比较

把这两类来华研究生的来源国别进行比较,有利于看出自费来华研究生的来源国别特点。

一是自费来华研究生的来源国别高度集中。例如,自费来华研究生规模居前 5 位的国家的来华研究生占当年自费来华研究生总数的 60% 以上,而奖学金研究生规模居前 5 位的国家的来华研究生只占当年奖学金来华研究生总数的 20%。

二是周边国家的自费来华研究生与奖学金研究生均保持较大规模。在来华研究生百人以上的国家中,奖学金来华研究生百人以上的越南、日本、巴基斯坦、韩国和尼泊尔 5 个周边国家,其自费来华研究生规模也都超过百人,而且这 5 个国家的自费来华研究生规模均超过其奖学金来华研究生规模。有的国家超得更多,例如韩国的自费来华研究生是其奖学金来华研究生的 21 倍;有的国家超得少一些,例如尼泊尔的自费来华研究生比其奖学金研究生仅多 11 人。

三是撒哈拉以南非洲国家自费来华研究生有进一步发展的可能性。在奖学金来华研究生中,撒哈拉以南非洲国家的奖学金研究生规模与来自周边国家的奖学金研究生规模相当。所以,目前相当规模的来自撒哈拉以南非洲国家的奖学金研究生,将对撒哈拉以南非洲国家的自费来华研究生的增加产生积极影响。

3. 2007 年来华研究生的接收院校

（1）自费来华研究生的接收院校

2007 年接收自费来华研究生的院校共有 244 所。 其中接收研究生在 20 人以上的院校共 75 所。 这 75 所院校接收的自费来华研究生占当年自费来华研究生总数的 86.2% 。

这 75 所院校分布在全国 18 个省、自治区、直辖市。 其中有 3 所院校以上的省、直辖市共有 11 个，它们是：北京（19 所）、上海（12 所）、江苏（6 所）、天津（4 所）、浙江（4 所）、吉林（4 所）、山东（3 所）、辽宁（3 所）、福建（3 所）、湖北（3 所）和黑龙江（3 所）。 11 个省、直辖市的院校总数为 64 所，占接收研究生在 20 人以上院校总数的 85% 。 其中位于北京和上海两个直辖市的院校总数达 31 所，占接收研究生在 20 人以上院校总数的 41% 。 上述 11 个省、直辖市中，除湖北省外，其他 10 个省、直辖市均位于东北和东部沿海地区。

其他 7 个省、自治区、直辖市中，除广东省外，均为中部和西部的省、自治区、直辖市。 它们是：广东（2 所）、重庆（2 所）、四川（2 所）、广西（2 所）、云南（1 所）、陕西（1 所）和河南（1 所）。

接收自费来华研究生在百人以上的院校共有 20 所，这 20 所院校接收的自费研究生占当年自费来华研究生总数的 50.5% 。 这 20 所院校中，有 9 所位于北京，3 所位于上海，2 所位于江苏，其他 6 所分别位于吉林、浙江、湖北、天津、福建和广西。

2007 年接收自费来华研究生最多的 5 所院校是：清华大学（428 人）、北京大学（396 人）、对外经济贸易大学（375 人）、复旦大学（298 人）和北京航空航天大学（194 人）。 这 5 所院校接收的自费来华研究生占当年自费来华研究生总数的 24% 。

在 244 所接收自费来华研究生的院校中，共有 92 所是"211"大学，占总数的 38% 。 这 92 所"211"大学接收的自费来华研究生总数为 4498 人，占当年自费来华研究生总数的 64% 。

目前我国"211"大学共有 112 所，接收自费来华研究生的"211"院校占"211"大学总数的 82% 。

（2）奖学金来华研究生的接收院校

2007 年接收奖学金来华研究生的院校共有 112 所。 其中接收研究生在 20 人以上的院校共有 58 所，这 58 所院校接收的奖学金研究生占当年来华奖学金研究生总数的 87%。

这 58 所院校分布在全国的 16 个省、自治区、直辖市。 其中有 3 所以上院校的省、直辖市共有 6 个，它们是：北京（17 所）、上海（8 所）、湖北（6 所）、江苏（5 所）、广东（4 所）和天津（3 所）。 位于这 6 个省、直辖市的院校总数为 43 所，占接收奖学金研究生在 20 人以上院校总数的 75%。 其中位于北京和上海两个直辖市的院校总数为 25 个，占接收奖学金研究生在 20 人以上院校总数的 44%。

其他 10 个省、自治区、直辖市为：重庆（2 所）、浙江（2 所）、吉林（2 所）、湖南（2 所）、四川（1 所）、陕西（1 所）、山东（1 所）、辽宁（1 所）、黑龙江（1 所）和福建（1 所）。

接收奖学金来华研究生在百人以上的院校共有 11 所，这 11 所院校接收的奖学金研究生占当年来华奖学金研究生总数的 40.6%。

这 11 所院校中，有 4 所位于武汉（湖北），3 所位于北京，其他 4 所分别位于长春（吉林）、杭州（浙江）、广州（广东）和长沙（湖南）。

2007 年接收奖学金研究生最多的 5 所院校是：华中科技大学（197 人）、武汉大学（176 人）、吉林大学（149 人）、武汉理工大学（149 人）和北京语言大学（149 人）。 这 5 所院校接收的奖学金研究生占当年奖学金来华研究生总数的 21.5%。

在 112 所接收奖学金来华研究生的院校中，其中 71 所是"211"大学，占总数的 63%。 这 71 所"211"大学接收的奖学金来华研究生总数为 3120 人，占当年奖学金来华研究生总数的 82%。

目前我国共有"211"大学 112 所，接收奖学金来华研究生的"211"院校占"211"大学总数的 63%。

（3）比较

比较接收两类来华研究生的院校，有如下特点：

一是接收自费来华研究生的院校更广。

2007 年自费来华研究生总数为当年奖学金来华研究生总数的 1.8 倍，而 2007 年接收自费来华研究生的院校数，却为当年接收奖学金来华研究生院校数的 2.2 倍。

二是接收两类研究生较多的院校多数是不重叠的。

接收自费来华研究生百人以上的 20 所院校中，只有 4 所院校接收的奖学金研究生同时达到百人以上。 接收奖学金研究生百人以上的院校共有 11 所。 此外，接收自费来华研究生最多的前 5 所院校，与接收奖学金来华研究生最多的前 5 所院校均不重叠。

三是 "211" 大学在接收来华研究生中发挥重要作用。

63% 的接收奖学金来华研究生院校是 "211" 大学，其接收的奖学金来华研究生占当年奖学金来华研究生总数的 82%。 38% 的接收自费来华研究生院校是 "211" 大学，其接收的自费来华研究生占当年自费来华研究生总数的 64%。 参与接收自费来华研究生的 "211" 院校数占当年全国 "211" 大学总数的 82%；参与接收奖学金来华研究生的 "211" 院校数占当年全国 "211" 大学总数的 63%。

3. 来华研究生的学习专业

2007 年来华奖学金研究生百人以上的学科有 10 个，它们是：工科（894 人）、管理（437 人）、西医（382 人）、法律（380 人）、经济（370 人）、理科（346 人）、文学（257 人）、农科（175 人）、汉语言（143 人）和中医（118 人）。 在这 10 个学科学习的来华奖学金研究生占当年来华奖学金研究生总数的 92.1%。其中学习工科的研究生数量居第一位。 学习工科的奖学金研究生占当年来华奖学金研究生总数的 23.3%。

2007 年自费来华研究生百人以上的学科有 11 个，它们是：管理（1172 人）、文学（1054 人）、中医（969 人）、法律（813 人）、工科（731 人）、经济（666 人）、汉语言（311 人）、西医（296 人）、艺术（273 人）、理科（236 人）和历史（192 人）。 在这 11 个学科学习的自费来华研究生占当年自费来华研究生总数的 95.3%。 自费来华研究生最多的学科是管理学科，管理学科的研究生占当年自费来华研究生总数的 16.6%。

2007 年的工科、西医、理科和农科等四个学科的自费来华研究生比当年奖学金来华研究生还要少(见表 14)。

表 14 2007 年理、工、农、医等学科来华研究生人数

单位：人

	工科	西医	理科	农科
自费研究生	731	296	236	83
奖学金研究生	894	382	346	175
差额	163	86	110	92

从总体上来说，2007 年的自费来华研究生是当年奖学金来华研究生的 1.8 倍。 但是，上述四个学科的奖学金研究生却比自费研究生多。 这个事实说明这些学科的自费来华研究生还有发展空间。

四、本科生

(一)来华本科留学生

1. 本科留学生快速发展

在 1998—2007 年间，来华本科留学生的发展特点：一是增加速度最快；二是本科生在学历来华留学生中比例保持增长；三是本科留学生中的自费留学生比例继续增加。

来华学历留学生中包括研究生、本科生和专科生。 但是，专科生数量很少。 据统计，在 1999—2007 年间，除 2001 年专科留学生占当年来华学历留学生总数的比例达到近 8% 外，其他年份的专科留学生所占比例一般在 1% 至 3% 之间。 所以，这段期间学历留学生数量的变化主要是本科生和研究生数量的变化。

在 1999—2007 年间，本科留学生保持快速增长趋势，从 1999 年的 8402 人增加到 2007 年的 56248 人，增长了 5.7 倍。 但是，2007 年的短期留学生、普通进修生和研究生分别比 1999 年增长了 2.3 倍、3.3 倍和 2.7 倍。 所以，在此期间，本科留学生增长速度最快。

在此期间，本科留学生在学历留学生中所占比例从 1999 年的 73.1% 增加到 2007 年的 84%，学历留学生中的本科留学生的比例从 70% 以上增加到

80% 以上。

在此期间，自费本科留学生在来华本科留学生中所占比例呈增长趋势，从 1999 年的 80% 增加到 2007 年的 95%。 2007 年的奖学金本科留学生仅占当年来华本科留学生总数的 5%（见表 15）。

表 15　1999—2007 年本科留学生数量变化

年份	本科生		占学历生总数比例（%）
	数量（人）	自费生比例（%）	
1999	8402	79.5	73.1
2000	10224	82.9	74.6
2001	11797	84.2	70.8
2002	16309	88.8	77.4
2003	19319	90.9	78.4
2004	25351	93.3	81.3
2005	37147	95.3	82.8
2006	45207	94.9	82.4
2007	56248	95.0	84.0

2. 2007 年自费本科留学生的统计分析

2007 年的自费来华本科留学生占当年来华本科留学生总数的 95%。 现对 2007 年自费来华本科留学生的统计数据进行分析，以反映自费来华本科留学生的来源国别、接收院校和学习学科等情况。

（1）自费来华本科留学生的来源国别

2007 年的自费来华本科留学生来自世界上的 156 个国家。 其中自费来华本科留学生 20 人以上的国家共有 57 个，来自这 57 个国家的本科留学生占当年自费来华留学生总数的 98.8%。 其余 1.2% 的自费来华本科留学生来自其他 99 个国家。 所以，57 个国家的来华本科留学生的分布基本上代表 2007 年来华本科留学生的来源国别分布。

在这 57 个国家中，有周边国家 24 个，欧美发达国家 12 个，撒哈拉以南非洲国家 13 个，西亚、北非地区国家 5 个，拉美、加勒比海地区国家两个，东欧、独联体（欧洲部分）国家 1 个。 来自 24 个周边国家的自费本科留学生占当年自费来华本科留学生总数的 92.5% 。 来自 12 个欧美发达国家的自费本科留学生占当年自费来华本科留学生总数的 3.5% 。 来自 13 个撒哈拉以南非洲国家的自费本科留学生占当年自费来华本科留学生总数的 1.8% 。 来自西亚和北非地区、拉美和加勒比海地区、东欧和独联体(欧洲部分)等 8 个国家的自费本科留学生占当年自费来华本科留学生总数的 1% 。 所以,我国的自费本科留学生的绝大多数(90% 以上)来自周边国家。

虽然 2007 年自费来华本科留学生来自 156 个国家,但是,自费来华本科留学生百人以上的国家只有 28 个,仅占 156 个国家总数的 18%,来自这 28 个国家的本科留学生占当年自费来华本科留学生总数的 95.9%,这表明自费来华本科留学生的来源国别比较集中。

在这 28 个国家中,有周边国家 18 个,欧美发达国家 5 个,撒哈拉以南非洲国家 3 个,西亚、北非地区国家 2 个。 来自 18 个周边国家的本科留学生占当年自费来华本科留学生总数的 91.5% 。 来自 5 个欧美发达国家的本科留学生占当年自费来华本科留学生总数的 2.9% 。 来自 3 个撒哈拉以南非洲国家的本科留学生占当年自费来华本科留学生总数的 0.9% 。 来自西亚、北非地区两个国家的留学生占当年自费来华本科留学生总数的 0.6% 。 所以,2007 年自费来华本科留学生的绝大多数(90% 以上)来自周边的 18 个国家。

2007 年自费来华本科留学生千人以上的国家共有 11 个,来自这 11 个国家的本科留学生占当年来华留学生总数的 87.7% 。 这 11 个国家全部是周边国家,它们是:韩国(20200 人)、印度(6600 人)、越南(5100 人)、巴基斯坦(3600 人)、日本(2500 人)、尼泊尔(2030 人)、印度尼西亚(1600 人)、俄罗斯(1400 人)、泰国(1230 人)、蒙古(1210 人)和马来西亚(1200 人)。其中来自韩国一个国家的自费来华本科留学生占当年自费来华本科留学生总数的 32.8% 。

总之,2007 年自费本科留学生的绝大多数(90% 以上)来自周边国家,而且大多数(80% 以上)来自周边国家中的 11 个国家,而来自韩国一个国家的自费来华本科留学生占当年自费来华本科留学生总数的三分之一。 这 11 个周边国家中,既有发达国家(例如日本),也有转型国家(例如俄罗斯),但其他大多数是发展中国家。

（2）撒哈拉以南非洲国家的自费来华本科留学生

我国从 60 年代开始向一些撒哈拉以南非洲国家提供来华留学奖学金。1959—1965 年间，有 14 个撒哈拉以南非洲国家向我国派遣奖学金留学生。1973—1977 年间，有 25 个撒哈拉以南非洲国家向我国派遣奖学金留学生。1980—1989 年间，有 41 个撒哈拉以南非洲国家向我国派遣奖学金留学生。在上述各个不同历史时期，来自撒哈拉以南洲国家的奖学金留学生，在数量上成为我国来华留学生的重要组成部分。

1990 年我国开放高等院校接收自费留学生。 到 2007 年，来自 44 个撒哈拉以南非洲国家的自费来华本科留学生总数达到 1100 多人，比当年来自这一地区国家的奖学金本科留学生总数还要多 230 余人。 而且，在自费来华本科留学生 20 人以上的 57 个国家中，有 13 个是撒哈拉以南非洲国家；在自费来华本科留学生百人以上的国家中，有 3 个是撒哈拉以南非洲国家。

根据前面的分析，2007 年自费来华本科留学生的来源国家分为 6 个地区类别，即周边国家、欧美发达国家、撒哈拉以南非洲国家、西亚和北非地区国家、东欧和独联体国家（部分）、拉美和加勒比海地区国家。 在这 6 个地区类别中，除周边国家外，来自撒哈拉以南非洲国家的自费本科留学生规模，少于来自欧美发达国家的自费本科留学生，但多于来自其他三个地区国家的自费本科留学生。

撒哈拉以南非洲地区，西亚、北非地区和拉美、加勒比海地区的绝大多数国家都是发展中国家。 这三个地区均距我国十分遥远（西亚、北非地区的一些国家相对近一些），为什么撒哈拉以南非洲地区国家能有那么多人不远万里自费到我国来读本科呢？

根据上面的介绍，从 60 年代以来，撒哈拉以南非洲国家就开始向我国派遣奖学金留学生，而且一直保持相当规模。 这是来自撒哈拉以南非洲国家自费来华本科留学生比较多的重要原因之一。 一般来说，一个国家接收来自其他国家的留学生，开始阶段比较少，待一些人学成回国并有所成就，就会使得越来越多的人也走上到这个国家留学的道路。 我国接收来自非洲国家的奖学金留学生已经有 40 多年的历史，虽然奖学金留学生总体数量不多，但其影响是客观存在的。 即使七八十年代在我国还发生多起非洲国家留学生事件，国外包括非洲国家的媒体对此均有报道，但这些都没有对很多非洲国家青年选择自费到我国留学造成障碍。 这是奖学金留学生的众多作用中的一个重要作用。

（3）接收自费本科留学生的院校

2007 年接收自费本科留学生的院校共有 370 所，其中接收自费来华本科留学生百人以上的院校共有 121 所。 这 121 所院校接收的本科留学生占当年自费来华本科留学生总数的 89.9%。 其余 10% 的自费本科生分布在其他 249 所院校。 所以，这 121 所院校的分布和特点，基本上代表当年自费来华本科留学生接收院校的情况。

这 121 所院校分布在全国的 24 个省、自治区、直辖市。 其中北京（18 所）、上海（11 所）、天津（6 所）三个直辖市，共有 35 所院校；东北的辽宁（11 所）、吉林（5 所）和黑龙江（6 所）三省，共有 22 所院校；东部沿海的河北（3 所）、山东（7 所）、江苏（11 所）、浙江（2 所）、福建（2 所）、广东（4 所）和海南（1 所）等七省，共有 30 所院校；中部的河南（3 所）、江西（5 所）、湖南（1 所）和湖北（5 所）四省，共有 14 所院校；西部地区的内蒙（2 所）、陕西（1 所）、四川（3 所）、重庆（1 所）、广西（5 所）、云南（6 所）、新疆（2 所）等七个省、自治区、直辖市，共有 20 所院校。

从这个分布我们看出，一是这些院校的分布比较广泛，除了少数内陆省、自治区以及西藏外，我国的东西南北的大多数省、自治区、直辖市均有接收自费本科留学生百人以上的高等院校；二是北京、上海和天津三个直辖市以及东北和东部沿海各省集中了上述院校的大多数，这三类地区的院校共有 87 所，占 121 所院校总数的 72%，近四分之三。

在这 121 所院校中，有 54 所院校为"211"大学，占总数的 44.6%。 其接收的本科留学生占当年自费来华本科生总数的 52.9%。 接收自费本科留学生的院校中近一半是"211"大学，而这些"211"大学接收的自费本科留学生超过总数的一半。

2007 年接收自费来华本科留学生千人以上的院校共有 7 所，它们是：北京语言大学（3026 人）、复旦大学（2253 人）、北京大学（1681 人）、对外经济贸易大学（1318 人）、北京中医药大学（1254 人）、中国人民大学（1232 人）和北京师范大学（1110 人）。 除复旦大学外，其他 6 所院校均位于北京。 而且，除北京语言大学外，其他 6 所院校均为"211"大学。 这 7 所院校接收的自费本科留学生占当年自费来华本科留学生总数的 20.6%。

（4）自费本科留学生的学习专业

我国接收的外国本科留学生的学习学科分布在 15 个学科类。 2007 年自费本科留学生百人以上的学科共有 13 个，它们是：西医、汉语言、经济、文学、中医、管理、工科、法学、艺术、理科、历史、体育和农科；只有教育和哲学两个学科的本科留学生少于百人。 而且在上述 13 个学科中，除理科、历史、体育和农科等学科外，其余 9 个学科的本科留学生人数均超过千人。 这 9 个学科的本科留学生占当年自费来华本科留学生总数的 98.4%。

2007 年，所有学科的奖学金本科生均未超过千人，其中奖学金本科留学生最多的学科是工科，当年的奖学金工科本科留学生达到 839 人。

来华奖学金本科留学生百人以上的学科共有 7 个，这 7 个学科是：工科、汉语言、西医、经济、法学、管理和理科。 在这 7 个学科学习的奖学金本科留学生占当年来华奖学金本科留学生总数的 91.7%。

2007 年学习工科的自费本科留学生规模是奖学金本科留学生的 3.2 倍。 但学习工科的自费本科留学生仅占当年自费来华本科留学生总数的 5%；而学习工科的奖学金本科留学生则占当年来华奖学金本科留学生总数的 29.8%。 学习工科的奖学金本科留学生比例这样高，说明学习工科的需求比较大。 学习工科的自费本科留学生的比例还较低，说明工科自费本科留学生的发展还有潜力。

此外，2007 年西医和汉语言两个学科的自费来华本科留学生占当年自费来华留学生总数的 50%，说明目前我国各学科的自费来华本科留学生的发展不平衡。 所谓不平衡，不是说西医和汉语言学科的本科留学生太多，而是说其他学科的自费本科留学生发展的潜力还很大。

以下对 2000—2007 年间，西医、汉语言、经济、中医、工科和管理等 6 个学科的自费本科留学生的增长变化作一比较（见下页表 16）。

表 16　2000—2007 年间自费本科留学生的增长

学科	自费本科留学生增长			自费留学生比例	
	2000 年（人）	2007 年（人）	增长倍数	2000 年（%）	2007 年（%）
西医	684	14705	20.5	66.3	97.0
汉语言	3585	12171	2.4	93.0	96.3
经济	751	6473	7.6	80.6	95.3
中医	1692	4834	1.8	97.9	98.9
工科	216	2705	11.5	31.8	76.3
管理	183	3253	16.8	70.9	94.9

资料来源：根据国家留学基金委员会统计资料整理

就 2007 年的自费本科留学生较 2000 年的增长情况来说，在表 16 所列的 6 个学科中，西医本科留学生的增长最快，2007 年比 2000 年增长了 20 倍；其次是管理学科，增长了 16 倍；第三是工科增长了 11 倍。

就 2007 年 6 个学科本科留学生中的自费生比例来说，除工科外，其他 5 个学科的本科留学生中自费留学生的比例均超过 95%，其中中医最高，达到 99%；其次是西医，其比例为 97%；第三位是汉语言，其自费本科留学生的比例为 96%。

就 2000—2007 年间各科自费本科留学生的比例增长变化来说，工科本科留学生中自费留学生的比例增长最大，增加了 44 个百分点；其次是西医学科，增长了 30 个百分点；管理学科增长了 24 个百分点，居第三位。虽然，2007 年工科本科留学生中的自费留学生比例是 6 个学科中最低的，但是，在 2000—2007 年间其增长变化最大。

（二）西医学科本科留学生

在 1998—2007 年间，来华西医本科留学生的发展特点：一是增加速度最快；二是西医本科生在本科留学生中比例明显增长；三是西医本科留学生中的自费留学生比例显著增长。

据统计，在 2000—2007 年间，西医来华本科留学生从 2000 年的 1031 人增加到 2007 年的 15163 人，增长了 20 倍，是各类学科中本科留学生增长速度最快的学科。西医本科留学生在来华本科留学生中所占比例，从 2000 年的 12% 增长到 2007 年的 26.9%，即当年来华本科留学生的四分之一是西医本科留学生。 西医学科的奖学金本科留学生，虽然从 2000 年的 347 人增加到 2007 年的 450 人，但是，西医奖学金本科留学生在西医来华本科留学生中的比例，却从 2000 年 33% 下降到 2007 年的 3%。 也就是说，西医本科留学生自费留学生的比例从 2000 年的 66.3% 增加到 2007 年的 97%（见表 17）。

表 17　2000—2007 年西医本科留学生数量变化

年份	西医本科生		占本科生总数比例（%）
	数量（人）	自费生比例（%）	
2000	1031	66.3	12.0
2001	1240	74.3	10.5
2002	1799	82.3	11.0
2003	2159	86.0	11.2
2004	3690	92.7	14.5
2005	8087	96.7	21.8
2006	11689	96.5	25.8
2007	15163	97.0	26.9

资料来源：根据国家留学基金委员会统计资料整理

西医，顾名思义是发生于西方的医学。 虽然，今天在我们国家的西医学科也有我们自己的特点，但我国的西医学科是向西方学习而发展起来的，从本质上来说，我国的西医与西方国家医学同属一个医学。 为什么在我国这样一个源于西方的学科能够先于其他学科吸引那么多的外国留学生？

人们可能列出这样和那样的原因，但是，我国西医本科留学生能够迅速扩大的一个重要的直接原因，是我国高等学校实施全英文授课培养西医本科留学生。 虽尚无精确统计，但 2007 年全英文授课的西医来华本科留学生数在 10000 人左右，占当年来华西医本科留学生总数的 70% 左右。

我国培养西医来华本科留学生最早的院校是北京大学医学部（原北京医科大学）。 该校从 1953 年开始接收西医来华留学生，而且一直采用与中国同学趋同培养方式培养留学生，即与中国同学统一教学计划、统一教学进度、统一教学要求、同班上课。 我国第一个实施全英文授课培养西医本科留学生的院校是西安交通大学医学部（原西安医科大学）。 该校从 1995 年开始实施全英文授课接收西医本科留学生。

1. 我国趋同培养西医本科留学生是成功的

1986 年教育部公布的对外开放接收外国留学生的 66 所院校中，有 11 所医科院校(西医)，它们是北京医科大学、上海医科大学、上海第二医科大学、天津医学院、浙江医科大学、华西医科大学、湖北医学院、同济医科大学、中山医科大学、广西医学院和中国医科大学。 这些医学院校，有的从 50 年代末就开始接收西医本科留学生，多数是从 70 年代开始接收西医本科留学生的。 直到 90 年代，这些院校均一直采用趋同方式培养西医本科留学生。 80 年代以前，这些院校的西医本科留学生的绝大多数是来自发展中国家的我国政府奖学金留学生；90 年代以来，这些院校也开始接收自费西医本科留学生。

我国医科院校采用趋同培养方式已经成功培养了相当数量的西医本科和研究生留学生。 例如，在 1953—2001 年间，北京大学医学部(原北京医科大学)共毕业了 315 名医科留学生，其中 296 名本科生，12 名硕士生，7 名博士生。 在 1976—2001 年间，中国医科大学共毕业了 164 名学历医科留学生，其中本科生 133 名，研究生 31 名。

这些医科留学生毕业生的质量如何呢？ 虽然没有全面的统计数字来说明这个问题，但从一些个案中也可以略见这些医科毕业生的质量。

例如，一位来自非洲多哥的留学生，90 年代从北京大学医学部毕业后，去欧洲国家继续深造。 他在比利时参加攻读外科博士学位考试中，在 200 多名考生中以第二名的优异成绩被录取，说明北京大学医学部的本科教育水平是好的。

又例如，尼泊尔留学生博拉嘎斯(牛巴尼)，1987 年从中国医科大学本科毕业后又继续攻读硕士学位，1990 年毕业。 回国后，在参加尼泊尔医生资格考试中，他荣获技能理论考试第一名，而参加资格考试的人员中有很多是从欧美国家医学院校毕业的留学生。 博拉嘎斯被一家教会医院破格聘用。因为该医院聘用的医生必须具有主治医师水平，他当时还不具有这个资格。由于他在工作中敢于负责，医术好，被提升为急诊科主任。 他还撰写了多篇具有国际水平的学术论文，发表在《中华外科杂志》上。

再例如，从我国医科院校毕业的非洲国家的医科留学生，很多人回国后担任医院院长、总统保健医生、国王医疗顾问等职，受到所在国家的信任。

来华学习医科的外国留学生绝大多数来华前均未接触过汉语。 要求他们来华后经过一年的汉语培训，其汉语能力就达到能够与中国同学同班上课，在当时一般来说是很困难的。 为此，接收这些留学生的院校采取了很多办法，使留学生基本上能与中国同学同步学习。 例如，从 60 年代开始，对进入专业学习的留学生，医学院校一方面继续为留学生单独开设汉语课程，帮助留学生提高汉语能力；另一方面，每次大班讲课后，安排教师单独为留学生再讲一遍，教师可以相对讲得慢一些。 这样做不但帮助留学生掌握专业课的内容，而且也有利于留学生汉语能力的提高。 此外，对专业学习仍然有困难的留学生，学校安排教师给予单独辅导。 采用这样一些措施，一般来说，经过两年专业学习进入三年级后，汉语就已经不再是留学生学习的障碍了。

1998 年以后，医科院校的自费西医本科留学生数量不断增加。 例如，2001 年，北京大学医学部的外国留学生的 40% 是自费留学生。 上海第二医科大学的自费西医本科留学生，从 1999 年的 12 人，增加到 2004 年 119 人。2004 年，该校的奖学金留学生仅占在校全部本科留学生的 22%，近 80% 的本科留学生是自费留学生。 对这些自费留学生，学校仍沿用趋同培养的方式进行教学。

在医科本科留学生规模不断扩大的情况下，很多院校改进了授课方法。例如，鉴于新生留学生的汉语能力与中国同学同班上课还有困难，进入专业学习的第一年实行留学生单独上课，教师可以根据留学生的汉语能力控制讲课速度，提高学习效果；二年级第一学期，主要课程与中国同学同班上课，第二学期，原则上所有课程均与中国同学同班上课。 临床阶段，留学生与中国学生实行一体化教学管理。

趋同方式实际上是世界各国接收外国留学生的主要培养方式。 对外国留学生实施趋同培养方式的关键是留学生能够使用接收国的官方语言进行专业学习。 因此，在我国实施趋同培养留学生方式，主要是如何使留学生的汉语能力达到能够与中国同学同班上课。

2. 全英文授课培养西医本科留学生

我国第一所实施全英文授课培养西医本科留学生的院校是西安交通大学

医学部(原西安医科大学)。 西安医科大学于 1995 年开始接收巴基斯坦留学生，并实施全英文授课。

1990 年，国家对来自发展中国家的留学生实行"短学制、高层次、注意效果"的方针。 为了贯彻这个方针，教育部提出了用英语授课培养外国留学生的具体措施，规定"用外语教学，学生来华后即可开始专业学习，但同时要学习汉语(计入学时)，以解决学生生活用语问题。"在教学安排上提出了留学生以"单独编班上课为主，与中国同学合班上课为辅"的方针。 这些规定为高等学校发展全英文授课接收外国留学生提供了有利的政策环境。

巴基斯坦是与我国一直保持友好关系的周边国家。 巴基斯坦是我国周边发展中国家中接受我国提供的来华留学奖学金名额最多的国家之一。 例如在 1973—1992 年间，周边发展中国家来华奖学金留学生最多的国家是朝鲜，居第二位的国家是尼泊尔，巴基斯坦则居第三位。 虽然巴基斯坦有大量留学生去西方国家留学，但很多人学成后移民国外。 巴基斯坦的来华奖学金留学生学成回国后，使我国高等院校在巴基斯坦的影响不断扩大。 特别是 1990 年我国对发展中国家实施"短学制、高层次、注意效果"的接收留学生方针后，很多院校用英文直接培养来华研究生。 因而巴基斯坦的来华研究生的数量随之显著增加。 这是巴基斯坦成为我国医学院校实施英文授课接收西医留学生的第一个来源国家的背景。

当时西安医科大学西医本科留学生来源的另一个主要国家是尼泊尔。 尼泊尔也是我国周边国家，英语也是这个国家的官方语言。 在 1973—1992 年间，尼泊尔是我国周边国家中来华奖学金留学生规模居第二位的国家(第一位是朝鲜)，来华奖学金留学生总数达到 272 人。 而且，尼泊尔来华留学生一直以勤奋好学、学习成绩优秀而著名。 毕业回国的尼泊尔留学生于 1981 年成立了"阿尼哥同学会"(尼泊尔留华同学会)，从中国留学回国的尼泊尔留学生皆可以成为该组织的会员。 该同学会已经成为在尼泊尔有广泛影响的民间组织。 所以，中国高等教育在尼泊尔的影响比较广泛。

从 1995 年至 2003 年期间，当时的西安医科大学共接收了 493 名西医本科留学生，其中 250 名来自巴基斯坦，230 名来自尼泊尔，其余 13 名来自苏丹(4 人)、韩国(3 人)、印度(2 人)、黎巴嫩(1 人)、巴林(1 人)、加拿大

（1 人）和英国（1 人）。

　　据不完全统计，西安交通大学医学部在 2000—2003 年间的四届 105 名本科毕业生中，继续读研究生的有 24 名，占 22%；回国就业的有 58 名，占 57%；在中国或第三国工作的有 23 名，占 21%。

　　西安交通大学医学部的全英文授课培养西医本科留学生取得了比较好的效果，学校为此付出了很大努力。但是，用西安交通大学医学部有关负责人的话说，他们的全英文授课培养西医本科留学生只能说基本上是成功的，因为作为临床医学的重要组成部分临床实习，由于留学生的汉语能力问题还不能在中国完成，因而培养过程是不完整的。

　　在 1995—2004 年间，西安医科大学全英文授课留学生的教学计划、教材、实习的具体情况如下：

　　与中国本科生的教学计划相比，对留学生医学本科教育的教学计划作了一些重大调整：（1）重新制订教学计划，基础医学缩减为两年，临床实习和见习时间增加到两年，毕业实习为 1 年，以增加医学实践的训练和培养；（2）主干课程学时加大，增加了分子遗传学、医学心理学、法医学、老年病学等课程讲座，组织高年级学生参加各类国外学者来华的学术活动；（3）增加实验课、见习课的学时，以增加训练动手能力的机会。

　　留学生教学质量的保证取决于教师队伍，特别是教师的英语表达能力和对留学生学习特点的适应能力。因此，学校把师资队伍建设和师资培养放在首位。8 年来，200 多名教师参加过脱产英语培训，参加业余培训的教师达 117 人次。

　　对留学生的教材采用"推荐教材——讲义——辅助教材——实验（习）相结合的教材体系"。各教研室根据教学需要编写了留学生使用的教学提纲和实验讲义或实习指导，部分教研室还编写了理论教材。

　　对留学生的实习安排是：大多数学生在完成临床理论课程学习后回自己国家的医院实习，少部分学生仍留在学校完成最后一年的毕业实习。西安医科大学与巴基斯坦和尼泊尔有关部门、单位之间建立的密切合作关系，保证了留学生回国实习单位的选择和实习质量。因此，西安医科大学与巴基斯坦和尼泊尔的有关部门、单位的合作关系，是留学生完成在西安医科大学医学教育全过程的一个必要条件。

根据教育部的规定,虽然全英文授课的医学本科留学生也要学习汉语,但要求较低,只是解决在华生活的语言能力问题。 学校一般规定必须达到汉语水平考试(HSK)3 级。

3.双语教学方式培养西医本科留学生

上个世纪 60 年代,天津医科大学就开始接收外国医科留学生。 1998年,天津医科大学成立了中西医结合国际学院,总体负责留学生的招收、教学和管理工作。 学院设有西医、中医、中医针灸、中医康复、中西医推拿等专业以及汉语教学中心。

学院对留学生的教学采用双语教学,即主要学科英文授课,次要学科汉语授课。 汉语是留学生的必修课,包括初级汉语、医学汉语和临床汉语。

因为主要课程均用英文授课,与全英文授课院校一样,师资培训和教材建设是学院保证教学质量的重点。

在临床实习阶段,对留学生集中授课,便于及时发现并解决学生的疑难问题。 在实习中,一方面安排教学水平高、外语好的教师带教;另外安排留学生与中国同学一起参加临床实习,在学习成绩好的中国同学帮助下,对病人进行医疗见习。 少部分学生提出回国参加实习,学院批准后,制定详细的各科实习病种和操作要求,并要求学生必须在指定日期回到学院参加毕业考试。

1999 年,天津医科大学的医科本科留学生为 70 人,其中 17 人为奖学金留学生。 到 2003 年,天津医科大学的医科本科留学生数增加到 179 人。 在2003—2007 年间,天津医科大学的医科本科留学生规模快速增长,到 2007年,西医本科留学生规模达到 931 人,是当年全国医学院校来华西医本科留学生规模最大的院校。

4.2007 年自费西医本科留学生的统计分析

2007 年的西医本科留学生中,自费留学生占 97%,奖学金留学生仅占3%。 因为自费留学生的比例很高,所以,对自费留学生的统计分析也基本上可以代表整个西医来华本科留学生的情况。 现对 2007 年自费西医本科留学生进行统计分析,以反映当年自费西医本科留学生的来源国别、接收院校等方面的情况。

（1）自费西医本科留学生的来源国别

2007 年自费来华西医本科留学生总数达到 14700 人，来自世界上的 84 个国家。 其中自费西医本科留学生 20 人以上的国家共有 28 个，来自这 28 个国家的西医本科留学生占当年自费来华西医本科留学生总数的 98.6%。

在这 28 个国家中，周边国家 14 个，撒哈拉以南非洲国家 8 个，欧美发达国家 4 个，西亚地区国家两个。 来自 14 个周边国家的西医本科留学生占当年来华西医本科留学生总数的 91%；来自 8 个撒哈拉以南非洲国家的西医本科留学生占当年来华西医本科留学生总数的 3.7%；来自 4 个欧美发达国家的西医本科留学生占当年来华西医本科留学生总数的 2.5%；来自两个西亚地区阿拉伯国家的西医本科留学生占当年来华西医本科留学生总数的 0.3%。所以，90% 以上的自费西医本科留学生来自周边国家。

2007 年自费来华西医本科留学生百人以上的国家共有 12 个，来自这 12 个国家的西医本科留学生占当年来华西医本科留学生总数的 94%。 这 12 个国家是：印度（6157 人）、巴基斯坦（3457 人）、尼泊尔（1929 人）、韩国（577 人）、斯里兰卡（446 人）、越南（238 人）、马来西亚（221 人）、印度尼西亚（188 人）、几内亚比绍（184 人）、美国（181 人）、日本（135 人）和加拿大（133 人）。 其中 9 个是周边国家，来自这 9 个国家的本科留学生占当年来华西医本科留学生 90.8%；另外 3 个国家中，两个是欧美发达国家，一个是非洲国家。 所以，自费西医本科留学生的绝大多数（90% 以上）来自 9 个周边国家。

2007 年自费西医本科留学生千人以上的国家有 3 个，它们全部是南亚国家。 来自这 3 个国家的西医本科留学生占当年来华西医本科留学生总数的 78%。 南亚国家来华西医本科留学生居多的原因很多，这里只举出三个方面的原因：一是英语是南亚国家的官方语言。 这些国家高等学校的自然科学，包括西医等应用学科的教学语言一般为英语，中学的自然学科的教学语言也是英语，所以，这些国家的中学毕业生一般都掌握了英语。 二是这些国家严重缺少医生。 根据世界银行的统计数据，我国 2005 年每千人平均拥有医生两人，印度和巴基斯坦 2004 年每千人平均拥有医生为 1 人。 据尼泊尔"阿尼哥同学会"主席哈利什称（2006 年），在尼泊尔的 2500 万人口中，正规医生只有 5000 人。 按此计算，尼泊尔每千人拥有医生只有 0.2 人。 另据世界银行的统计数据，尼泊尔每千人平均医生数无数据，即连一人都不到。 三是这些国家国内学习医学的机会少，主要是高等教育入学率低和医学院校数量少。 例如，根据联合国教科文组织的统计，2006 年，印度高等教育毛入学率为 12%，巴基斯坦为 5%。 据了解，这些国家不但医学院校数量少，而且招生数量也少。 例如，有 2500 万人口的尼泊尔仅有一所医科大学，而且每年仅招生 40 人。

在 12 个西医本科留学生百人以上的国家中，有 5 个属于东亚和东南亚地区国家。 其中既有发达国家日本，也有发展中国家韩国、越南、印度尼西亚和马来西亚。 来自这 5 个国家的自费西医本科留学生占当年来华西医本科留学生总数的 8%。 虽然来自东亚周边国家的自费西医本科留学生规模比来自南亚国家的本科留学生规模要小得多，但是从数量上来说，来自这个地区国家的西医本科留学生是我国自费西医本科来华留学生中的第二大群体。

有 8 个撒哈拉以南非洲国家的自费来华西医本科留学生达到 20 人以上，其中一个国家的自费西医本科留学生达到百人以上，这是我国自费西医本科留学生教育发展值得注意的现象。

自非洲国家向我国派遣奖学金留学生以来，一直有来自非洲国家学习西医的本科留学生。 但是，因为我国奖学金总体数量有限，来自非洲国家奖学金留学生中学习西医的本科留学生数量也比较少。 但是，2007 年来自撒哈拉以南非洲国家的自费西医本科留学生成为除来自周边国家外的最大留学生群体，而且其中一个国家的自费来华西医本科留学生规模超过百人，这是撒哈拉以南非洲国家自费来华留学生的重要发展。

世界上用以衡量一个国家的卫生发展水平的一个指标是每千人拥有的医生数。 发达国家每千人拥有医生数一般在 4—5 人。 根据世界银行的统计数据，撒哈拉以南非洲的绝大多数国家都是缺医少药的国家。 例如，非洲最发达的国家南非，每千人拥有医生数为 1 人，其他大多数国家均少于 1 人。 所以，对非洲国家来说，培养医生的需求非常大。 此外，非洲国家对我国的高等医学教育有较多了解。 一是因为过去 40 多年来，不断有来自非洲国家的学习西医的留学生从我国毕业回国；二是过去 40 多年来，我国在非洲大多数国家均有医疗队。 这些都有利于非洲国家青年人了解我国的高等医学教育。这些因素不但是当前非洲国家青年人自费来我国学习西医的原因，也是非洲国家自费来华学习西医留学生发展的潜力所在。

据了解，来自美国和加拿大两国的学习西医的多数本科留学生是华裔美国人和华裔加拿大人。 2007 年，澳大利亚和新西兰两个国家来华学习西医的本科留学生分别为 23 人和 40 人，他们中的多数也是华裔子弟。美国、加拿大、澳大利亚和新西兰是世界上主要 4 个移民发达国家。 在这些国家学习医科的竞争非常激烈，但是其医学院校的毕业生仍不能满足国内的需求。 例如，据报道，目前美国国内就业的医生中，25% 是国外医学院校毕业的医生；英国的在职医生中的 40% 是国外医学院校的毕业生，而且这两个国家所雇用的国外医学院校毕业的医生多从事一般医师工作。

为什么具有世界上最发达的高等教育的发达国家不能够培养自己国家所需要的医生，不是我们这里要回答的问题，但它却是当前一些发达国家的现实。

（2）接收西医本科留学生的院校

2007 年，接收自费西医本科留学生的院校共有 67 所。 这 67 所院校分布在全国的 26 个省、自治区、直辖市，即除山西、甘肃、青海、贵州和西藏等 5 个省、自治区外，其他省、自治区、直辖市均有接收自费西医本科留学生的院校。 这 67 所院校在 26 个省、自治区、直辖市的分布为：江苏 9 所，辽宁 5 所，山东 5 所，江西 5 所，河北 4 所，湖北 3 所，四川 3 所，上海 3 所，黑龙江 3 所，广东 2 所，北京 2 所，广西 2 所，吉林 2 所，浙江 2 所，河南 2 所，新疆 2 所，福建 2 所，湖南 2 所，云南 2 所，天津 1 所，陕西 1 所，重庆 1 所，海南 1 所，宁夏 1 所，内蒙 1 和安徽 1 所。

在这 67 所院校中，接收西医本科留学生 20 人以上的院校共有 59 所，占接收自费西医本科留学生院校的绝大多数。 上述 26 个省、自治区、直辖市均有接收西医本科留学生 20 人以上的院校。

接收自费西医本科留学生百人以上的院校共有 44 所，来自这 44 所院校的西医本科留学生占当年来华西医本科留学生总数的 93.7%。 这 44 所院校分布在 21 个省、自治区、直辖市，即上述 26 个省、自治区、直辖市中，除宁夏、福建、内蒙、安徽和云南等 5 个省、自治区外，其他 21 个省、自治区、直辖市均有接收西医本科留学生百人以上的院校。 这 21 个省、自治区、直辖市是：江苏（5 所）、辽宁（4 所）、山东（4 所）、江西（4 所）、湖北（3 所）、四川（2 所）、上海（2 所）、广东（2 所）、北京（2 所）、吉林（2 所）、浙江（2 所）、河南（2 所）、新疆（2 所）、河北（1 所）、广西（1 所）、湖南（1 所）、天津（1 所）、黑龙江（1 所）、陕西（1 所）、重庆（1 所）和海南（1 所）。

这 21 个省、自治区、直辖市中的一半以上的院校，接收其他学科的本科留学生比较少。 例如，在这 21 个省、自治区、直辖市中，有 11 个省、自治区、直辖市的自费西医本科留学生占当年这些省、自治区、直辖市接收的自费本科留学生总数的 50% 以上，其中新疆、宁夏、河南、重庆、江西和湖南等 6 个省、自治区、直辖市院校接收的自费西医本科留学生占当年这些省、自治区、直辖市院校接收的自费本科留学生总数的比例依次为 99%、90.6%、78.1%、76.6%、75.2% 和 72.6%；陕西、四川、河北、江苏和湖北等 5 个省的院校接收自费西医本科留学生占当年这 5 个省的院校接收的自费本科留学生的总数的比例依次为 67.7%、62.2%、59.1%、51.4% 和 50.2%。

所以，接收自费西医本科留学生院校的分布说明，当国际留学生市场的来华留学需求不断扩大的时候，全国各个省、自治区、直辖市高等院校都可能成为外国留学生寻求就读的对象。

2007 年接收自费西医本科留学生 400 人以上的院校共有 11 所，它们是：天津医科大学（899 人）、大连医科大学（805 人）、苏州大学（689 人）、郑州大学（639 人）、西安交通大学（635 人）、重庆医科大学（492 人）、新疆医科大学（485 人）、泰山医学院（472 人）、武汉大学（455 人）、北京大学（435 人）和三峡大学（416 人）。

5. 西医本科留学生教育的发展分析

根据教育部的统计，2007 年，我国普通高等院校医学专业在校生总数为 151.5 万人。 所以，2007 年医学本科留学生占当年高等院校医学专业在校生（国内学生）的比例为 1.1%。 从总体上来说，西医学科的来华留学生所占比例并不高。

在英文授课西医本科留学生迅速扩张后，有些院校的教学质量引起国际上反应的情况下，教育部于 2007 年发出通知，对全英文授课西医本科留学生的招生作了行政性的规定，实施限定院校和限定年度招生名额的办法。所以，提高全英文授课西医本科留学生教育质量，是当前西医本科留学生教育发展的主要问题之一。

（1）建立保证留学生学习质量的招生制度

我国高等院校国内招生质量在很大程度上是由统一招生考试来保证的。但是对留学生，我们还没有建立起一个可行的制度来保证留学生的学习质量。在外国留学生数量还比较少的时候，我们院校采取个案处理方法来决定留学生的录取。因为对国外教育情况不够了解，被录取留学生的学习质量难以适应本科学习的情况时有发生。现在，西医本科留学生的规模已经相当大，应该考虑建立可行的保证留学生学习质量的制度了。这项制度的建立和推进，只有在有关院校之间合作的情况下才能够完成。

（2）加强西医本科留学生的汉语培训

对西医本科留学生，无论是与中国学生趋同培养，还是单独全英语授课，都需要加强对留学生的汉语培训。

我国要继续加强趋同培养西医本科留学生工作，并使趋同培养西医本科留学生的规模不断扩大。在保证招生质量的前提下，扩大趋同培养西医本科留学生规模和提高趋同培养西医本科留学生的教育质量的关键，是进一步加强留学生的汉语培训，特别要加强进入专业学习前的"一年专门汉语培训"。要对"一年专门汉语培训"进行改革，使通过一定制度录取的大多数留学生经过一年汉语培训后，其汉语能力能够比较快地适应趋同专业学习的需要。

临床实习是西医本科留学生教育全过程不可缺少的部分。对全英文授课的西医本科留学生的临床实习，应采取立足国内为主、争取回国实习为辅的方针。因此，对全英文授课西医本科留学生的汉语要求不是要达到汉语水平考试（HSK）3 级，而是要达到能够与中国患者沟通为最低要求。

（3）鼓励西医本科教育中部分课程用英文授课

2001 年，教育部在《关于加强高等学校本科教学工作提高教学质量的若干意见》中提出，"本科教育要创造条件使用英语等外语进行公共课和专业课教学。"而且"对高新技术领域的生物技术、信息技术等专业，以及为适应我国加入 WTO 后需要的金融、法律等专业，更要先行一步，力争在三年内，外语教学课程达到所开课程的 5%—10%。"对采取趋同培养方式接收西医本科留学生的院校，认真实施上述方针，有利于外国留学生教育的发展。

（4）英语授课的质量监督问题

我国高等学校对教学课程有一套监督机制。对全英文授课的西医本科留学生教育来说，不但授课课程范围比较广，而且又是留学生单独授课，因此需要建立一套监督机制，以促进全英文教学教育质量的不断提高。

（5）在招生规模上实施稳步发展方针

世界各国接收外国留学生的院校，除个别情况外，在接收留学生的数量上都是实行以国内学生为主、外国留学生为辅的方针。世界发达国家接收外国留学生的高等院校，其留学生占在校本国学生的比例一般在 10% 左右，而且大多数院校少于 10%。这样才能使留学生的培养反映接收留学生院校的教育质量。目前我国各院校接收的大多数西医本科留学生是学习临床医学专业的，有的院校在短短两三年内使学习临床医学的外国留学生规模超过本校临床医学中国学生的规模。即使是全英文授课单独培养，在招生上也要实施稳步发展方针，有利于积累经验，保证留学生的教育质量。

（三）汉语言本科留学生

汉语言专业是高等院校专门针对留学生而设立的专业。1978 年创办，到 90 年代中期以后，汉语言专业的留学生规模不断扩大，成为 90 年代我国来华本科留学生最多的专业。

2000—2007 年间汉语言本科留学生的发展特点是：一是继续保持快速发展趋势；二是汉语言本科留学生在来华本科留学生中的比例在总体上呈下降趋势；三是汉语言本科留学生中的自费留学生比例一直保持在 90% 以上。

2000 年，汉语言本科留学生总数已经达到 3800 多人，占当年来华本科留学生总数的 37%，即当年三分之一以上的来华本科留学生是选学汉语言专业的留学生。 在 2000—2007 年间，汉语言专业的本科留学生仍然一直保持增长趋势，到 2007 年，汉语言本科留学生总数达到 12600 多人，比 2000 年增长了两倍多。 但是，汉语言本科留学生在当年来华本科留学生中所占比例总体上呈下降趋势，从 2000 年的 37.7% 下降到 2007 年的 22.4%。

汉语言本科留学生中的自费留学生比例一直比较高，在 2000—2007 年间，一直保持在 90% 以上，而且从 2002 年开始，一直保持在 95% 以上（见表 18）。

表 18　　2000—2007 年汉语言本科留学生数量变化

年份	汉语言本科生		占本科生总数比例（%）
	数量（人）	自费生比例（%）	
2000	3856	90.4	37.7
2001	4103	93.0	34.8
2002	6721	95.7	41.2
2003	7563	97.3	41.3
2004	8597	98.1	33.9
2005	9164	96.6	24.6
2006	10800	98.1	23.9
2007	12638	96.3	22.4

资料来源：根据国家留学基金委员会统计资料整理

1. 汉语言本科专业的发展

汉语言本科专业的课程设置包括四类：综合和专项语言技能课程、语言知识课程、中国人文知识课程以及其他课程。

第一学年主要学习初级综合和专项语言技能课。 第二学年主要学习中级综合和专项语言技能课程，同时开设语言知识课、中国文化知识课和其他课程；对选修双语方向（例如学习英语）的留学生，第二学年的第二学期，要学习英语综合和专项技能课程。 三年级和四年级，不同专业方向的课程设置中，有共性课程，也有各个专业方向的个性课程。 例如，经贸方向的学生要学习经贸汉语和写作以及一些经贸方面的课程。

在四年学习中，对不同专业方向来说，其语言课的比重稍有不同。 汉语方向的语言课比重为 44%，经贸方向为 48%，双语方向为 59%。

汉语言专业的教学语言一律为汉语，翻译课除外。

从上述课程安排可以看出，留学生入学的汉语水平可以是零起点，也可以是学习过一些汉语的学生。对学习过汉语的学生，学校将通过测试决定他们编入的年级和班级。

北京语言大学一直是汉语言本科留学生最多的院校。1997 年，其汉语言本科留学生已接近 900 人，此后有所减少，到 2000 年，在校汉语本科留学生超过 900 人，达到 940 人，占当年全国自费来华汉语言本科留学生总数的 24%；到 2001 年，在校汉语言本科生总数达到 1100 多人，占当年全国自费来华汉语言本科留学生总数的 27%。与 2000 年比较，2001 年不但留学生的绝对数量增加了，而且在来华汉语言本科留学生中所占比例也提高了。

2002 年以来，北京语言大学汉语言本科留学生规模一直保持稳定增长趋势。到 2006 年，该校汉语言本科留学生总数达到 1900 多人。虽然在当年全国来华汉语言本科留学生中的比例仅为 18%，比 2001 年的同类比例下降了 9 个百分点，但其汉语言本科留学生的绝对数比 2001 年增长了 72%。北京语言大学在我国高等学校外国留学生汉语言专业的发展中发挥了重要作用。

1997 年，我国的汉语言专业在校本科生已经超过千人，当年北京语言大学一所学校就有近 900 人。所以，即使从 1997 年算起，到 2007 年，汉语言专业的本科毕业生至少有六七千人之多。然而，在此期间，汉语言专业本科留学生规模仍然保持增长趋势，2007 年汉语言专业在校本科生达到 12600 多人，比 2006 年增加了 2100 多人。所以，可以说汉语言专业本科留学生教育的发展适应了世界汉语言人才市场的需要。

作为一个新专业的建立和发展，需要具有自己的特色才能够存在。因此，在汉语言专业的发展过程中，我们高等学校的有关方面把汉语言专业与国内的中文系和外语专业、外国大学的中文系、外国的经济汉语专业等进行比较，主动吸取各方面有益的经验。

（1）汉语言专业与国内中文系比较

两类专业的教学语言相同，但入学汉语水平差别很大。国内中文系学生不存在学习一般语言技能问题，而汉语言专业学生要花一到两年时间学习汉语技能。 暨南大学把该校留学生的汉语言专业与中国学生的语言文学专业的课程作了比较，在基础课、必修课和选修课等 50 门左右的总课程量中，只有 17 门课程是相同的。

（2）汉语言专业与国内高等学校的外语专业比较

两类专业的教学语言均为汉语。 但两类专业的新生入学时的语言水平，既有不同处，也有类似处。 一般来说，中国高等院校外语（例如英语）系的新生具有一定程度的英语水平，但学习小语种外语的新生，入学时的外语水平多为零起点。 汉语言专业新生入学时的汉语水平有的是零起点，有的也只达到 HSK3 级水平。 而仅具有 HSK3 级汉语水平的人，还不能够用汉语进行专业学习。 国内外语系学生的语言课和知识类课程可以并行进行；但汉语言专业留学生的语言技能课程的学习，是学习知识类课程的基础。 因此，汉语言专业的知识课程的学习要比国内外语专业的学生少一些。

（3）汉语言专业与外国大学中文系比较

两者的教学语言不同。 外国大学中文系的教学语言是所在国家的母语，而汉语言专业教学语言为汉语。 外国大学中文系的中国文化知识课以及其他知识课的讲授语言是所在国的母语，可以与汉语言技能课并行进行；而汉语言专业的中国文化知识课和其他知识课的讲授，只能在留学生汉语达到一定水平后才能进行。 因此，汉语言专业的毕业生的汉语使用能力，一般大大高于外国大学中文系的学生；而外国大学中文系学生的知识类课程的学习，可能比汉语言专业的学生多一些。

（4）汉语言专业经贸方向与德国经济汉语专业比较

德国大学举办的经济汉语专业的课程设置为：经济学内容占 52%，中国国情内容占 12%，第二外语（英语或法语）占 10%，汉语（包括普通汉语和经济汉语）占 28%。 北京语言大学汉语言专业经贸方向的课程设置中，语言类课程占 48%。 所以，汉语言专业经贸方向的语言类课程所占比例比德国的经济汉语专业语言课程所占比例高一些。 但两类专业的教学语言不同。 德国经济汉语专业的教学语言是德语，而汉语言专业的教学语言是汉语。

据华东师范大学介绍，德国不来梅大学经贸汉语专业的学生，进入三年级后来华东师范大学学习一年，每周 20 个学时，8 个学时是经济汉语，由我国教师用汉语讲授中国经济；8 个课时用于报刊阅读；4 个课时用于生活口语，主要是语言训练。 德国学生来华时，汉语水平一般可达到 HSK4 级，学习一年后，他们一般都能达到 HSK6 级。

总之，我国汉语言专业毕业生的汉语能力肯定比外国大学的中文系或经济汉语专业（德国）毕业生的汉语能力强，但是汉语言专业毕业生学习知识课程的时间似乎比外国大学的中文系或经济汉语专业的毕业生少一些。

2. 2007 年自费汉语言专业本科留学生统计分析

2007 年汉语言专业本科留学生中的自费生占 96.3%。 现对 2007 年汉语言自费本科留学生进行统计分析，以反映当年自费汉语言专业本科留学生的来源国别、接收院校等方面的情况。 因为自费留学生的比例很高，所以，对自费留学生的统计分析也基本上可以代表整个汉语言专业来华本科留学生的情况。

（1）汉语言本科留学生的来源国别

2007 年的 12100 多名自费汉语言本科留学生来自 103 个国家，其中汉语言本科留学生 20 人以上的国家共有 25 个。 来自这 25 个国家的自费汉语言本科留学生占当年自费来华汉语言本科留学生总数的 97.2%。

在这 25 个国家中，周边国家 17 个，来自这 17 个国家的自费汉语言本科留学生占当年自费来华汉语言本科留学生总数的 93.8%；欧美发达国家 6个，来自这 6 个国家的自费汉语言本科留学生占当年自费来华汉语言本科留学生总数的 2.1%；其他两个国家属于西亚、北非地区国家，来自这两个国家的自费汉语言本科留学生占当年自费来华汉语言本科留学生总数的 1.2%。所以，自费汉语言本科留学生的绝大多数（90% 以上）来自周边国家。

2007 年，自费汉语言本科留学生百人以上的国家共有 10 个，它们是：韩国（6161 人）、日本（1526 人）、越南（869 人）、俄罗斯（703 人）、印度尼西亚（688 人）、泰国（628 人）、蒙古（260 人）、哈萨克斯坦（137 人）、印度（135人）和土耳其（108 人）。 来自这 10 个国家的汉语言本科留学生占当年来华汉语言本科留学生总数的 92.1%。 在这 10 国家中，除土耳其外，其他 9 个国家全部是周边国家，来自这 9 个国家的自费汉语言本科留学生占当年自费来华汉语言本科留学生总数的 91.2%。 这 9 个周边国家中，既有东亚和东南亚国家，也有北部和中亚的接壤国家，同时还有印度，虽然印度的来华汉语言本科留学生数量还相对较少。 所以，自费汉语言本科留学生的绝大多数不仅来自周边国家，而且主要来自上述 9 个周边国家。

2007 年，自费汉语言本科留学生千人以上的国家只有两个，即韩国和日本。 2007 年韩国的自费汉语言本科留学生占当年自费来华汉语言本科留学生总数的 48.7%；日本的自费汉语言本科留学生占当年自费来华汉语言本科留学生总数的 12%。 来自这两个国家的自费汉语言本科留学生占当年自费来华汉语言本科留学生总数的 60.7%。 如果加上越南当年的自费来华汉语言本科留学生，那么来自韩国、日本和越南三国的自费汉语言本科留学生占当年自费来华汉语言本科留学生总数的 68%，即三分之二以上的自费汉语言本科留学生来自使用汉字和曾经使用汉字的东亚和东南亚国家。

此外，2007 年俄罗斯、印度尼西亚和泰国的自费来华汉语言本科留学生均在 600—700 人之间，也具有相当规模。

（2）汉语言本科留学生的接收院校

2007 年，接收自费汉语言本科留学生的院校共有 126 所。 其中接收自费汉语言本科留学生 20 人以上的院校共有 64 所，这 64 所院校接收的自费汉语言本科留学生占当年自费来华汉语言本科留学生总数的 97.5%。 其余 2.5% 的汉语言本科留学生分布在其他 62 所院校。 所以，虽然接收自费汉语言本科留学生的院校比较多，但近一半的院校的汉语言本科留学生均少于 20 人。

上述 64 所院校分布在全国的 17 个省、自治区、直辖市。 其中北京（10所）、上海（10所）、辽宁（7所）、云南（4所）和福建（3所）等 5 个省、直辖市的院校接收的汉语言本科留学生均占当年自费来华汉语言本科留学生总数的 5% 以上；其他 12 个省、自治区、直辖市院校接收的汉语言本科留学生占当年自费来华汉语言本科留学生总数的比例均少于 5%。

上述 5 个省、直辖市接收的自费汉语言本科留学生占当年自费来华汉语言本科留学生总数的 70.4%。 其中北京和上海的院校所接收的自费汉语言本科留学生分别占当年自费来华汉语言本科留学生总数的 34.5% 和 18.4%。 两个直辖市的院校接收的汉语言本科留学生占当年总数的一半以上。 所以，接收汉语言本科留学生的院校主要集中在北京和上海两个大城市，以及辽宁、云南和福建三个省。

2007 年，接收自费汉语言本科留学生百人以上的院校共有 31 所，这 31 所院校接收的汉语言本科留学生占当年自费来华汉语言本科留学生总数的 83%。虽然接收汉语言本科留学生的院校高达 126 所，但汉语言本科留学生的大多数（80% 以上）集中在 31 所院校，仅占 126 所院校总数的 25%。

2007 年，自费汉语言本科留学生最多的 10 所院校是：北京语言大学（2612 人）、复旦大学（873 人）、上海外国语大学（552 人）、北京外国语大学（531 人）、华侨大学（449 人）、北京师范大学（417 人）、云南师范大学（316 人）、南开大学（314 人）、大连外国语学院（300 人）、暨南大学（294 人）。北京语言大学一所院校接收的自费汉语言本科留学生占当年来华汉语言本科留学生总数的 22.2%。

3. 汉语言本科留学生的发展分析

汉语言专业从建立到现在已经走过了 20 个年头。从上个世纪 90 年代以来，汉语言本科专业的留学生教育一直保持强劲的发展势头，2007 年汉语言专业的在校本科生达到 12600 多人，其中自费生为 12170 人，成为来华本科留学生规模最大的专业之一。

汉语言专业的不断发展，证明它适应国际留学生市场的需要。但是，目前汉语言专业就专业本身来说仍然处在发展的过程之中。

现在举办汉语言本科专业的院校比较多。2007 年，接收汉语言本科留学生院校高达 128 所（其中接收自费汉语言本科留学生院校为 126 所），其中一半院校接收的汉语言本科留学生规模少于 20 人。所以，对大多数院校来说，举办汉语言专业的历史还比较短。

目前各院校的汉语言本科专业还有些不规范的地方，主要包括：

（1）新生入学汉语标准

不同院校的汉语言专业，新生的入学汉语水平标准不同。有的要求留学生的汉语水平必须达到 HSK3 级，有的则是零起点。

（2）汉语言专业的知识课程标准

因为汉语言专业的教学语言为汉语，掌握汉语是汉语言专业留学生学习专业知识的前提条件。因此，留学生学习语言时间的长短，将直接影响知识课程量的大小。 所以，对汉语言专业的本科留学生的知识课程量应该有一个最低标准要求。

（3）汉语言专业的课程设置

目前，汉语言专业有不同的专业方向。 虽然不同专业方向的课程设置会有一些差别，但是，不同院校的同一专业方向的课程设置，应该有一个基本统一的要求。

（四）财经学科本科留学生

在 2000—2007 年间，财经学科本科留学生的发展特点是：一是财经学科本科留学生保持快速发展趋势，是本科留学生增长最快的学科之一；二是财经学科本科留学生中的自费留学生比例呈增长趋势；三是财经学科本科留学生在来华本科留学生中所占比例保持在 11% 左右。

2000 年以前，财经学科本科留学生的统计均包括在"文科"学科里。2000 年的财经学科本科留学生总数为 931 人，不足千人。 在有本科留学生的 15 个学科中，财经学科的本科留学生规模居第四位。 此后，财经学科本科留学生进入快速发展时期。 在 2000—2007 年间，财经学科的本科留学生从 2000 年的 930 多人增加到 2007 年的 6790 多人，增长了 6 倍多。

在 2000—2007 年间，财经学科的奖学金本科留学生保持增长趋势，从 2000 年的 180 人增加到 2007 年的 320 人，增长了 78%。 但是，财经学科的自费留学生所占比例仍然呈增长趋势，从 2000 年的 80.7% 增加到 2007 年的 95.3%。

在 2000—2007 年间，财经学科本科留学生占当年来华本科留学生的比例为 9.1%，2007 年的这个比例增长到 11.8%，但其中多数年份，这个比例在 11%—12% 之间（见表 19）。

表 19   2000—2007 年财经学科本科留学生数量变化

年份	财经本科留学生		占本科生总数比例（%）
	数量（人）	自费生比例（%）	
2000	931	80.7	9.1
2001	1472	87.3	12.4
2002	1705	88.5	10.4

续表

年份	财经本科留学生		占本科生总数比例（%）
	数量（人）	自费生比例（%）	
2003	2219	90.9	11.5
2004	3181	94.1	12.5
2005	4563	95.6	12.3
2006	5517	93.5	12.2
2007	6793	95.3	11.8

资料来源：根据国家留学基金委员会统计资料整理

1. 财经学科来华本科留学生的三种培养方式

这三种培养方式是：与中国同学趋同培养，留学生单独汉语授课和留学生单独全英语授课。

与中国同学趋同培养的留学生，其汉语水平至少要达到 HSK5 级或 6 级。

实行留学生单独汉语授课的条件是来华学习财经本科留学生数量达到教学班建制规模。 近年来，来华学习财经的本科留学生数量增长较快，使很多院校有条件实行留学生单独汉语授课。

对参加留学生单独汉语授课的本科留学生，其汉语水平必须达到 HSK3 级及以上。

采取对留学生单独汉语授课的主要原因，是留学生汉语水平尚未达到与中国同学同班上课的要求。 对留学生单独汉语授课，讲课的速度慢一些，以保证留学生听得懂。 但是，参加单独汉语授课的留学生，还必须同时选学汉语课，以继续提高他们的汉语水平。 对在单独汉语授课班级的留学生，凡汉语水平达到 HSK5 级或 6 级，可以根据本人自愿，或者转入趋同培养，与中国同学同班上课，或者继续留在单独汉语授课班级里。

汉语单独授课班级的教学计划与趋同培养的教学计划基本相同。 毕业考试和毕业资格标准也基本相同。

这种培养方式，使相当多的外国留学生，尽管汉语能力达不到与中国同学合班上课的要求，仍可以继续选学财经本科。 这是财经学科本科留学生能够持续扩大的一个原因。

　　第三种培养方式是全英语授课。 在世界经济一体化迅速发展的条件下，一些与财经有关的工作岗位的国际化程度越来越高，这类岗位的主要工作语言之一为英语。 因此，世界上一些非英语国家的财经方面的课程，采用英语授课，以利于留学生毕业后的就业。 当然，到中国来学习财经方面的课程，一般来说要学习汉语，以利于毕业后承担与中国有关的经贸方面的工作。 但是，也有人觉得汉语太难学，所以来华学习全英语讲授的财经方面的课程，同时学习一些汉语。

　　上述三种不同学习方式的财经本科留学生各有多少，目前尚无精确的统计。 但是，由于我国目前的留学生一年汉语培训一般能达到 HSK3 级，所以，参加单独汉语授课的财经本科留学生规模可能大一些。

　　2. 2007 年自费财经学科本科留学生的统计分析

　　2007 年财经学科的本科留学生中，自费留学生占 95.3%。 现对 2007 年财经学科自费本科留学生进行统计分析，以反映当年自费财经学科本科留学生的来源国别、接收院校等方面的情况。 因为自费本科留学生所占比例高达 95%，所以，自费财经学科本科留学生的情况可以基本反映财经学科来华本科留学生的情况。

　　（1）自费财经学科本科留学生的来源国别

　　2007 年，自费财经学科来华本科留学生来自 104 个国家。 其中本科留学生 20 人以上的国家共有 16 个，来自这 16 个国家的财经本科留学生占当年自费来华财经本科留学生总数的 95.6%。 其余 88 个国家的财经学科本科留学生仅占当年来华财经学科本科留学生总数的 4.4%。

　　在这 16 个国家中，13 个是周边国家，来自这 13 个国家的财经本科留学生占当年自费来华财经本科留学生总数的 92.3%；其他 3 个国家是欧美发达国家，来自这 3 个国家的财经本科留学生占当年自费来华财经本科留学生总数的 3.2%。 所以，自费财经学科来华本科留学生的绝大多数（90% 以上）来自周边国家。

　　2007 年来华财经本科留学生百人以上的国家共有 8 个，来自这 8 个国家的自费财经学科本科留学生占当年自费来华财经学科本科留学生总数的 89.7%。在这 8 个国家中，有 7 个是周边国家，来自这 7 个周边国家的自费财经学科本科留学生占当年自费来华财经学科本科留学生总数的 87.3% 。也就是说，自费财经学科本科留学生绝大多数来自 7 个周边国家。

自费财经学科本科留学生百人以上的 8 个国家是：韩国（3024 人）、越南（1499 人）、俄罗斯（310 人）、印度尼西亚（295 人）、蒙古（252 人）、日本（165 人）、法国（154 人）、泰国（108 人）。其中 7 个周边国家中，既有发达国家，例如日本，也有转型国家俄罗斯，其他是东亚和东南亚的周边发展中国家。

2007 年自费来华财经学科本科留学生千人以上的国家只有韩国和越南两个国家，这两个国家的自费财经学科本科留学生占当年自费来华财经学科本科留学生总数的比例分别为 46.7% 和 23.1% 。所以，70% 的自费财经学科本科留学生来自韩国和越南两个国家。

（2）自费财经学科来华本科留学生的接收院校

2007 年，接收自费财经学科本科留学生的院校共有 164 所，其中本科留学生 20 人以上的院校共有 59 所。这 59 所院校接收的自费财经本科留学生占当年来华财经本科留学生总数的 91.5% 。其余 105 所院校接收的自费财经学科本科留学生占当年自费来华财经学科本科留学生总数的 8.5% 。

这 59 所院校分布在 19 个省、自治区、直辖市。其中北京（12 所）、上海（7 所）、天津（3 所）和广西（4 所）等 4 个直辖市、自治区接收的自费财经学科本科留学生占当年自费来华财经学科本科留学生总数的比例均超过 5%；其他 15 个省、自治区、直辖市的院校接收的自费财经学科本科留学生占当年自费来华财经学科本科留学生的比例均少于 5% 。这 4 个直辖市、自治区的 26 所院校接收的自费财经学科本科留学生占当年自费来华财经学科本科留学生总数的 57.1% 。其他 33 所院校分布在 15 个省、自治区。它们是：江苏（5 所）、黑龙江（4 所）、山东（4 所）、广东（4 所）、云南（3 所）、湖北（2 所）、辽宁（2 所）、四川（2 所）、吉林（1 所）、浙江（1 所）、河北（1 所）、福建（1 所）、内蒙（1 所）、安徽（1 所）和河南（1 所）。所以，接收财经学科本科留学生的主要院校主要集中在北京、上海、天津和广西四个直辖市、自治区。

2007 年接收自费财经本科留学生百人以上的院校共有 19 所，这 19 所院校接收的自费财经本科留学生占当年来华财经本科留学生总数的 62% 。

这 19 所院校分布在 12 个省、直辖市。 它们是：北京、上海、广西、天津、吉林、广东、浙江、湖北、黑龙江、山东、云南和四川。 北京有 5 所院校，上海有 3 所院校，广西有 2 所院校，其他省和直辖市各有 1 所院校。

2007 年接收自费财经本科留学生规模居前 5 位的院校为：对外经济贸易大学（802 人）、上海财经大学（670 人）、天津财经大学（303 人）、吉林大学（231 人）、暨南大学（189 人）。 北京、上海和天津三大城市的三所财经院校是接收自费财经学科本科留学生最多的院校。

3. 财经学科本科留学生教育的发展分析

1985 年国家实施的教育体制改革决定就提出，要根据经济建设、社会发展和科技进步的需要，对高等教育的结构进行调整和改革。 改变高等教育科类比例不合理的状况，要加快财经、政法、管理等薄弱学科和专业的发展。据统计，1983 年财经学科在校本科生数仅占当年在校本科生总数的 5%。1996 年，财经学科在校本科生数达到 24.9 万人，比 1983 年增加了 20 万人；财经学科在校本科生占当年在校本科生总数的比例增加到 13.9%，比 1983 年提高了近 9 个百分点。 2006 年，财经学科在校本科生数达到 57.4 万人，比1996 年增加了 32.5 万人，增长了一倍以上。

财经学科的外国留学生多数是在我国高等学校的国际经济与贸易专业就读。 据统计，2006 年，我国高等院校中设置国际经济和贸易专业的院校达 360多所。 我国实行改革开放后，与世界各国的经济交往越来越多，对国际经济和贸易类专业人才的需求越来越大，举办国际经济与贸易的院校数量也越来越多。

2006 年，财经学科来华本科留学生总数达到 5500 人，占当年国内高校财经学科本科留学生总数的比例还不到 1%。 虽然就个别院校来说，财经学科的来华本科留学生规模已经比较大，但就我国此类学科本科留学生总体规模来说，其所占比例还很小。

目前世界主要发达国家接收的外国留学生中，学习财经学科的留学生数量一般均比较大，其原因也是世界经济一体化发展条件下，国际财经和贸易类人才的需求越来越多。

2007 年接收自费财经学科本科留学生的院校达 160 多所，但大多数院校接收的留学生数量还很小。 因为经济全球化不可逆转，我国与世界各国特别是周边国家的经济交流日益密切，所以，财经学科的本科留学生还将有很大增长空间。

财经学科本科留学生教育的发展方针应该强调提高质量和扩大规模。 只有不断提高质量，才能使财经学科留学生教育的规模不断扩大。

（1）规范招生制度

招生规范化的目的是保证来华留学生的学习质量。 当来华留学生还比较少，对外国的教育情况了解也比较少的情况下，对新生的考核方法也比较粗糙。 现在，我国财经本科留学生已经具有一定规模，已经具备了规范招生制度，保证新生的学习质量的条件。

世界各国的财经学科的学历教育有研究生、本科和专科三个不同层次。对财经学科的本科教育，各个院校之间也有一定差异。 我国高等院校录取国内本科学生分"一本"、"二本"和"三本"三个层次，在这三个不同层次的高等院校里都设有财经专业。 对来华留学本科生的录取也应该分层次，以保证各类院校本科留学生的学习质量。

世界接收外国留学生的大国，录取外国本科留学生均采取考试的办法，尽管考试的方法不尽相同。 现在，我国接收财经本科留学生院校的留学生规模差异较大。 对接收财经本科留学生数量较少的院校，可能对通过考试录取新生还没有紧迫感。 但是，目前财经本科留学生规模已经比较大的院校，已经有这个需要。 可以从个别院校做起，逐步建立统一的规范。

（2）趋同培养是提高留学生教育质量的基本措施

留学生单独汉语授课方式存在的基本原因是留学生的汉语能力不能适应趋同培养的要求。 而且，一些院校趋同培养的留学生中，也有不少人因为汉语能力不够，影响他们的学习质量。 所以，提高留学生的汉语能力，不但是实施趋同培养的前提条件，也是提高留学生学习质量的条件。

在目前世界各国包括周边国家的汉语普及程度比较差的情况下，要求外国留学生来华前达到进入专业学习的汉语水平，一般来说是不可能的。 所以，在今后一个相当时期，我国来华本科留学生教育的发展，必须立足于在国内对留学生进行汉语培训。 这类汉语培训不能超过一年，否则很多留学生会放弃选择来华留学。

现在的问题归结为，我们能否在一年汉语培训时间里，使外国留学生达到进入专业学习（趋同）所需要的汉语能力。 它不但关系到财经本科留学生的教育质量，也关系到财经本科留学生教育的发展。

按照过去的经验，经过一年汉语培训，留学生的汉语水平一般达不到趋同教育所需要的汉语能力。 但是，近几年来，有的院校对一年汉语培训进行改革，有可能使留学生经过一年专门汉语培训达到这个要求。 所以，对留学生一年汉语培训进行改革，提高汉语培训效果，也是我们发展财经专业本科留学生教育的紧迫任务。

当然，这类工作不可能由所有接收财经本科留学生的院校来做，要由专门学校来承担。

（3）采用混合教学方式

经过一年强化汉语培训的留学生，转入专业学习后，从语言适应来说要有一个过渡阶段。 在这个阶段里，留学生在语言、文化上都存在一定困难。在这个时期，提倡采用混合式教学方法，帮助留学生顺利度过这个困难时期。 所谓混合式方法，就是对一些课程，采用留学生单独上课，而另一些课程则与中国同学合班上课。 经过一个学期，最多一年，所有留学生均采用趋同培养方式。

（五）中医本科留学生

1999—2007 年间，自费来华中医本科留学生教育的发展具有以下几个特点：一是自费中医本科留学生仍保持适度增长；二是中医本科留学生在来华本科留学生中所占比例呈下降趋势；三是中医本科留学生中的自费留学生比例一直保持在 97% 以上。

1999 年中医本科留学生总数为 1600 多人，占当年来华本科留学生的比例达到 19%，即每 5 个来华本科留学生中，就有一位中医本科留学生，在各个学科的来华本科留学生中，中医本科留学生的规模仅次于汉语言学科。 在1999—2007 年间，中医本科留学生仍继续保持增长趋势，从 1999 年的 1600人增长到 2007 年的 4800 多人，增长了两倍，虽然这个增长幅度在各学科中是最低的之一。 所以说，在这期间，中医本科留学生保持了适度增长。

在 1999—2007 年间，中医本科留学生在来华本科留学生中所占比例呈下降趋势，从 1999 年的 19.4% 下降到 2007 年的 8.5% 。 在中医本科留学生继续保持增长的情况下占总数的比例下降应被视为正常现象。

中医奖学金本科留学生数量较小，1999 年只有 36 人，2007 年增加到 55 人。 从上个世纪 70 年代，我国高等院校就开始接收中医奖学金留学生。 但是，因为学习中医对汉语的要求较高，教育部规定来华学习中医留学生一般要专门学习两年汉语。 其他学科的来华留学生专门学习汉语时间为一年。 这是当时中医来华留学生数量一直比较小的原因之一。 但是，开放自费来华留学生后，因为培养方式的变化，中医自费留学生发展很快。 此外中医本科留学生中的自费生比例一直很高，在 1999—2007 年间，一直保持在 97% 以上。 这在各个学科中是少有的(见表 20)。

表 20　1999—2007 年中医本科留学生数量变化

年份	中医本科留学生		占本科生总数比例（%）
	数量（人）	自费生比例（%）	
1999	1632	97.8	19.4
2000	1728	97.9	16.9
2001	1661	97.5	14.1
2002	1948	98.6	11.9
2003	2522	98.3	13.0
2004	3020	98.6	11.9
2005	4579	99.0	12.3
2006	3564	98.7	7.9
2007	4889	98.9	8.5

资料来源：根据国家留学基金委员会统计资料整理

1. 中医本科留学生的培养方式

90 年代初期开放高等学校接收自费留学生后，特别是 1992 年我国与韩国建立外交关系，韩国来华留学生不断增加后，选学中医的留学生，特别是来自韩国的中医留学生越来越多。 到 90 年代末期，可以说凡是接收中医本科留学生的中医院校都有韩国留学生。

如前面所述，教育部从 70 年代就规定，来华学习中医留学生一般要专门学习两年汉语。 如果要求自费来华学习中医的留学生专门学习两年汉语，很多留学生就可能放弃。 而接受一年专门汉语培训，对留学生来说一般还是可以接受的。 来华的韩国留学生，有的学习过一点儿汉语，有的根本没有学习过汉语。 不论哪种情况，来华专门培训一年汉语后，对绝大多数人来说，他们的汉语能力还不能适应与中国同学同班上课。 鉴于很多中医院校接收的韩国留学生具有一定规模，当时国家政策又允许为留学生单独编班上课，所以，用汉语为留学生单独授课成为接收中医本科留学生院校的普遍做法。

当然，对具有与中国同学合班上课的汉语能力的留学生，可以立即编入中国同学的相应班级。 而且在单独汉语授课的留学生班级里，如果有留学生的汉语能力提高很快，本人表示愿意与中国同学合班上课，学校也鼓励他们与中国同学同班上课，融入趋同培养的渠道。 但这类学生数量较少。 单独汉语授课的中医本科留学生的教学计划，与中国同学基本相同，毕业要求也基本一样。

近年来，有的中医院校开始实施全英文授课接收中医本科留学生，但这类留学生数量还比较少。

总之，中医本科留学生的多数是单独汉语授课，与中国同学趋同培养和全英文授课的留学生均占少数。

2. 2007 年自费中医本科留学生统计分析

2007 年中医本科留学生中，自费留学生占 98.9%。 现对 2007 年中医自费本科留学生进行统计分析，以反映当年自费中医本科留学生的来源国别、接收院校等方面的情况。 因为自费中医本科留学生占中医来华本科留学生的绝大多数，所以，自费来华中医本科留学生的统计分析情况，基本上代表整个中医本科留学生的情况。

（1）自费中医本科留学生的来源国别

2007 年，中医自费来华本科留学生来自世界上的 65 个国家。 其中，自费中医本科留学生 20 人以上的国家共有 12 个，来自这 12 个国家的自费中医本科留学生占当年自费来华中医本科留学生总数的 95.8%。 其余 4.2% 自费中医本科留学生来自其他 53 个国家，其中，自费来华中医本科留学生 5 人以下的国家共有 40 个。 所以，自费中医本科留学生集中来自少数国家。

在这 12 个国家中，9 个国家是周边国家，来自这 9 个国家的自费中医本科留学生占当年自费来华中医本科留学生总数的 95%；3 个是欧美发达国家，来自这 3 个国家的自费中医本科留学生占当年来华中医本科留学生总数的2.7%。 所以，绝大多数自费中医本科留学生来自 9 个周边国家。

2007 年，自费来华中医本科留学生百人以上的国家共有 6 个，这 6 个国家是：韩国（2859 人）、越南（379 人）、马来西亚（300 人）、蒙古（194 人）、新加坡（164 人）和日本（141 人）。 来自这 6 个国家的自费中医本科留学生占当年自费来华中医本科留学生总数的 91%。 其中韩国一国的自费来华中医本科留学生占当年自费来华中医本科留学生总数的比例达到 59%。 分析上述国家，我们看到，来华中医本科留学生百人以上的国家，或者是“汉字文化圈”的国家，例如韩国、越南和日本等，这些国家是使用或曾经使用汉字的国家；或者是曾经统治中国的少数民族的国家，例如蒙古；或者其国民中华人所占比例比较大的国家，例如马来西亚和新加坡等。 在目前阶段，来华中医本科留学生主要来自上述国家是可以理解的。 因为，中医是中华文化的重要组成部分。

近年来，来自韩国的中医本科留学生仍然有显著增长。 据统计，2006 年，韩国来华中医本科留学生规模为 1862 人，2007 年增加到 2859 人，2007 年比 2006 年增加了近一千人，增长了 50% 以上。

（2）接收自费中医本科留学生的院校

我国提供中医药专业本科教育的院校有三类，一是独立中医药院校，二是西医院校设置的中医药专业，三是其他类院校设置的中医药专业。

根据中医药管理局的数据，2007 年，全国共有普通中医药院校 25 所，其中大学 12 所，学院 13 所；44 所普通西医院校设置中医药专业（学院），其中大学 16 所，学院 28 所；90 所其他类普通院校设置中医药专业，其中大学 69 所，学院 21 所。 所以，2007 年，我国设置中医药专业的普通高等院校共有 159 所。

2007 年接收自费来华中医本科留学生的院校共有 36 所，其中中医药大学和学院共有 22 所。 这 22 所中医药大学和学院接收的自费中医本科留学生占当年自费来华中医本科留学生总数的 90%。 所以，中医药大学和学院接收了自费来华中医本科留学生的绝大多数。

2007 年，接收自费中医本科留学生 20 人以上的院校共有 22 所，其中 17 所是中医药大学和学院。 来自这 22 所院校的中医本科留学生占当年自费来华中医本科留学生总数的 97.8%。

这 22 所院校分布在 19 个省、自治区、直辖市，它们是：北京、上海、天津、江苏、湖北、辽宁、江西、河南、广西、广东、山东、黑龙江、吉林（2 所）、云南、陕西、浙江、福建（2 所）、内蒙（2 所）和河北。

2007 年，接收中医本科留学生百人以上的院校共有 14 所，这 14 所院校接收的中医本科留学生占当年自费来华中医本科留学生总数的 89%。 这 14 所院校是：北京中医药大学（1254 人）、上海中医药大学（576 人）、南京中医药大学（505 人）、天津中医药大学（319 人）、湖北中医学院（286 人）、延边大学（207 人）、辽宁中医药大学（188 人）、江西中医学院（165 人）、河南中医学院（164 人）、广西中医学院（136 人）、山东中医药大学（133 人）、广州中医药大学（133 人）、黑龙江中医药大学（122 人）和长春中医药大学（117 人）。 这 14 所院校中，除延边大学外，其他 13 所院校均为中医药大学和学院。

2007 年中医本科留学生千人以上的院校只有一所，即北京中医药大学。当年北京中医药大学接收的自费中医本科留学生占当年自费来华中医本科留学生总数的 26%。 每 4 个自费中医本科留学生中就有 1 人在北京中医药大学就读。

3. 中医本科留学生教育发展分析

根据中医药管理局的数据，2007 年，高等院校在校中医本科生总数 191218 人，而当年来华中医本科留学生（包括奖学金和自费本科生）总数为 4889 人，占当年在校国内中医本科留学生总数的 2.5%。 2007 年西医和财经学科的本科外国留学生规模均比中医高，但是，西医和财经学科的本科留学生占当年我国高等院校西医和财经学科国内在校本科学生的比例仅为 1%。所以，从这个意义上说，来华中医本科留学生的规模是比较高的。

此外，2007 年我国中医本科生总数近 20 万人，仅占当年全国高等学校在校本科生总数的 0.2%。 但 2007 年来华中医本科生占当年来华本科留学生总数的 8% 左右。

所以，不能简单地说近些年来中医本科留学生教育发展慢了。

(1)中医本科留学生教育的进一步扩张将经历一个长期发展过程

在我国各类学科的本科留学生教育发展中，中医本科留学生教育是起步比较早的一个学科，它的数量发展先于其他绝大多数学科(除汉语言学科外)。近些年来，其他一些学科的本科留学生教育加快发展速度，超过了中医本科留学生的数量。前面我们分析过，因为中医是中国文化的重要组成部分，而目前来华中医本科留学生比较多的国家，均为以这种或那种形式与中国文化有密切联系的少数周边国家。

中医本科留学生教育的扩张，一是依赖于人们对中医的认可，二是留学生有比较高的汉语水平。要使得这样两个条件扩展到更多的国家，也需要一个长期发展过程。

(2)中医本科留学生教育应以"趋同"培养为主

目前多数院校的中医本科留学生教育采用单独汉语授课方法，它只能是我国中医本科留学生教育发展的一个阶段，不能成为永久模式。要积极创造条件，使中医本科留学生教育逐步过渡到趋同培养。趋同培养既是中医本科留学生教育的一个目标，也是中医本科留学生教育不断提高质量，扩大规模的必由之路。

强调趋同培养，一方面是由中医学科本身的性质决定的，不掌握汉语，就很难懂得中国文化，也就很难学懂中医；另一方面趋同培养也是实际可能的。多年来，黑龙江中医药大学一直实行外国留学生与中国同学趋同培养的制度，他们要求进入他们学校本科教育的外国留学生的汉语水平必须达到 HSK6 级。到现在为止，从语言上来说，汉语水平达到 HSK6 级的留学生可以基本适应与中国同学同班上课。

这样做，似乎一时学生的数量可能少一些。但是，从长远来说，中医本科留学生教育会发展得更好。

(3)强调中医本科留学生教育质量

在坚持严格控制入学留学生的学习质量，采取趋同培养方式的条件下，要采取一切措施提高本科留学生教育的质量。它应该成为当前中医本科留学生教育的重点工作。

（六）工科本科留学生

90 年代开放高等学校接收自费外国留学生后，工科本科留学生是增长比较慢的学科之一。 例如据统计，1997 年，工科学历留学生只有 229 人，而医科（含西医和中医）学历留学生为 2548 人，是当年工科学历留学生的 11 倍。

2000 年，工科本科留学生中自费生的比例只有 33%，是各类学科自费本科生比例最低的学科之一。 虽然 2007 年工科本科自费生比例提高到 76%，但仍然是各学科中自费生比例最低的学科之一。 这个事实一方面说明，在 2000—2007 年间，奖学金工科本科留学生的数量变化仍然是工科本科留学生数量变化的重要因素；另一方面，工科本科留学生中自费生的比例，从 2000 年的 33% 增加到 2007 年的 76%，增长了 43 个百分点，是同期各类学科自费留学生比例增长幅度最大的学科之一，这是工科自费本科留学生比例的重大变化。

在 2000—2007 年间，从总体上（包括奖学金生和自费生）来说，工科本科留学生呈快速增长趋势。 工科本科留学生规模，从 2000 年的 679 人增加到 2007 年的 3544 人，增长了 4.2 倍。 但是，两类本科留学生增长的情况不同，奖学金生增长了 85%，自费生增长了 11 倍。 2000 年的工科本科留学生中，奖学金生是自费生的两倍；到 2007 年，自费生反过来是奖学金生的 3 倍。 2007 年的工科本科留学生比 2000 年增加了 2865 人，其中奖学金生的贡献率为 13.1%，自费生的贡献率高达 86.9%。 也就是说，此期间工科本科留学生的增长大多数来自自费工科本科留学生的增长。

在 2000—2007 年间，工科本科留学生在来华本科留学生中所占比例大体上稳定在一个水平上，2000 年是 6.6%，2007 年是 6.1%。 中间的年份，有 5 个年份的比例低于 2000 年的 6.6%，有 3 个年份的比例低于 2007 年的 6.1%，但差额都不大，在 0.8%—0.1% 之间。 所以，我们可以说，在此期间工科本科留学生在来华本科留学生中所占比例基本维持在 6% 左右（见下页表 21）。

表 21　2000—2007 年工科本科留学生数量变化

年份	工科本科留学生		占本科生总数比例（%）
	数量（人）	自费生比例（%）	
2000	679	33.3	6.6
2001	790	37.6	6.7
2002	1012	47.9	6.2
2003	1288	56.7	6.6
2004	1469	62.1	5.8
2005	1989	73.4	5.3
2006	2699	71.2	5.9
2007	3544	76.3	6.1

资料来源：根据国家留学基金委员会统计资料整理

1. 工科本科留学生的培养模式

2000 年，工科本科留学生中的奖学金生仍然占 66%，而奖学金留学生的培养方式一直是趋同培养。 在 2000—2007 年间增加的工科本科留学生，虽然多数是自费生，但其中的大多数的培养方式与奖学金生相同。 只是近年来，有少数院校开始对一些工科学科实施全英文授课接收本科留学生，但这类工科本科留学生的数量还比较少。 所以，工科本科留学生的培养方式主要是趋同培养。

2. 2007 年工科本科留学生统计分析

2007 年工科本科留学生中奖学金生所占比例仍占 24%，占工科本科留学生总数的四分之一。 所以，除了对工科本科留学生的整体统计进行分析外，还将对当年的自费工科本科生和奖学金工科本科生分别进行统计分析。

（1）工科本科留学生的来源国别

2007 年的工科本科留学生来自世界上的 122 个国家。 其中 52 个国家的来华工科本科留学生在 10 人以上。 来自这 52 个国家的工科本科留学生占当年来华工科本科留学生总数的 93.2%。

在这 52 个国家中，周边国家共有 20 个，撒哈拉以南非洲国家共有 21 个，西亚、北非地区国家共有 4 个，欧美发达国家共有 4 个，其他国家共有 3

个。 来自这 6 个不同地区和类别的国家的工科本科留学生占当年来华工科本科留学生总数的比例依次为 69.1%、13.1%、5.9%、4.0% 和 1.1%。 其中，来自周边国家和撒哈拉以南非洲国家的工科本科留学生占当年来华工科本科留学生总数的比例达 82.2%。

上述是整个工科本科留学生，包括自费生和奖学金生在内的工科本科留学生的来源国别情况。 以下分别对自费和奖学金工科本科留学生的来源国别情况进行分析。

2007 年的自费工科本科留学生来自 95 个国家，其中周边国家 23 个，撒哈拉以南非洲国家 30 个，欧美发达国家共 14 个，西亚、北非地区国家 10 个，拉美、加勒比海地区国家 12 个，其他地区国家 6 个。 来自这 6 个不同地区和类别国家的工科本科留学生占当年自费来华工科本科留学生总数的比例依次为 81.1%、7.9%、5.7%、3.9%、0.5% 和 0.8%。 其中，来自周边国家和撒哈拉以南非洲国家的工科本科留学生占当年自费来华工科本科留学生总数的比例达到 89%。

2007 年的奖学金工科本科留学生来自 90 个国家，其中周边国家 19 个，撒哈拉以南非洲国家 35 个，西亚、北非地区国家（主要以阿拉伯国家为主）6 个，拉美、加勒比海地区国家 12 个，大洋洲发展中国家 6 个，其他国家 12 个；来自这 6 类不同地区的类别国家的奖学金工科本科留学生占当年来华奖学金工科本科留学生总数的比例依次分别为 31.2%、41.3%、14.8%、4.9%、4.4%、3.3%。 其中，来自周边国家和撒哈拉以南非洲国家的工科本科留学生占当年自费来华工科本科留学生总数的比例达到 72.5%。

从以上数据，我们可以看出 2007 年来华工科本科留学生来源国别的如下特点：

一是 2007 年的来华工科本科留学生主要来自两类地区国家，即周边国家和撒哈拉以南非洲国家。 来自这两类地区国家的自费工科本科留学生占总数的比例达到近 90%；来自这两类地区国家的奖学金工科本科留学生占总数的比例达到 70% 以上。

二是来自周边国家的自费工科本科留学生占总数的比例居第一位，比来自撒哈拉以南非洲国家的同类比例高出 56 个百分点；而来自撒哈拉以南非洲国家的奖学金工科本科留学生占总数的比例居第一位，比来自周边国家的同类比例高出 11 个百分点。 这个事实说明，来自周边国家的工科本科留学生以自费留学生为主，来自撒哈拉以南非洲国家的工科本科留学生以奖学金留学生为主。 据统计，2007 年，来自周边国家的自费工科本科留学生占当年来自周边国家全部工科本科留学生总数的 85%；来自撒哈拉以南非洲国家的奖学金工科本科留学生占当年来自该地区全部工科本科留学生的 58%。

三是既有奖学金工科本科留学生又有自费工科本科留学生的国家共有 58 个。 在这 58 个国家中大多数属于三类地区国家：周边国家 18 个，撒哈拉以南非洲国家 27 个，西亚、北非地区国家 6 个，共 51 个国家，占 58 个国家总数的 88%。

2007 年，来华工科本科留学生百人以上的国家共有 9 个，它们是：越南（850 人）、韩国（503 人）、蒙古（169 人）、哈萨克斯坦（136 人）、巴基斯坦（127 人）、也门（119 人）、尼泊尔（112 人）、朝鲜（102 人）和印度尼西亚（101 人）。

2007 年，自费来华工科本科留学生百人以上的国家共有 6 个，它们是：越南（840 人）、韩国（503 人）、蒙古（135 人）、哈萨克斯坦（135 人）、巴基斯坦（126 人）和印度尼西亚（101 人）。 与上面的国家比较可以看出，这 6 个国家中的韩国和印度尼西亚的来华工科本科留学生全部是自费生，而其他 4 个国家当年自费来华工科本科留学生占当年这 4 个国家来华工科本科留学生总数的 96%。

2007 年，奖学金工科本科生超过百人的国家只有也门一个国家。 朝鲜和尼泊尔这两个国家当年的奖学金工科本科留学生分别为 98 人和 28 人，而来自这两个国家的自费工科本科留学生分别为 84 人和 4 人。

（2）工科本科留学生的接收院校

2007 年，接收工科本科留学生的院校共有 146 所。 其中接收工科本科留学生在 10 人以上的院校共有 71 所，这 71 所院校接收的工科本科留学生占当年来华工科本科留学生总数的 93%。

这 71 所院校分布在全国的 23 个省、自治区、直辖市。 除西藏、新疆、甘肃、青海、宁夏、贵州、陕西和海南等省、自治区外，其他 23 个省、自治区、直辖市均有接收工科本科留学生 10 人以上的院校。

在这 23 个省、自治区、直辖市中，接收工科本科留学生百人以上的省、自治区、直辖市共有 10 个，它们是：北京（889 人）、上海（471 人）、江苏（353 人）、湖北（239 人）、广东（178 人）、天津（143 人）、辽宁（141 人）、四川（139 人）、云南（122 人）和河北（115 人）。 这 10 个省、自治区、直辖市接收的工科本科留学生占当年来华工科本科留学生总数的 78.7%。

在上述 71 所院校中，有 50 所院校是"211"大学，这 50 所"211"大学接收的工科本科留学生占当年来华工科本科留学生总数的 71.5%。

2007 年接收工科本科留学生百人以上的院校共有 8 所。 它们是：清华大学（212 人）、上海交通大学（147 人）、同济大学（141 人）、南京航空航天大学（140 人）、西南交通大学（139 人）、中国石油大学（北京）（137 人）、北京科技大学（134 人）和华南理工大学（108 人）。 这 8 所院校，除中国石油大学（北京）外，其他 7 所院校均为"211"大学。

以下分别对接收自费和奖学金工科本科留学生的院校的分布进行分析。

2007 年接收自费工科本科留学生的院校共有 138 所。 其中接收自费工科本科留学生 10 人以上的院校共有 55 所，这 55 所院校接收的自费工科本科留学生占当年自费来华工科本科留学生总数的 89%。 接收自费工科本科留学生百人以上的院校共有 5 所，它们是：清华大学（201 人）、南京航空航天大学（140 人）、西南交通大学（139 人）、中国石油大学（北京）（137 人）和上海交通大学（126 人）。

2007 年接收奖学金工科本科留学生的院校共有 60 所。 其中接收奖学金工科本科留学生最多的院校是北京科技大学，共有工科本科留学生 80 人。

2007 年接收工科本科留学生的院校中，既接收奖学金工科本科留学生，也接收自费工科本科留学生的院校共有 51 所。 这 51 所院校接收的工科本科留学生占当年来华工科本科留学生总数的 61.7%。 这 51 所院校接收的奖学金工科本科留学生占当年来华奖学金工科本科留学生总数的 95.6%。 这 51 所院校接收的自费工科本科留学生占当年来华自费工科本科留学生总数的 50.5%。

这 51 所院校中，47 所院校是"211"大学。 这 47 所"211"院校接收的工科本科留学生占当年来华工科本科留学生总数的 60%。 这 47 所院校接收的奖学金工科本科留学生占当年来华奖学金工科本科留学生总数的 89.6%，接收的自费工科本科留学生占当年自费来华工科本科留学生总数的 50.8%。

所以，"211"大学不但接收了绝大多数奖学金工科本科留学生，而且接收了 50% 的来华自费工科本科留学生。

3. 工科本科留学生教育的发展分析

（1）进入新世纪以来，我国工科本科留学生教育进入快速发展时期

这个快速发展时期的重要标志是工科本科留学生数量的增长进入以自费生为主时期。 2000 年，我国自费工科本科留学生仅占当年来华工科本科留学生总数的 33%。 到 2007 年，自费工科本科留学生占当年来华工科本科留学生总数的 76%，比 2000 年提高了 43 个百分点，这是一个很大的增长。 自费工科本科留学生增长的数量占这个时期工科本科留学生增长总数的 87%。

但是，在西医、汉语言、经济、中医、工科和管理等 6 个学科中，工科以外的其他 5 个学科的 2007 年本科留学生的自费生比率均在 95%—99% 之间，而工科只有 76%，比其他学科低 20 个百分点左右。 这是一个很大的差距。 没有自费工科本科生数量的进一步发展，就不可能有工科本科留学生教育的进一步发展。

（2）进一步扩大我国工科本科留学生规模，应实施以周边国家为主、其他发展中国家为辅的方针

2000—2007 年间我国自费工科本科留学生的 80% 以上来自周边国家的事实，要求我们把扩张工科本科留学生生源主要放在周边国家。 同时，其他发展中国家也都在努力实行工业化的发展方针，这些国家也是我国工科本科留学生生源的重要来源国家。

鉴于本节所分析的奖学金工科本科留学生的发展对推动我国自费来华工科本科留学生扩张的重要作用，需要采取一些特别的措施，扩大周边国家工科奖学金留学生名额。

（3）我国发展工科本科留学生教育的潜力还很大

根据教育部 2006 年中国教育统计年鉴，当年我国高等院校在校工科本科学生总数达 296 万人。 如果来华工科本科留学生占国内高校在校工科本科学生的比例达到 1%，我们高等院校接收的工科本科留学生将达到 3 万人。 但

是，2007 年的工科本科留学生总数只有 3500 多人，还有 26000 多人的增长目标。　而且，来华本科生占国内本科生 1% 的目标并不是高指标。

(4) 工科本科留学生教育要以趋同培养为主

虽然当前我国的西医本科留学生教育，从数量上来说，以留学生单独英语授课的留学生占多数，但工科本科留学生的多数不可能走这条路。　因为，西医接收来华本科留学生的主要学科是临床医学一个专业，而工科的专业类别比较多。　例如，根据教育部 2006 年教育统计年鉴，当年国内 296 万本科生分布在 21 个工科专业类。　因此，一个专业类别不易集中很多留学生单独开班。　所以，发展工科本科留学生教育主要还要采取 60 年代以来一直采用的趋同培养方式。

目前实施这种培养方式的主要困难是留学生的汉语能力问题。　针对这个问题，目前高等院校已经采取了许多不同措施，取得了一定成效。　特别是有的院校在留学生一年汉语培训上锐意进行改革，取得了可喜成果。　这是一个应该能够解决的问题。

第三章

80 年代以来世界外国
留学生教育的发展

第一节　80 年代以来世界经济一体化快速发展

一、80 年代以来世界政治的主要发展

二战后资本主义世界经济得到快速发展，日本、联邦德国的经济不但迅速恢复到战前水平，而且成为资本主义世界发展最快的经济体。到 70 年代初期，日本和联邦德国成为资本主义世界仅次于美国的世界经济大国。二战后，从 1944 年开始，美国凭借其强大的经济实力，使美元成为世界的唯一结算货币。但 70 年代后，虽然美元仍然是主要结算货币，但失去了世界唯一结算货币的地位，日本的日元和德国的马克等其他少数发达国家的货币也成为国际结算货币。它标志着美国经济地位的相对削弱。美国已经无力独自掌控资本主义世界经济，需要与其他主要资本主义国家协调。

为了协调资本主义发达国家的经济发展政策，上个世纪 70 年代中期建立了西方七国集团。七国集团开始阶段主要关注资本主义世界的经济发展。后来，七国集团也讨论政治等其他方面的世界性问题。

1972 年美国总统访华，标志着美国对新中国长达 20 多年的敌视政策的转变。然而，尼克松访华 7 年后，两国才于 1979 年建立了正式外交关系，可见中美发展正常国家关系的曲折性和复杂性。中美建交后，虽然两国关系在磕磕绊绊中向前发展，但世界的发展证明，中美两国建立外交关系是一件具有世界影响的重大政治事件。

解体前，苏联是当时世界上与美国争霸并企图主宰世界的两大霸权国家之一。1989 年，当时的苏联总统应邀访华。两国领导人的会晤宣布了自 60 年代初期中断的两国关系开始走向正常化。苏联解体后，中苏关系顺利转为中俄关系继续发展。中苏国家关系的正常化和中俄关系的发展，不但对中苏（俄）两国有利，而且对世界政治发展具有重要影响。

1991 年苏联解体，标志着世界两霸对峙时代的结束。1998 年，作为原苏联继承国的俄罗斯被接受加入西方七国集团，使七国集团成为八国集团。

受苏联解体的影响，原来实行社会主义制度的东欧国家一股脑转向资本主义，原东德被联邦德国合并，原捷克斯洛伐克分成两个国家，原南斯拉夫在战火中分裂成5个国家，因而世界社会主义发展进入低潮。 但是，中国坚持走中国特色的社会主义道路。

1978年，中国开始实行改革开放政策，实行社会主义市场经济，并经过15年的历程，于2001年加入了世界贸易组织。 中国不仅在1978年以来的30年里使国家经济保持年均9.7%的增长率，到2007年，中国已成为世界第四经济大国，世界第三贸易大国，而且参与世界经济的程度越来越高。 中国特色的社会主义道路越走越宽广。

总之，80年代以来，世界发生了深刻而复杂的变化。 虽然不利于世界和平的事件仍然不断发生，但是，世界主要大国，包括美国、中国、俄罗斯从过去的对峙走向接触，形成了有利于世界经济一体化发展的政治形势。

二、世界经济一体化发展加快

(一)80年代以前的地区经济一体化成功案例

1.欧洲共同体

1950年5月9日，法国政府建议同联邦德国建立煤钢共同体。 1951年4月18日，法国、联邦德国、意大利、荷兰、比利时、卢森堡6国在巴黎签署建立欧洲煤钢共同体条约，于1952年7月25日生效。 1957年3月25日，6国领导人又在罗马签署了建立欧洲经济共同体和欧洲原子能共同体两个条约，统称《罗马条约》，于1958年1月1日生效。 1965年4月8日，6国在布鲁塞尔签署条约，将上述3个共同体条约合而为一，统称欧洲共同体(简称欧共体)条约，1967年7月1日生效。

欧共体大大促进了成员国之间贸易的发展。 根据世界贸易组织2008年世界贸易报告，1953年，欧共体国家间的贸易额占当年世界贸易额的18.3%，到1973年，欧共体国家间的贸易额占当年世界贸易总额的31.2%，而欧共体国家当年对世界其他地区的贸易增长率低于当年世界贸易增长率。

欧共体国家间贸易的发展，大大促进了欧共体国家的经济发展。 所以，欧共体是世界上第一个地区经济一体化的成功案例。

从1973年起，欧洲共同体成员不断扩大。 英国、丹麦和爱尔兰等国家于 1973 年 1 月 1 日加入共同体；希腊于 1981 年 1 月 1 日加入共同体；西班牙和葡萄牙于 1986 年 1 月 1 日加入共同体。

1991 年 12 月 9 日，欧共体特别首脑会议签署了《欧洲经济和货币联盟条约》及《欧洲政治联盟条约》，1993 年 11 月 1 日，欧共体正式更名为欧盟。

1995 年 1 月 1 日，奥地利、瑞典和芬兰成为欧盟成员；2004 年 5 月 1 日，波兰、匈牙利、捷克、斯洛伐克、爱沙尼亚、拉脱维亚、立陶宛、斯洛文尼亚、马耳他和塞浦路斯等 10 国成为欧盟成员。

2. 亚洲四小龙

在上个世纪的六七十年代，亚洲的韩国、中国台湾、中国香港、新加坡、马来西亚、泰国 6 个经济体的经济取得了快速发展。它们经济发展的共同特点是出口导向，即引进发达国家的技术和资金，生产主要向发达国家出口的产品。根据世界贸易组织 2008 年世界贸易报告，1963 年，这 6 个经济体的贸易出口额占当年世界出口贸易总额的 2.4%，但到 1983 年，这 6 个经济体的贸易出口额占当年世界贸易出口总额的比例上升到 9.7%。国际贸易的发展大大促进了这些经济体的经济发展，特别由于韩国、中国台湾、中国香港、新加坡四个经济体的经济发展成就突出，被称为亚洲"四小龙"。

这些亚洲地区和国家的经济发展表明，世界经济一体化，主要是外资流动和货物贸易，有利于世界经济的发展，也有利于原来不发达地区和国家的经济发展。

(二)80 年代以来世界经济一体化加速发展

所谓世界经济一体化，主要是在国际上形成有利于货物（贸易）、资金（投资）和人员流动的政策，促进世界经济的发展。80 年代特别是 90 年代以来，世界经济一体化的快速发展主要表现在三个方面：一是不同地区国家领导人的定期会晤，协调经济发展政策；二是有利于经济一体化发展的地区性自由贸易区的建立；三是国际贸易、投资、人员流动的不断增长。

1. 不同地区的国家领导人定期会晤，以协调经济发展政策

（1）七国集团（1998 年后称为八国集团）

参加七国集团的 7 个国家是当时世界上经济最发达的 7 个国家。七国集团每年定期召开会议，主要任务是讨论经济发展和协调经济发展政策。 所以，七国集团的建立表明，国家间的经济发展政策协调是确保世界经济发展的重要举措。

（2）亚太经合组织领导人非正式会议

亚太经济合作组织（简称"亚太经合组织"）建立于 1989 年 11 月。 1991年 11 月，在韩国汉城召开的亚太经合组织第三届部长级会议通过了《汉城宣言》，确立该组织的宗旨和目标为："为本地区人民的共同利益保持经济的增长与发展；促进成员间经济的相互依存；加强开放的多边贸易体制；减少区域贸易和投资壁垒。"

第一届亚太经合组织领导人非正式会议于 1993 年 11 月在美国西雅图召开。 此后每年召开一次，由各成员轮流主办。 到 2007 年，已经举行了 15次亚太经合组织领导人非正式会议。

截至 2007 年 9 月，亚太经合组织共有 21 个成员：澳大利亚、文莱、加拿大、智利、中国、中国香港、印度尼西亚、日本、韩国、马来西亚、墨西哥、新西兰、巴布亚新几内亚、秘鲁、菲律宾、俄罗斯、新加坡、中国台北、泰国、美国和越南。

亚太经合组织的成员不但包括美国、中国、俄罗斯这样的世界大国，而且包括横跨太平洋的亚洲、北美、南美和大洋洲的众多国家。 所以，亚太经合组织领导人非正式会议不但有利于地区的经济发展，而且在世界上的影响很大。

1989 年至 2006 年间，亚太经合组织成员的经济总量增长了一倍多，表明亚太经合组织的协调对本组织成员经济发展的作用。

亚太经合组织成员总人口达 26 亿，约占世界人口的 40%；国内生产总值之和超过 19 万亿美元，约占世界的 56%；贸易额约占世界总量的 48%。 所以，这一组织在全球经济活动中具有举足轻重的地位。

（3）亚欧首脑会议

第一届亚欧首脑会议于 1996 年 3 月 1 日至 2 日在泰国曼谷举行。 会议围绕"为促进、发展、建立全面的亚欧新型伙伴关系"的主题，讨论了亚欧两大洲如何加强联系与合作。

亚欧会议成立后经过两轮扩大，现有成员 45 个。 其中亚洲 17 个，包括东盟 10 个成员、东盟秘书处、中国、日本、韩国、印度、巴基斯坦和蒙古；欧洲成员 28 个，包括欧盟 27 个成员国和欧盟委员会。

亚欧会议成员国内生产总值之和超过全球总量的一半，人口和贸易额均约占世界六成。

美国、欧盟、东亚(包括东盟、日本、中国和韩国)在世界经济上三足鼎立，在此形势下，亚欧国家领导人每两年一次的聚会对世界经济的发展会产生重要影响。

此外，还有很多这类地区性国家领导人的组织和会议，例如，非洲国家的非洲联盟，欧盟—拉美国家首脑会议，以及拉美、加勒比海地区国家的地区性组织等。

总之，世界上不同地区性的国家领导人的定期会议越来越多。很明显，这类国家和政府领导人的会议，从政治上推动了世界经济一体化的发展。

2. 建立经济共同体和自由贸易区

除了 80 年代以前建立的欧洲共同体外，80 年代特别是 90 年代以来，世界各地建立了很多经济共同体和贸易自由区，从组织上推动经济一体化的发展。

(1)北美自由贸易区

1988 年，美国与加拿大签订了《美加自由贸易协定》，1989 年 1 月生效。《美加自由贸易协定》规定在 10 年内逐步取消商品(包括农产品)进口关税和非关税壁垒，取消对服务业的关税限制和汽车进出口管制；在投资方面两国将提供国民待遇，并建立一套共同监管的有效程序和解决相互间贸易纠纷的机制。

1992 年 8 月，美国、墨西哥、加拿大三国签署了《北美自由贸易协定》，1994 年 1 月 1 日生效，宣告北美贸易自由区建立。这个自由贸易区的宗旨是：取消贸易壁垒，创造公平条件，增加就业机会；保护知识产权；建立执行协定和解决贸易争端的有效机制，促进三边和多边合作。

这个自由贸易区既有发达国家，也有发展中国家。

(2)中国与东盟自由贸易区

2002 年 11 月，在第六次中国—东盟领导人会议(金边)上，中国和东盟

10国领导人签署了《中国与东盟全面经济合作框架协议》，决定到2010年建成中国—东盟自由贸易区。

《中国与东盟全面经济合作框架协议》提出了中国与东盟加强和增进各缔约方之间的经济、贸易和投资合作；促进货物和服务贸易，逐步实现货物和服务贸易自由化，并创造透明、自由和便利的投资机制；为各缔约方之间更紧密的经济合作开辟新领域等全面经济合作的目标。

2004年11月，中国—东盟签署了《货物贸易协议》，双方对约7000个税目的产品实施降税。随后，实施的《服务贸易协议》，教育、金融、卫生、旅游、电信等准入机制进一步开放。

中国—东盟自由贸易区涵盖18亿人口，是世界上由发展中国家组成的最大的自由贸易区。2007年，中国与东盟贸易总额达到2025.5亿美元，提前3年达到2010年的计划目标。

（3）南部非洲发展共同体

在1979年发表的《蒙罗维亚宣言》中，非洲国家领导人就提出"非洲地区经济一体化"的计划。之后，在1980年通过的《拉各斯最后行动方案》和1988年通过的《亚的斯亚贝巴宣言》等有关非洲统一组织的文件中，进一步提出在非洲各个地区建立经济共同体的基础上，最终建立非洲经济共同体。

南部非洲发展共同体（简称"南共体"）于1992年成立。该组织成员国从初期的9个发展到现在的14个，包括安哥拉、博茨瓦纳、刚果（金）、莱索托、马拉维、毛里求斯、莫桑比克、纳米比亚、南非、斯威士兰、坦桑尼亚、赞比亚、津巴布韦和马达加斯加。南共体成员国总面积989万平方公里，约占非洲总面积的33%；总人口2.47亿，约占非洲总人口的28%；国内生产总值超过4300亿美元。

南共体通过免征关税、推行标准化的通关程序和统一的通关文件等手段，使南部非洲地区成为广阔的统一市场，大大促进了成员国之间的贸易往来。2008年建立了自由贸易区，为南共体计划在2010年实现关税同盟，2015年建立共同市场，2016年成立中央银行和实现货币联盟，2018年实行统一货币，奠定了坚实的基础。南共体的发展为非洲大陆其他地区组织（西非国家经济共同体、中非国家经济共同体、东部和南部非洲共同体和东非共同体等）寻求一体化的努力树立了一个榜样。

（4）南方共同市场

1991 年 3 月 26 日，阿根廷、巴西、巴拉圭和乌拉圭四国总统，在巴拉圭首都签署《亚松森条约》，宣布建立南方共同市场。 1995 年，南方共同市场正式运行。 2006 年 7 月，委内瑞拉成为南方共同市场成员国。 智利（1996 年）、玻利维亚（1997 年）、南非（2000 年）、秘鲁（2003 年）、厄瓜多尔（2004 年）、哥伦比亚（2004 年）等国家先后成为南方共同市场的联系国。

共同市场的宗旨是：通过有效利用资源、保护环境、协调宏观经济政策、加强经济互补，促进成员国科技进步和实现经济现代化，进而改善人民生活条件并推动拉美地区经济一体化进程的发展。

南方共同市场为各成员国带来了巨大的现实利益。 4 个成员国之间的贸易额从 1991 年的 40 多亿美元猛增到 1998 年的 210 多亿美元，平均每年递增20%。 共同市场充满活力的运转和广阔的发展前景吸引了众多投资者，2000年流入该地区的外国直接投资已超过 350 亿美元。 成员国之间的相互投资也随之增多，各个领域的合作关系均有长足进展，相互依存的程度不断加深。

此外，世界各个不同地区还建立了很多这类地区经济共同体和自由贸易区。

共同体和自由贸易区的建立，对促进地区经济一体化，促进国家的经济发展发挥了重要作用。

3. 世界贸易、投资和人员流动

根据世界贸易组织 2008 年世界贸易报告，在 1974 年至 2007 年间，世界贸易额年均增长 5%（90 年代以来年均增长 6%），同期世界经济（GDP）年均增长 1.6%。 1983 年的世界进出口贸易总额为 2734 亿美元，到 2006 年，世界进出口贸易总额增长到 12295 亿美元，是 1983 年的 4.5 倍。 世界经济的发展证明，只有在世界贸易发展的条件下，世界经济才能获得发展；如果世界贸易萎缩，世界经济发展也要受到影响。 此对发达国家和发展中国家皆然。

1982 年的世界国际投资总额占当年世界经济（GDP）总额的 5.2%；2006年的世界国际投资总额占当年世界经济总额的 25.3%，比 1982 年增长了 4倍。 国际投资主要来源于发达国家，国际投资的去向也主要是发达国家，但发展中国家也吸引了不少国际投资。

改革开放 30 年来，中国吸引的外国投资额居发展中国家首位。

经济一体化下的人员流动主要包括四个方面：一是移民；二是专业技术人才流动；三是旅游；四是留学生。

根据世界贸易组织 2008 年的世界贸易报告，在 1950 年至 1973 年间，美国、加拿大、澳大利亚和新西兰四个国家共接收移民 1270 万人；但在 1974 年至 2007 年间，这四个国家接受的移民额达到 2530 万人，是五六十年代所接收的移民额的两倍以上。 不只是世界上的移民国家接收移民，世界上的发达国家都有接收移民的政策。 根据世界贸易组织 2008 年世界贸易报告，在 1974 年至 2007 年内，不包括日本在内的发达国家接收的移民总额达到 6430 万人。

引进国外劳动力和科学技术人才，是战后发达国家经济和科学技术发展的重要政策。 近年来，很多发达国家更是不惜代价吸引外国科学技术人才为其经济发展服务。 几乎每个发达国家都制定了这方面的具体政策。

旅游和留学均属于服务贸易范畴。 世界贸易组织的前身关贸总协定的职能范畴主要是货物贸易，世界贸易组织的职能范畴除货物贸易外，还包括服务贸易。 所以，旅游和留学的发展是世界经济一体化发展的一个结果。 根据世界旅游组织的统计，1980 年世界各国接收的旅游者总数为 2.78 亿，2005 年增加到 80.6 亿。 根据联合国教科文组织的统计，1980 年世界各国接收的外国留学生总数为 90 万人，2006 年增加到 270 万人。

三、80 年代以来世界高等教育的发展

根据联合国教科文组织的统计，1960 年，全世界各国的高等学校在校学生总数为 1160 万人，其中 82% 为发达国家高等学校在校学生；到 1970 年，世界各国的高等学校在校学生总数增加了一倍多，达到 2670 万人，发达国家的高等学校在校学生仍然占 79%。

70 年代以后，发展中国家的高等教育得到快速发展。 1980 年，发展中国家高等学校在校生规模比 1970 年增长了 1.9 倍，而同期发达国家高等学校在校生规模仅增长了 11%。 1990 年，发展中国家高等学校在校生规模与发

达国家当年的高等学校在校生规模基本持平。 2000 年，发展中国家高等学校在校生规模已经比发达国家高出 50%。 2006 年，发展中国家高等学校在校生规模已经是发达国家的 1.1 倍。

90 年代特别是 1998 年以来，中国高等教育规模保持快速增长，对世界高等教育的发展，特别是发展中国家高等教育的发展作出了突出贡献。 美国一直是世界上高等教育在校生规模最大的国家。 但根据联合国教科文组织的统计，2006 年，中国高等学校在校学生规模为 2330 万人，美国当年为 1749 万人，中国高等学校在校生规模比美国高出 580 多万人，中国成为世界上高等教育规模最大的国家。

当然，目前中国高等教育发展水平与发达国家还有很大差距。 例如，根据联合国教科文组织的统计，2006 年，发达国家高等教育毛入学率一般在 60%—80% 之间，而中国高等教育毛入学率还只有 22%。 但是，很多发展中国家与中国一样，虽然高等教育的发展还相对落后，但大都进入了高等教育发展的"大众化"阶段，能够接受高等教育的人明显增多。

高等教育的发展状况与外国留学生教育的发展和出国留学人员的增长密切相关。 发展中国家高等教育进入"大众化"阶段，意味着进入高等教育的人的数量大量增加，选择出国留学的人员也会大量增加；同时，发展中国家接收外国留学生的能力也显著提高。

第二节　80 年代以来世界外国留学生教育的发展

根据联合国教科文组织的统计，1980 年，世界各国接收的外国留学生总数为 90 万人，1990 年增加到 125 万人，十年间增加了 35 万人；1998 年，世界外国留学生总数达到 170 万人，八年时间里增加了 45 万人，与前一个十年比较，外国留学生扩张加快；2006 年，世界外国留学生总数达到 270 万人，八年时间里增加了 100 万人，与前一个八年比较，外国留学生扩张进一步加快（见下页表 22）。

表 22　1980—2006 年世界外国留学生数量变化

单位:万人

年份	1980	1990	1998	2006
留学生人数	90	125	170	270

资料来源：根据联合国教科文组织教育统计年鉴资料整理

一、外国留学生的接收国家

现在，世界各国接收外国留学生已经是一种普遍现象。虽然对大多数国家来说接收的外国留学生还比较少，但是，在一定条件下，国家之间的留学生流动是经常发生的。特别是相邻国家，不论国家大小，因为国家间的政治、经济、文化上的联系，只要没有政治障碍，国家对外国留学生实行开放政策，就会有国家间的留学生流动。根据联合国教科文组织的统计，在苏联解体前的 80 年代，世界上接收外国留学生的国家一般在 90 个左右；苏联解体后，世界上接收外国留学生的国家达到 130 个左右。

苏联解体前，苏联、东欧国家接收的外国留学生，除了这些国家之间的留学生流动外，还接收了大量来自发展中国家的留学生；但只有少量来自这些国家的留学生去美国和西欧发达国家留学，反之亦然。苏联解体后，俄罗斯和独联体国家接收的外国留学生的很大一部分仍然是它们这些国家之间流动的留学生；同时，这些国家去欧美发达国家学习的留学生，或者接收来自欧美国家的留学生都显著增加了；但是，这些国家接收的留学生中，来自发展中国家留学生的数量显著减少了。

所以，根据世界各国间留学生流动的特点，我们把接收外国留学生的国家分为三类：一类是发达国家，包括北美的美国和加拿大、西欧的发达国家（共 16 个）、大洋洲的澳大利亚和新西兰以及亚洲的日本，共 21 个国家；第二类是亚洲、非洲、拉美和加勒比海地区的发展中国家，这类国家数量很大；第三类是转型国家，指苏联解体后的东欧、独联体国家。下面对各类国家接收的外国留学生情况进行分析。

在 1980—2006 年间，发达国家接收的外国留学生一直保持增加的趋势，从 1980 年的 70 多万人，增长到 2006 年的 220 多万人，发达国家接收的外国留学生占世界外国留学生总数的比例一般在 80% 以上。 2006 年，发达国家接收的外国留学生占当年世界外国留学生总数的 82%，其中西欧 16 个发达国家接收的外国留学生占当年世界外国留学生总数的 42%，美国接收的外国留学生占当年世界外国留学生总数的 22.5%。

同期，发展中国家接收的外国留学生的数量变化较大。 1980 年，发展中国家接收的外国留学生总数达 13 万多人。 但是，到 1990 年，发展中国家接收的外国留学生总数下降到 9 万多人，主要是因为 80 年代很多发展中国家，特别是非洲和拉美国家的经济发展遇到了困难，流入发展中国家的留学生明显减少。 90 年代以来，发展中国家接收的外国留学生开始有较大规模增长，到 2006 年，发展中国家接收的外国留学生总数达 26 万人，是 1980 年发展中国家接收的外国留学生总数的两倍。 例如南非，1994 年，南非接收的外国留学生总数为 12000 人，2006 年，其接收的外国留学生超过 5 万人。南非接收的外国留学生的 80% 以上来自非洲国家。

苏联解体前的 80 年代，苏联、东欧国家接收的外国留学生总数约 10 万人左右。 90 年代以来，东欧、独联体国家接收的外国留学生数量有显著增长。 2006 年，东欧、独联体国家接收的外国留学生总数达到 20 万人，比 80 年代接收的外国留学生增长了 1 倍。

2006 年，世界各国接收的外国留学生规模居前 10 位的国家是：美国、英国、德国、法国、澳大利亚、日本、俄罗斯、加拿大、南非和意大利（见下页表 23）。 这 10 个国家接收的外国留学生占当年世界外国留学生总数的 75%。 在这 10 个国家中，除俄罗斯和南非外，其他 8 个国家都是发达国家。 这 10 个国家的外国留学生规模差异也很大，居第一位的美国的外国留学生规模是居第十位的意大利的外国留学生规模的 12 倍。 在这 10 个国家中，接收外国留学生超过 10 万人的国家共有 6 个，它们是：美国、英国、德国、法国、澳大利亚和日本，全部是发达国家。 这 6 个国家接收的外国留学生占当年世界外国留学生总数的 65%。

表 23　2006 年接收外国留学生最多的 10 个国家

国家	留学生（人）	国家	留学生（人）
美国	584814	俄罗斯	77438
英国	330078	加拿大*	75546
德国*	259797	南非	53738
法国	247510	意大利	49090
澳大利亚*	207264	合计	2015399
日本	130124		

注：* 为 2005 年数字

资料来源：联合国教科文组织网站

　　根据联合国教科文组织统计，2006 年接收外国留学生超过万人的国家和地区共有 38 个。 这 38 个国家和地区接收的外国留学生占当年世界外国留学生总数的 98%。 虽然 2006 年世界上接收外国留学生的国家和地区有 130 多个，但上述 38 个国家和地区接收的外国留学生占当年世界外国留学生的绝大多数。

　　在这 38 个国家中，发达国家共有 21 个，这 21 个国家接收的外国留学生占当年世界外国留学生总数的 82%；转型国家 7 个，它们是：俄罗斯、乌克兰、捷克、吉尔吉斯斯坦、匈牙利、波兰和哈萨克斯坦，这 7 个国家接收的外国留学生占当年世界外国留学生总数的 7%；亚洲、非洲、拉美和加勒比海地区的发展中国家和地区共有 10 个，它们是：南非、马来西亚、中国、约旦、土耳其、黎巴嫩、韩国、古巴、沙特阿拉伯和中国澳门，这 10 个国家和地区接收的外国留学生占当年世界外国留学生总数的 9%。

二、35 国的外国留学生来源分布

　　为了研究世界留学生流动的特点，现对世界上主要接收外国留学生国家的留学生来源分布情况进行分析。 根据联合国教科文组织的统计，2006 年接收外国留学生超过万人的国家和地区共有 38 个。 现对除中国、中国澳门和黎巴嫩外其他 35 个国家在 1980—2006 年间的留学生来源分布及变化进行分析。 这 35 个国家中，发达国家 21 个，转型国家 7 个，亚洲、非洲、拉美和加勒比海地区发展中国家 7 个。

（一）发达国家

发达国家包括西欧的所有主要国家（共 16 国）、北美的美国和加拿大、大洋洲的澳大利亚和新西兰以及亚洲的日本，共 21 个国家。 2006 年，发达国家接收的外国留学生占当年世界外国留学生总数的 82%。

1. 北美发达国家

（1）美国接收的外国留学生的来源地区和国家

根据联合国教科文组织的统计，美国接收的外国留学生规模一直居世界各国之首。 1980 年、1990 年和 2000 年，美国接收的外国留学生分别为 31.1 万人、40.7 万人和 54.7 万人。 所以，80 年代美国接收的外国留学生增加了 9.6 万人；而 90 年代增加了 14 万人，90 年代外国留学生增长规模高于 80 年代。

但是，80 年代以来，美国外国留学生占世界外国留学生总数的比例呈下降趋势。 1980 年、1990 年和 2000 年，美国接收的外国留学生占当年世界外国留学生总数的比例分别为 35.3%、33.2% 和 29.2%。 2006 年美国接收的外国留学生规模为 58.4 万人，占当年世界外国留学生总数的比例为 22.5%，比 2000 年下降了 7 个百分点，虽然 2006 年美国接收的外国留学生规模比 2000 年增长了 4 万多人。

表 24　1980、1992、1998、2006 年美国接收的外国留学生来源分布（按大洲）

单位：人

年份	总数	非洲	北美	南美	亚洲	欧洲	大洋洲
1980	311880	38180	38410	26190	179350	25330	4180
1992	438618	20503	45341	19523	290826	54890	4295
1998	451934	24139	46618	25865	284050	67344	3892
2006	584814	39597	64429	32309	372173	73392	4869

资料来源：根据联合国教科文组织统计年鉴和网站数字整理

从表 24 可以看出，1980 年美国接收的外国留学生中，来自亚洲、北美、非洲、南美、欧洲和大洋洲的留学生占当年美国接收的外国留学生总数的比例分别为 57.5%、12.3%、12.2%、8.3%、8.1% 和 0.1%。① 来自亚洲国家和地区的留学生规模，不但在各大洲中居首位，而且比来自其他 5 个大洲国家留学生的总和还要多。

1980 年，在美国学习的留学生在 5000 人以上的国家和地区共有 15 个，它们是：伊朗（47550 人）、中国台湾（19460 人）、尼日利亚（17350 人）、加拿大（14320 人）、日本（13500 人）、委内瑞拉（11750 人）、沙特阿拉伯（10440 人）、中国香港（9660 人）、印度（9250 人）、黎巴嫩（6770 人）、墨西哥（6730 人）、泰国（6550 人）、韩国（6150 人）、约旦（6140 人）和马来西亚（6010 人）。 其中 11 个是亚洲的国家和地区，其中伊朗是当年在美国学习的留学生最多的国家；两个是北美国家；1 个非洲国家；1 个南美国家。 来自这 15 个国家的留学生占当年美国外国留学生总数的 61.4%。

1992 年美国接收的外国留学生中，来自亚洲、欧洲、北美、非洲、南美和大洋洲的留学生占当年美国接收的外国留学生总数的比例分别为 66.3%、12.5%、10.3%、4.6%、4.4% 和 0.9%。 来自亚洲国家和地区的留学生规模，不但仍然在各大洲中高居榜首，而且比 1980 年提高了 9 个百分点。 与1980 年比较，美国接收的外国留学生来源分布的另一个重要变化是，1992 年来自欧洲国家的留学生的比例明显上升，从 1980 年 8.1%，在各大洲中居第五位，增加到 1992 年的 12.5%，在各大洲中居第二位。

1992 年，在美国学习的留学生在千人以上的国家和地区共有 54 个，其中23 个是亚洲国家和地区，14 个是欧洲国家，7 个是北美国家，5 个是南美国家，5 个是非洲国家，1 个大洋洲国家。 来自这 54 个国家和地区的留学生占当年美国接收的外国留学生总数的 91.1%。

1992 年，在美国学习的留学生在 5000 人以上的国家和地区共有 15 个，它们是：中国（82558 人）、日本（42843 人）、印度（35946 人）、韩国（28519 人）、加拿大（20968 人）、中国香港（14018 人）、马来西亚（12655 人）、印度尼西亚（10923 人）、泰国（8630 人）、巴基斯坦（8017 人）、德国（7877 人）、英国（7628 人）、墨西哥（7581 人）、法国（5663 人）和西班牙（5157 人）。 其

---

① 来自 6 个大洲留学生所占比例的和不足 100%，原因是在各国接收的外国留学生的统计中，有一些留学生的洲别来源不明。以下同。

中 9 个是亚洲国家和地区，4 个是欧洲国家，两个是北美国家。 来自这 15 个国家和地区的留学生占当年美国接收的外国留学生总数的 68.2%。

与 1982 年比较，虽然在美国学习的留学生在 5000 人以上的国家和地区的总数没有变化，但国家构成有所变化。 1982 年的亚洲国家和地区中，有 4 个西亚地区国家，它们是伊朗、沙特阿拉伯、黎巴嫩和约旦，其余 7 个是东亚、南亚国家。 1992 年，4 个西亚地区国家均不存在了，增加了两个东亚、南亚国家，即韩国和巴基斯坦，因而亚洲国家和地区的总数减少了两个。 所以，1992 年在美国学习的留学生在 5000 人以上的 9 个亚洲国家和地区，全部属东亚、南亚。 另一个结构变化是，1982 年在美国学习的留学生在 5000 人以上的 1 个非洲国家和 1 个南美国家在 1992 年也不存在了。 新增加了 4 个西欧国家，它们是英国、德国、法国和西班牙。

2006 年美国接收的外国留学生中，来自亚洲、欧洲、北美、非洲、南美和大洋洲的留学生占当年美国接收的外国留学生总数的比例分别为 63.6%、12.5%、11%、6.7%、5.5% 和 0.8%。 与 1992 年比较，美国接收的外国留学生来源的（大）洲别结构基本没有变化。 即在 1992—2006 年间，美国接收的外国留学生的来源，就来自各个大洲的留学生规模排序来说，一直是按亚洲、欧洲、北美、非洲、南美和大洋洲的顺序。 而且，来自亚洲国家的留学生规模一直超过一半以上，来自欧洲和北美地区国家的留学生是来自这两个地区的发达国家的留学生。

2006 年在美国学习的留学生在千人以上的国家和地区共有 69 个，其中属于亚洲的国家和地区共有 24 个；属于欧洲的国家共有 17 个；属于北美的国家共有 9 个；属于非洲的国家 10 个；属于南美洲的国家 8 个；属于大洋洲的国家 1 个。 来自这 69 个国家的留学生占当年美国接收的外国留学生总数的 92.7%。 与 1992 年比较，2006 年在美国学习的留学生在千人以上的国家和地区数增加了 15 个，但来自这 69 个国家和地区的留学生占当年美国接收的留学生总数的比例比 1992 年仅提高了 1 个百分点。

2006 年，在美国学习的留学生在 5000 人以上的国家和地区共有 19 个，它们是：中国（93672 人）、印度（79219 人）、韩国（61117 人）、日本（40086 人）、加拿大（29203 人）、墨西哥（14426 人）、土耳其（12035 人）、德国

（9142 人）、泰国（9076 人）、英国（8568 人）、中国香港（8128 人）、印度尼西亚（7844 人）、巴西（7258 人）、哥伦比亚（7078 人）、法国（6876 人）、肯尼亚（6792 人）、尼泊尔（6276 人）、巴基斯坦（5963 人）和马来西亚（5711 人）。其中 11 个是亚洲国家和地区，3 个是西欧国家，2 个是北美国家，2 个是南美国家，1 个非洲国家。来自这 19 个国家和地区的留学生占当年美国接收的外国留学生总数的比例为 71.5%。

与 1992 年比较，在美国学习的留学生在 5000 人以上的国家和地区数增加了 4 个，其中亚洲国家增加了土耳其和尼泊尔，南美增加了哥伦比亚和巴西，非洲增加了肯尼亚，欧洲国家减少了一个——西班牙。

总之，美国接收的外国留学生的来源，从来自各个大洲的留学生规模来说，来自亚洲国家的留学生规模居第一位，而且其规模超过美国接收的外国留学生总数一半以上；居第二、三位的是欧洲和北美，然后是非洲、拉美和大洋洲。虽然美国接收的外国留学生几乎来自世界上的所有国家，但是，其接收的外国留学生的来源国家和地区仍然相当集中。例如，2006 年在美国学习的留学生在 5000 人以上的国家仅有 19 个，来自这 19 个国家在美国的留学生占当年美国接收的外国留学生总数的 70% 以上。此外，大多数主要留学生来源国家的留学生规模相对稳定并保持增长，是美国接收的外国留学生稳定发展的重要因素。

（2）加拿大接收的外国留学生的来源地区和国家

根据联合国教科文组织的统计，1993 年，加拿大接收的外国留学生总数为 3.54 万人，在当年世界各国接收的外国留学生规模中居第八位；2005 年，加拿大接收的外国留学生增加到 7.55 万人，仍然居世界第八位。所以，加拿大是世界上接收外国留学生的主要国家之一（见表 25）。

表 25 1993、2005 年加拿大接收的外国留学生来源分布（按大洲）

单位：人

年份	总数	非洲	北美	南美	亚洲	欧洲	大洋洲
1993	35451	5842	4580	933	17029	6175	294
2005	75546	8007	11964	1851	38541	12708	552

资料来源：根据联合国教科文组织教育年鉴、网站的统计数字整理

从表 25 可以看出，在 1993 年加拿大接收的外国留学生中，来自亚洲、欧洲、非洲、北美、南美、大洋洲国家的留学生占当年加拿大接收的外国留学生总数的比例分别为 48%、17.4%、16.5%、12.9%、2.6% 和 0.8%。

1993 年，在加拿大学习的留学生在百人以上的国家和地区共有 61 个，其中亚洲国家和地区 18 个，欧洲国家 12 个，非洲国家 18 个，北美国家 7 个，南美国家 4 个，大洋洲国家 2 个。来自这 61 个国家和地区的留学生占当年加拿大接收的外国留学生总数的 88.6%。

1993 年，在加拿大学习的留学生在千人以上的国家和地区共有 8 个，它们是：中国香港（5735 人）、中国（3241 人）、美国（2687 人）、法国（2199 人）、马来西亚（1407 人）、英国（1334 人）、伊朗（1053 人）和印度（1051 人），其中亚洲国家和地区 5 个，欧洲国家 2 个，北美国家 1 个；来自这 8 个国家和地区的留学生占当年加拿大接收的外国留学生总数的 52.8%。

在 2005 年加拿大接收的外国留学生中，来自亚洲、欧洲、北美、非洲、南美、大洋洲国家和地区的留学生占当年加拿大接收的外国留学生总数的比例分别为 51%、16.8%、15.8%、10.6%、2.5% 和 0.7%。与 1993 年比较，主要变化是来自北美地区国家的留学生规模，从 1993 年在各大洲中居第四位，上升到 2005 年居第三位。

2005 年，在加拿大学习的留学生在百人以上的国家和地区共有 82 个，其中亚洲国家和地区 24 个，欧洲国家 20 个，北美国家 9 个，非洲国家 23 个，南美国家 4 个，大洋洲国家 2 个，来自这 82 个国家和地区的留学生占当年加拿大接收的外国留学生总数的 91.8%。2005 年在加拿大学习的留学生在百人以上的国家和地区数，比 1993 年增加了 21 个，除大洋洲国家数没有变化外，其他各大洲的国家数均有所增加。

2005 年，在加拿大学习的留学生在千人以上的国家和地区共有 12 个，它们是：中国（17913 人）、美国（7851 人）、法国（6252 人）、印度（2826 人）、韩国（2328 人）、伊朗（1551 人）、日本（1551 人）、中国香港（1371 人）、孟加拉（1266 人）、英国（1221 人）、德国（1074 人）和摩洛哥（1026 人），其中亚洲国家和地区 7 个，欧洲国家 3 个，北美国家 1 个，非洲国家 1 个。来自这 12 个国家和地区的留学生占当年加拿大接收的外国留学生总数的 61.2%。与

1993 年比较，在加拿大学习的留学生在千人以上的国家和地区总数增加了 4 个，而且 2005 年在加拿大学习的留学生在千人以上的国家和地区的留学生占当年加拿大接收的外国留学生总数的比例，比 1993 年提高了 8 个百分点。

总之，加拿大接收的外国留学生的来源国家和地区特点与美国类似。 即从来自各个大洲的留学生规模来说，来自亚洲国家和地区的留学生规模居第一位，而且其规模为加拿大接收的外国留学生总数的一半左右，其中 2005 年来自中国的留学生占当年加拿大接收的外国留学生总数的四分之一；居第二、三位的是欧洲和北美国家，然后是非洲、南美和大洋洲国家。

其次，加拿大接收的外国留学生中，来自欧美发达国家的留学生具有相当规模。 例如，2005 年，来自美国、法国、英国和德国四个国家的留学生占当年加拿大接收的外国留学生总数的五分之一以上。 而且，美国在加拿大的留学生规模，在加拿大各国的外国留学生规模中居第二位，总数达 7800 多人，占当年美国出国留学生总数的 16.8%，即六分之一，每六个美国出国留学生，就有一人去加拿大留学。 发达国家之间的留学生流动，在世界各国外国留学生流动中占有重要地位。

2. 西欧发达国家

2006 年，世界上接收外国留学生超过万人的 38 个国家和地区中，有 16 个是西欧发达国家，它们是：英国、德国、法国、意大利、比利时、奥地利、荷兰、瑞士、瑞典、丹麦、挪威、芬兰、爱尔兰、西班牙、葡萄牙和希腊等，即所有西欧主要发达国家。 这 16 个国家当年接收的外国留学生占世界外国留学生总数的 43%，几乎是当年美国接收的外国留学生的两倍。

2006 年，英国、德国、法国三个国家接收的外国留学生占当年西欧发达国家接收的外国留学生总数的 74%，其他 13 个西欧发达国家接收的外国留学生占总数的 26%。 所以，下面对英国、德国和法国三国 90 年代以来的外国留学生来源变化分别进行分析，对其他 13 个国家作为整体进行分析。

（1）英国接收的外国留学生的来源地区和国家

1991 年英国接收的外国留学生总数为 8.8 万人，其规模在美国、法国、俄罗斯、德国之后，居世界第五位。 当年德国接收的外国留学生比英国多 2.8 万人；法国接收的外国留学生比英国高出 5 万人。 1998 年，英国接收的外国留学生总数增加到 23.2 万人，超过当年德国、法国接收的外国留学生数，比德国高出 5 万多人，比法国高出 10 万多人，其规模仅次于美国而居世界第二位。 2006 年，英国接收的外国留学生总数达到 33 万人，其规模继续保持世界第二（见表 26）。

表 26　1991、1998 和 2006 年英国接收的外国留学生来源分布（按大洲）

单位：人

年份	总数	非洲	北美	南美	亚洲	欧洲	大洋洲
1991	88141	9325	7578	1471	34355	34120	865
1998	232537	16729	18748	3161	73183	117674	1985
2006	330078	30967	24797	3257	152020	109287	2267

资料来源：根据联合国教科文组织教育年鉴、网站的统计数字整理

从表 26 可以看出，1991 年英国接收的外国留学生中，来自亚洲、欧洲、非洲、北美、南美和大洋洲国家和地区的留学生占当年英国接收的外国留学生总数的比例分别为 39%、38.7%、10.6%、8.6%、1.7% 和 1%。 虽然来自亚洲国家和地区的留学生规模在各大洲中居第一位，但与来自欧洲国家的留学生规模相差很小。

1991 年，在英国学习的留学生在千人以上的国家和地区共有 19 个，其中欧洲国家 8 个，亚洲国家和地区 8 个，北美国家 2 个，非洲国家 1 个。 来自这 19 个国家和地区的留学生占当年英国接收的外国留学生总数的 69.9%。

1991 年，在英国学习的留学生在 5000 人以上的国家和地区共有 6 个，它们是：马来西亚（7716 人）、中国香港（6723 人）、德国（5853 人）、法国（5590 人）、爱尔兰（5554 人）和美国（5052 人）。 其中欧洲国家 3 个，亚洲国家和地区 2 个，北美国家 1 个。 来自这 6 个国家和地区的留学生占当年英国接收的外国留学生总数的 41.4%。

1998 年英国接收的外国留学生中，来自欧洲、亚洲、北美、非洲、南美和大洋洲的留学生占当年英国接收的外国留学生总数的比例分别为 50.6%、31.5%、8.1%、7.2%、1.4% 和 0.9%。 与 1991 年相比，来自欧洲国家的留学生所占比例提升了 12 个百分点，而来自亚洲国家和地区的留学生所占比例下降了 7 个百分点。 1998 年来自欧洲国家的留学生比 1991 年增加了 8.3

万人，占当年英国接收的外国留学生增加数的 57.9%；来自亚洲国家和地区的留学生增加了 3.8 万人，占当年英国接收的外国留学生增加数的 26.9%。所以，在 1991—1998 年间，英国接收的外国留学生增长的一半以上来自欧洲国家。这与欧洲经济一体化的发展有关。英国于 1973 年加入欧洲共同体，上个世纪的 90 年代是欧洲共同体国家之间留学生交流增长最快的时期。

1998 年，在英国学习的留学生在千人以上的国家和地区共有 41 个，其中欧洲国家 15 个，亚洲国家和地区 15 个，非洲国家 6 个，北美国家 2 个，南美国家 2 个，大洋洲国家 1 个。来自这 41 个国家和地区的留学生占当年英国接收的外国留学生总数的 85.8%。与 1991 年比较，在英国学习的留学生在千人以上的国家和地区数目增加了 22 个。

1998 年，在英国学习的留学生在 5000 人以上的国家和地区共有 11 个，它们是：希腊(30186 人)、爱尔兰(16192 人)、德国(14146 人)、法国(13795 人)、马来西亚(12924 人)、美国(11671 人)、中国香港(8099 人)、西班牙(7673 人)、日本(6230 人)、新加坡(6022 人)和意大利(5988 人)。其中欧洲国家 6 个，亚洲国家和地区 4 个，北美国家 1 个。来自这 11 个国家和地区的留学生占当年英国接收的外国留学生总数的比例为 57.2%。

与 1991 年比较，在英国学习的留学生在 5000 人以上的国家和地区增加了 5 个，这 5 个国家全部来自欧洲和亚洲地区，其中欧洲国家由 3 个增加到 6 个，亚洲的国家和地区由 2 个增加到 4 个。

2006 年英国接收的外国留学生中，来自亚洲、欧洲、非洲、北美、南美和大洋洲的留学生占当年英国接收的外国留学生总数的比例分别为 46.1%、33.1%、9.4%、7.5%、1% 和 0.6%。与 1998 年比较，来自亚洲的国家和地区的留学生所占比例提升了 15 个百分点，来自欧洲国家的留学生所占比例下降了 4 个百分点。2006 年来自亚洲的国家和地区的留学生比 1998 年增加了 7.8 万人，占当年英国接收的外国留学生增加数的 80.8%；而当年英国来自欧洲国家的留学生比 1998 年减少了 8000 多人。所以，2006 年英国接收的外国留学生的增加数的大多数(80% 以上)来自亚洲国家和地区。

2006 年，在英国学习的留学生在千人以上的国家共有 50 个，其中亚洲国家和地区 20 个，欧洲国家 17 个，非洲国家 8 个，北美国家 2 个，南美国家 2

个，大洋洲国家 1 个。 来自这 50 个国家和地区的留学生占当年英国接收的外国留学生总数的比例为 87.7％。 与 1998 年相比，留学生在千人以上的国家和地区数增加了 9 个，其中亚洲的国家和地区增加了 5 个，欧洲国家增加了 2 个，非洲国家增加了 2 个。

2006 年，在英国学习的留学生在 5000 人以上的国家和地区共有 14 个，它们是：中国（50753 人）、印度（19204 人）、希腊（17676 人）、爱尔兰（16790 人）、美国（14755 人）、德国（13267 人）、法国（12456 人）、马来西亚（11448 人）、中国香港（9445 人）、巴基斯坦（7940 人）、塞浦路斯（7203 人）、西班牙（6224 人）、日本（6200 人）和意大利（5641 人）。 其中亚洲的国家和地区共 7 个，欧洲国家 6 个，北美国家 1 个。 与 1998 年比较，留学生超过 5000 人的国家和地区数增加了 3 个，增加的 3 个国家全部是亚洲国家，它们是中国、印度和巴基斯坦。

中国成为 2006 年英国留学生生源最多的国家，中国在英国的留学生占英国当年接收的外国留学生总数的 15.4％。 2006 年与 1998 年比较，英国接收的外国留学生总数增加近 10 万人，其中 47.7％ 来自中国。

总之，在 1991—2006 年间，英国接收的外国留学生经历了快速增长时期。 从 1991 年英国接收的外国留学生规模明显落后于德国和法国，到 1998 年，其接收的外国留学生规模比德国和法国分别高出 5 万人和 10 万人，居世界第二位。 到 2006 年，英国接收的外国留学生又增长到 33 万人，分别比德国和法国高出 7 万人和 8 万人。

英国接收的外国留学生主要来自亚洲和欧洲的国家和地区，在 1991—2006 年间，来自这两个大洲的国家和地区的留学生一般占英国接收的外国留学生总数的 80％ 左右，而且，亚洲主要是东亚和南亚国家和地区；欧洲主要是西欧国家。 八九十年代，英国接收的外国留学生的增长以来自欧洲国家的留学生为主，1998 年来自欧洲国家的留学生规模，在各大洲中居首位。 90 年代后期以来，英国接收的外国留学生的增长以来自亚洲国家和地区的留学生为主，2006 年来自亚洲国家和地区的留学生的规模，在各大洲中居首位。

欧美发达国家在英国的留学生占有相当比例。 例如，2006 年，欧美发达国家在英国的留学生占当年英国接收的外国留学生总数的 40% 以上，即五分之二的留学生是来自欧美发达国家。

（2）德国接收的外国留学生的来源地区和国家

1991 年德国接收的外国留学生总数为 11.6 万人，其规模在美国、法国、俄罗斯之后，居世界第四位。 1998 年，德国接收的外国留学生增加到 17.8 万人，其规模在美国和英国之后，居世界第三位。 2006 年，德国接收的外国留学生总数增加到 25.9 万人，其规模仍然在美国和英国之后，居世界第三位。

表 27　1991、1998 和 2005 年德国接收的外国留学生来源分布（按大洲）

单位：人

年份	总数	非洲	北美	南美	亚洲	欧洲	大洋洲
1991	116474	7916	5505	3385	50132	47175	175
1998	178195	17309	5396	4001	64378	87596	312
2005	259797	23255	5761	5917	94722	127760	399

资料来源：根据联合国教科文组织教育年鉴、网站的统计数字整理

从表 27 可以看出，1991 年德国接收的外国留学生中，来自亚洲、欧洲、非洲、北美、南美和大洋洲国家和地区的留学生占当年德国接收的外国留学生总数的比例分别为 43%、40.5%、6.8%、4.7%、2.9% 和 0.2%。

1991 年，在德国学习的留学生在千人以上的国家共有 23 个，其中欧洲国家 11 个，亚洲国家 9 个，非洲国家 2 个，北美国家 1 个。 来自这 23 个国家的留学生占当年德国接收的外国留学生总数的 75%。

1991 年，在德国学习的留学生在 5000 人以上的国家共有 5 个，它们是：土耳其（16872 人）、伊朗（10723 人）、希腊（7090 人）、中国（6237 人）和奥地利（5971 人）。 其中亚洲国家 3 个，欧洲国家 2 个。 来自这 5 个国家的留学生占当年德国接收的外国留学生总数的 40.3%。

土耳其是 1991 年在德国留学生最多的国家。 土耳其在德国留学生比较多的原因之一是当时在德国有保留土耳其国籍的两三百万土耳其人。 60 年代，联邦德国从土耳其引进劳工。 原来要让这些劳工工作一定时间后返回土耳其，实际上很多人一直留在德国。 德国的外国留学生定义为：在德国高等

学校就读的非德国国籍的外国人均被称为留学生。 所以，土耳其在德国的留学生，有的是从土耳其国内去德国留学的学生，也有的是在德国长期居住没有加入德国国籍的原土耳其劳工子弟。

1998 年德国接收的外国留学生中，来自欧洲、亚洲、非洲、北美、南美和大洋洲的国家的留学生占当年德国接收的外国留学生总数的比例分别为 49.2%、36.1%、9.7%、3.0%、2.2% 和 0.2%。 与 1991 年比较，来自欧洲国家留学生所占比例提升了 9 个百分点，来自亚洲国家和地区的留学生所占比例下降了 7 个百分点，虽然 1998 年来自亚洲国家的留学生数比 1991 年还增加了 1 万多人。

1998 年，在德国学习的留学生在千人以上的国家共有 37 个，其中欧洲国家 22 个，亚洲国家 9 个，非洲国家 4 个，北美国家 1 个，南美国家 1 个。 来自这 37 个国家的留学生占当年德国接收的外国留学生总数的 83.2%。 与 1991 年比较，留学生在千人以上的国家数增加了 14 个，其中 11 个是欧洲国家，2 个是非洲国家，1 个是南美国家。

这里需要指出德国接收的外国留学生来源国别的两个特点：一是在德国学习的留学生在千人以上的 4 个非洲国家中，有 3 个是北非的阿拉伯国家，1 个是撒哈拉以南的非洲国家（喀麦隆）。 所以，德国来自非洲国家的留学生在数量上主要是来自北非的阿拉伯国家。 二是在德国学习的留学生在千人以上的 22 个欧洲国家的留学生占当年德国来自全部欧洲国家留学生总数的 91.2%。 在这 22 个国家中，有 10 个是东欧、独联体国家。 1998 年，德国来自欧洲国家的留学生比 1991 年增加了 4 万人，其中，来自东欧、独联体国家的留学生比 1991 年（当时为来自东欧、苏联的留学生）增加了 3 万人。 所以，1998 年德国来自欧洲国家留学生增加数量的四分之三来自东欧、独联体国家。

在这一方面，德国与英国很不同。 1998 年，在英国学习的留学生在千人以上的国家中没有东欧、独联体国家。 这与德国与东欧、独联体国家在地理上相近有直接关系。

1998 年，在德国学习的留学生在 5000 人以上的国家共有 11 个，它们是：土耳其（26583 人）、希腊（8317 人）、伊朗（8213 人）、波兰（7804 人）、意大利(7236人)、奥地利(6781人)、法国(6403人)、西班牙(5501人)、摩洛哥(5416人)、俄罗斯(5360人)和中国(5355人)。 其中欧洲国家7个,亚洲国家3个,非洲国家1个。 与1991年比较,留学生在5000人以上的国家数增加了6个,其中欧洲国家5个,它们是波兰、意大利、法国、西班牙和俄罗斯;非洲国家1个,即摩洛哥。

在2005年德国接收的外国留学生中,来自欧洲、亚洲、非洲、南美、北美和大洋洲的留学生占当年德国接收的外国留学生总数的比例分别为49.2%、36.5%、9.0%、2.3%、2.2%和0.2%。 与1998年比较,除了来自南美的留学生规模超过北美的留学生规模外,2005年德国接收的外国留学生来源的洲别结构与1998年基本相同。

2005年,在德国学习的留学生在千人以上的国家共有47个,其中欧洲国家24个,亚洲国家15个,非洲国家4个,北美国家2个,南美国家2个。来自这47个国家的留学生占当年德国接收的外国留学生总数的87.9%。 与1998年比较,留学生在千人以上的国家数增加了10个,其中欧洲国家增加2个,亚洲国家增加了6个,北美国家增加了1个,南美国家增加了1个。

2005年,在德国学习的留学生在5000人以上的国家共有15个,它们是:中国(27129人)、土耳其(25421人)、波兰(15893人)、保加利亚(12923人)、俄罗斯(12158人)、乌克兰(8455人)、摩洛哥(8227人)、意大利(7702人)、希腊(6552人)、法国(6545人)、奥地利(6257人)、西班牙(5669人)、喀麦隆(5393人)、韩国(5282人)和克罗地亚(5140人)。 其中欧洲国家10个,亚洲国家3个,非洲国家2个。 来自这15个国家的留学生占当年德国接收的外国留学生总数的61%。 与1998年比较,留学生在5000人以上的国家数增加了4个,其中欧洲国家3个,它们是保加利亚、乌克兰和克罗地亚,全部属于东欧、独联体国家;非洲国家增加了1个,即喀麦隆。

据统计,2005年,德国来自西欧国家的留学生规模比1998年减少了3000多人,但德国来自欧洲国家的留学生比1998年增加了4万多人。 所以,2005年,德国来自欧洲国家留学生中增加的4万多人全部来自东欧、独联体国家。

2005 年，德国来自亚洲国家的留学生比 1998 年增加了 3 万人，其中来自中国的留学生比 1998 年增长了 2.1 万人，占当年德国来自亚洲国家留学生增加数的 68%，即三分之二增加的留学生是来自中国。 中国也于 2005 年成为在德国学习的留学生最多的国家，超过 1991 年以来在德国留学生数量一直居首位的土耳其。

在世界上德语的通用程度远比英语小。 在一定意义上说，在世界范围内德语算是一个小语种。 此外，与英国和法国比较，历史上德国的国外殖民地远比英国和法国要少。 这两种因素，都是英国和法国吸引外国留学生的有利条件。 但是，德国接收的外国留学生规模在世界上一直居前列。 从 1991 年以来，德国接收的外国留学生规模一直高于法国而居世界第三位。

与英国相同，在 1991—2005 年间，德国接收的外国留学生也主要来自欧洲和亚洲两个地区的国家，来自这两个地区国家的留学生占德国接收的外国留学生总数的比例在 85% 左右，比英国的同类比例还稍高一些。

但与英国不同的是，1998 年以来，在来自各大洲的留学生中，德国来自欧洲国家的留学生规模一直居首位；1998 年，英国来自欧洲国家的留学生规模居首位，但到 2006 年，英国来自亚洲国家的留学生规模超过来自欧洲国家而居首位。 原因是 90 年代后期以来，不论英国还是德国，来自西欧国家的留学生基本上维持原来规模，而且还稍有减少。 但是，德国来自东欧和独联体国家的留学生大量增加。 在 1998—2005 年间，德国来自欧洲国家留学生增长的数量绝大多数来自东欧和独联体国家；而英国来自东欧和独联体国家的留学生却很少。 在 1998—2005 年间，英国接收的外国留学生增长的数量绝大多数来自亚洲国家，而德国接收的外国留学生增长的 50% 来自欧洲（绝大多数来自东欧和独联体国家），40% 来自亚洲国家。 发生这种情况，除了其他方面的原因外，在地理上，德国与很多东欧和独联体国家接壤，而英国远离东欧和独联体国家，是一个重要因素。

来自欧洲国家的留学生在德国接收的外国留学生中占相当大比例，是德国接收的外国留学生来源的一个重要特点。 例如，2005 年，来自欧洲国家（包括西欧和东欧、独联体国家）的留学生占德国当年接收的外国留学生总数的 31% 以上，即德国接收的外国留学生的三分之一是来自欧洲国家。

（3）法国接收的外国留学生的来源地区和国家

1992 年法国接收的外国留学生总数为 13.8 万人，其规模仅次于美国，居世界第二位。 但是，1998 年法国接收的外国留学生总数比 1992 年减少了 7000 多人，使其外国留学生规模在世界的位次降到第四位，位于美国、英国和德国之后。 2006 年，法国接收的外国留学生总数达到 24.7 万人，比 1998 年增长了 89%，其外国留学生规模仍居世界第四位（见表 28）。

表 28　1992、1998 和 2006 年法国接收的外国留学生来源分布（按大洲）

单位：人

年份	总数	非洲	北美	南美	亚洲	欧洲	大洋洲
1992	138477	74941	5636	4356	20521	31957	126
1998	130952	67021	4984	3715	17063	39626	142
2006	247510	111862	7509	7334	45780	51544	384

资料来源：根据联合国教科文组织教育年鉴、网站的统计数字整理

从表 28 可以看出，在 1992 年法国接收的外国留学生中，来自非洲、欧洲、亚洲、北美、南美和大洋洲国家和地区的留学生占当年法国接收的外国留学生总数的比例分别为 54%、23.1%、14.8%、4.1%、3.1% 和 0.1%。 来自非洲国家的留学生数居各大洲之首，而当年来自欧洲国家的留学生还不及来自非洲国家留学生的一半。

1992 年，在法国学习的留学生在千人以上的国家共有 32 个，其中非洲国家 11 个，欧洲国家 11 个，亚洲国家 7 个，北美国家 2 个，南美国家 1 个。 来自这 32 个国家的留学生占当年法国接收的外国留学生总数的 83.9%。

1992 年，在法国学习留学生在 5000 人以上的国家共有 4 个，它们是：摩洛哥（22255 人）、阿尔及利亚（18462 人）、突尼斯（6418 人）和德国（5563 人），其中 3 个是北非的阿拉伯国家。 来自这 4 个国家的留学生占当年法国接收的外国留学生总数的 38%。

在 1998 年法国接收的外国留学生中，来自非洲、欧洲、亚洲、北美、南美和大洋洲国家和地区的留学生占当年法国接收的外国留学生总数的比例分别为 51.3%、30.3%、13.0%、3.8%、2.8% 和 0.1%。 与 1992 年相比，来自非洲国家的留学生所占比例下降了 3 个百分点；来自欧洲国家的留学生所

占比例上升了 7 个百分点。

　　1998 年，在法国学习的留学生在千人以上的国家共有 32 个，其中非洲国家 9 个，欧洲国家 12 个，亚洲国家 8 个，北美国家 2 个，南美国家 1 个。来自这 32 个国家的留学生占当年法国接收的外国留学生总数的 78.8%。与 1992 年比较，留学生在千人以上的国家总数仍然是 32 个，但非洲国家减少了 2 个，欧洲国家增加了 1 个，亚洲国家增加了 1 个。

　　1998 年，在法国学习的留学生在 5000 人以上的国家共有 4 个，它们是：摩洛哥（18849 人）、阿尔及利亚（14559 人）、尼日尔（5582 人）和德国（5162 人），来自这 4 个国家的留学生占当年法国接收的外国留学生总数的 33.7%。与 1992 年比较，留学生在 5000 人以上的国家数没有变化，非洲国家仍然是 3 个，只是北非国家减少了 1 个，增加了 1 个撒哈拉以南非洲国家；另一个国家仍然是德国。

　　在 2006 年法国接收的外国留学生中，来自非洲、欧洲、亚洲、北美、南美和大洋洲国家和地区的留学生占当年法国接收的外国留学生总数的比例分别为 49.8%、23%、20%、3.3%、3.2% 和 0.2%。

　　2006 年，法国来自各大洲的留学生数均比 1998 年有所增加。来自非洲国家和地区留学生的增加数占当年法国接收的外国留学生增加总数的 48%；来自亚洲国家留学生的增加数占当年法国接收的外国留学生增加总数的 30.7%；来自欧洲国家留学生的增加数占当年法国接收的外国留学生增加总数的 12.7%，来自这三个大洲国家的留学生增加数占当年法国接收的外国留学生增加总数的 91.4%。所以，2006 年法国接收的外国留学生的增长，约 50% 来自非洲国家，30% 来自亚洲国家，10% 来自欧洲国家。

　　2006 年，在法国学习的留学生在千人以上的国家共有 46 个，其中非洲国家 18 个，欧洲国家 14 个，亚洲国家 8 个，北美国家 4 个，南美国家 2 个。来自这 46 个国家的留学生占当年法国接收的外国留学生总数的 79.5%。与 1998 年比较，留学生在千人以上的国家数增加了 14 个，其中非洲国家增加了 9 个，欧洲国家增加了 2 个，北美国家增加了 2 个，南美国家增加了 1 个。

　　2006 年，在法国学习的留学生在 5000 人以上的国家共有 8 个，它们是：摩洛哥（29299 人）、阿尔及利亚（21641 人）、中国（17132 人）、突尼斯（10386

人)、塞内加尔(9399人)、德国(6565人)、喀麦隆(5387人)和黎巴嫩(5083人)。 其中非洲国家5个,亚洲国家2个,欧洲国家1个。 来自这8个国家的留学生占当年法国接收的外国留学生总数的46.7%。 与1998年比较,留学生在5000人以上的国家数增加了4个,其中非洲国家增加了2个,亚洲国家增加了2个。

2006年,法国来自非洲国家的留学生比1998年增加了4.48万人,其中来自北非国家的留学生比1998年增加了2.99万人,占当年法国来自非洲国家留学生增加数的66.7%。 所以,当年法国来自非洲国家留学生增加数的三分之二来自北非国家。 2006年,法国来自欧洲国家的留学生比1998年增加了1.19万人,而当年来自东欧、独联体国家的留学生比1998年增加了0.86万人,占当年法国来自欧洲国家留学生增加数的72.3%。 所以,当年法国来自欧洲国家留学生的增加数的70%以上来自东欧、独联体国家。 2006年,中国在法国的留学生总数比1998年增加了1.5万人,占当年法国来自亚洲国家留学生增加数的61.9%。 所以,法国当年来自亚洲国家留学生的增加数的近三分之二来自中国。

在1992—2006年间,法国接收的外国留学生主要来自非洲和欧洲两个地区的国家,来自这两个地区国家的留学生占法国接收的外国留学生总数的比例在73%—80%之间,其中2006年的比例最低,为73%。 法国与英国、德国同处欧洲,是西欧的三个主要发达国家,但是,法国接收的外国留学生来源地区,与英国和德国有明显不同。

法国来自非洲国家留学生规模比较大,与很多非洲国家历史上是法国的殖民地的事实有关。 但是,法国来自非洲国家的留学生的多数是来自跨地中海南岸的北部非洲国家,这些国家除了历史上曾是法国的殖民地外,还是与法国地理上相近的国家。 例如,2006年法国来自北非5个阿拉伯国家的留学生占当年法国来自非洲国家留学生的57%以上。 在1998—2006年间,法国接收的外国留学生增长了89%,其中三分之二来自北非阿拉伯国家。

在英国、德国和法国三国中,不但法国接收的外国留学生总数相对最少,法国来自欧洲国家的留学生相对比例也最小,而且从数量上来说,法国来自欧洲国家的留学生也是最少的。 例如,2006年法国来自欧洲国家的留学生比英国和德国来自欧洲国家的留学生分别少 7 万人和 5 万人。但是，与德国类似，1998—2006 年间，法国来自欧洲国家留学生增长的 70% 来自东欧、独联体国家。

（4）其他 13 个西欧发达国家接收的外国留学生的来源地区

2006 年接收外国留学生超过万人的西欧 16 个国家中，除英国、德国和法国外，其他 13 个国家接收的外国留学生规模在 1 万人到 5 万人之间，其中两万人以下（不含两万人）的国家 7 个，它们是：西班牙、葡萄牙、希腊、挪威、爱尔兰、丹麦和芬兰；2—3 万人（不含 3 万人）的国家 4 个，它们是：瑞士、荷兰、比利时和瑞典；3—4 万人（不含 4 万人）的国家 1 个，即奥地利；4—5 万人（不含 5 万人）的国家 1 个，即意大利。

根据联合国教科文组织的统计数字，这 13 个国家来自欧洲国家留学生的比例如表 29：

表 29　2006 年 13 个西欧国家来自欧洲国家的留学生比例

	国家	外国留学生（人）	来自欧洲国家留学生比例（%）
1	意大利	49090	66.5
2	奥地利	39329	82.0
3	瑞士	28016	70.5
4	荷兰	27037	70.4
5	比利时	24854	53.2
6	瑞典	21315	80.3
7	西班牙	18206	39.0
8	葡萄牙	17077	18.6
9	希腊	16558	30.4
10	爱尔兰*	12740	37.5
11	挪威	14297	59.5
12	丹麦	12182	71.5
13	芬兰*	8442	53.0

注：（1）* 号国家为 2005 年留学生数字

（2）根据联合国教科文组织的统计，2006 年芬兰接收的外国留学生总数为 11514 人，但没有国别留学生统计数字。因此采用芬兰 2005 年接收的外国留学生数字，其留学生总数少于万人。

资料来源：根据联合国教科文组织网站的统计数字整理

除了西班牙、爱尔兰、希腊和葡萄牙 4 个国家外，其他 9 个国家接收的外国留学生中，来自欧洲国家的留学生所占比例均超过 50%。所以，这 9 个国家接收的外国留学生的多数或大多数来自欧洲国家。

根据联合国教科文组织的统计，2006 年希腊接收的外国留学生中，来自亚洲国家的留学生总数为 1.05 万人，占当年希腊接收的外国留学生总数的 63.9%。但是，来自亚洲国家的这 1.05 万人中，有 8900 多人是来自塞浦路斯的留学生。虽然塞浦路斯在地理上划为亚洲国家，但它是位于地中海的一个岛国，与欧洲的巴尔干半岛相邻。塞浦路斯与欧洲国家关系密切的另一个证据是，2004 年塞浦路斯已经被接受为欧盟的成员国。所以，2006 年希腊接收的外国留学生的绝大多数是来自欧盟和欧洲国家。

根据联合国教科文组织的统计，2006 年，爱尔兰接收的外国留学生中，来自欧洲国家的留学生占当年爱尔兰接收的外国留学生总数的 37.5%；来自亚洲国家的留学生占当年爱尔兰接收的外国留学生总数的 35.2%。所以，2006 年爱尔兰接收的外国留学生中，来自欧洲国家的留学生居第一位，虽然数量上不占多数。

根据联合国教科文组织的统计，2006 年西班牙接收的外国留学生中，来自北美国家的留学生占当年西班牙接收的外国留学生总数的 46.9%；来自欧洲国家的留学生占当年西班牙接收的外国留学生总数的 39%。2006 年，西班牙来自欧洲国家的留学生，比来自北美国家的留学生少 1400 多人。

根据联合国教科文组织的统计，2006 年葡萄牙接收的外国留学生中，来自非洲国家的留学生占当年葡萄牙接收的外国留学生总数的 63%。非洲国家佛得角、安哥拉和莫桑比克等三个国家在葡萄牙的留学生达 9400 多人，占当年葡萄牙来自非洲国家留学生总数的 87%。

所以，在这 13 个西欧发达国家中，西班牙、葡萄牙和爱尔兰三国接收的外国留学生，来自欧洲国家的留学生不占多数，其他 10 个国家接收的外国留学生的多数均来自欧洲国家。

3. 大洋洲发达国家

（1）澳大利亚接收的外国留学生的来源地区和国家

1984 年，澳大利亚的杰克逊委员会在向联邦政府提交的报告中提出：

"教育应该被视为一种出口产业，要鼓励学校互相竞争，争取更多的海外生源和资金"，"澳大利亚教育服务中的国际贸易有可能成为本国一种重要的新兴产业，具有很大的潜力"。

1985 年，澳大利亚政府开始实施发展自费留学生的政策。所以叫"自费留学生政策"，是区别于五六十年代发达国家（包括澳大利亚）实行的向发展中国家提供留学奖学金的援助政策。

根据联合国教科文组织的统计，1980 年，澳大利亚接收的外国留学生总数只有 8700 人。自 1985 年以后，澳大利亚接收的外国留学生稳步发展，到 1992 年，其接收的外国留学生总数达到 39400 人，在世界各国中居第七位，居前六位的国家依次为美国、法国、俄罗斯、联邦德国、英国和日本。1998 年，澳大利亚接收的外国留学生达到 11.7 万人，超过当年日本（5.6 万人）和俄罗斯（4.1 万人）接收的外国留学生规模而居世界第五位，居前四位的国家为美国（45.1 万人）、英国（23.2 万人）、德国（17.8 万人）、法国（13 万人）。2005 年，澳大利亚接收的外国留学生规模达到 20.7 万人，仍居世界第五位，居前四位的国家依次为美国（59 万人）、英国（31.8 万人）、德国（25.9 万人）和法国（23.6 万人）。

根据澳大利亚的官方统计，2008 年澳大利亚接收的外国留学生总数为 459692 人。这些留学生分为五类：第一类是在高等学校就读的留学生，即攻读本科和研究生学位的留学生，占总数的 38.7%，共有 17.7 万人；第二类是在职业技术教育学校就读的留学生，澳大利亚的职业技术学校，有的属于中等职业技术教育，有的属于高等职业技术教育，这类留学生占总数的 31%，共有 14.2 万人；第三类是参加英语培训的留学生，这类留学生占总数的 18.4%，共有 8.4 万人；第四类是在澳大利亚中学就读的留学生，这类留学生占总数的 6%，共有 2.7 万人；最后是其他留学生，占总数的 5.9%，共有 2.7 万人。根据联合国教科文组织关于留学生的定义，在高等教育机构就读的外国人被称为留学生。显然，澳大利亚的外国留学生中，有些留学生的学习单位不属于高等教育范畴。

因此，澳大利亚公布的其接收的外国留学生的统计数字，与联合国教科文组织公布的澳大利亚接收的外国留学生统计数字是不同的。例如，联合国教科文组织公布的 2005 年澳大利亚接收的外国留学生为 207264 人,而澳大利亚官方统计的当年接收的外国留学生数字为 383818 人,两者相差 17.6 万人。

以下对澳大利亚接收的外国留学生的发展分析,是根据联合国教科文组织公布的统计数字(见表 30)。

表 30　1992、2000、2005 年澳大利亚接收的外国留学生来源分布(按大洲)

单位:人

年份	总数	非洲	北美	南美	亚洲	欧洲	大洋洲
1992	39490	790	923	71	28889	1150	6191
2000	105764	3102	4409	819	67849	11175	6104
2005	207264	7951	8327	1849	154954	16615	7787

资料来源:根据联合国教科文组织教育年鉴、网站的统计数字整理

从表 30 可以看出,1992 年澳大利亚接收的外国留学生中,来自亚洲、大洋洲、欧洲、北美、非洲和南美的国家和地区的留学生占当年澳大利亚接收的外国留学生总数的比例分别为 73.2%、15.7%、2.9%、2.3%、2.0% 和 0.2%。

1992 年,在澳大利亚学习的留学生在百人以上的国家和地区共有 24 个,其中亚洲国家和地区 16 个,大洋洲国家 4 个,欧洲国家 2 个,北美国家 2 个。来自这 24 个国家和地区的留学生占当年澳大利亚接收的外国留学生总数的 89%。

1992 年,在澳大利亚学习的留学生在千人以上的国家和地区共有 6 个,它们是:马来西亚(7917 人)、中国香港(6150 人)、新西兰(4367 人)、新加坡(4180 人)、中国(2854 人)和印度尼西亚(2540 人),其中亚洲国家和地区 5 个,大洋洲国家 1 个。来自这 6 个国家和地区的留学生占当年澳大利亚接收的外国留学生总数的 70.9%。

2000 年澳大利亚接收的外国留学生中,来自亚洲、欧洲、大洋洲、北美、非洲和南美国家和地区的留学生占当年澳大利亚接收的外国留学生总数的比例分别为 64.2%、10.6%、5.8%、4.2%、2.9% 和 0.8%。

从数量上来说,2000 年,除来自大洋洲国家留学生比 1992 年减少了不到百人外,来自其他 5 个大洲的留学生均比 1992 年有较大幅度增长,增长的幅

度在 3 倍到 10 倍之间。　与 1992 年比较，2000 年来自亚洲国家和地区的留学生规模仍是最大的；来自欧洲国家的留学生比 1992 年增加了 10 倍，使其留学生所占比例提升了 8 个百分点，达到 10.6%，在各大洲中居第二位，超过来自大洋洲国家的留学生规模。

2000 年，在澳大利亚学习的留学生在百人以上的国家和地区共有 54 个，其中亚洲国家和地区 25 个，欧洲国家 15 个，大洋洲国家 4 个，北美国家 2 个，非洲国家 5 个，南美国家 3 个。　来自这 54 个国家和地区的留学生占当年澳大利亚接收的外国留学生总数的 80.4%。　与 1992 年比较，留学生在百人以上的国家和地区数目增加了 30 个，其中亚洲国家和地区增加了 8 个，欧洲国家增加了 13 个，非洲国家增加了 5 个，南美国家增加了 3 个，北美国家增加了 1 个。　留学生在百人以上的欧洲国家和非洲国家显著增加，说明在 1992—2000 年间，澳大利亚在继续扩大来自亚洲国家和地区的留学生规模的同时，成功地开发了来自欧洲国家和非洲国家的留学生生源。

2000 年，在澳大利亚学习的留学生在千人以上的国家和地区共有 17 个，它们是：马来西亚（12869 人）、新加坡（10056 人）、印度尼西亚（9934 人）、中国香港（7546 人）、中国（5008 人）、印度（4578 人）、英国（4430 人）、新西兰（4270 人）、美国（3181 人）、泰国（2693 人）、韩国（2361 人）、日本（2200 人）、挪威（1689 人）、斯里兰卡（1585 人）、越南（1405 人）、德国（1110 人）和加拿大（1074 人）。　来自这 17 个国家和地区的留学生占当年澳大利亚接收的外国留学生总数的 71.9%。　这 17 个国家和地区中，亚洲国家和地区 11 个，欧洲国家 3 个，北美国家 2 个，大洋洲国家 1 个。　与 1992 年比较，国家数增加了 11 个，其中亚洲国家和地区增加了 6 个，欧洲国家增加了 3 个，北美国家增加了 2 个。

2005 年澳大利亚接收的外国留学生中，来自亚洲、欧洲、北美、非洲、大洋洲和南美国家和地区的留学生占当年澳大利亚接收的外国留学生总数的比例分别为 74.8%、8.0%、4.0%、3.8%、3.8% 和 0.9%。　与 2000 年比较，来自北美和非洲地区国家的留学生规模，超过了来自大洋洲国家的留学生规模而分别居第三、四位。　2005 年澳大利亚来自大洋洲国家的留学生比 2000 年有所增长，但因为大洋洲国家的总体生源潜力规模与其他地区相比较小，即使来自大洋洲国家留学生规模发展到最大，其留学生总体规模也难与其他地区相比。大洋洲国家作为澳大利亚的周边国家，在澳大利亚开始实施扩大外国留学生规模的初期（1992年），来自大洋洲国家的留学生占当年澳大利亚接收的外国留学生总数的15.7%，在各大洲中居第二位，说明来自周边国家的留学生还是首先发展起来的。

2005年，在澳大利亚学习的留学生超过百人的国家和地区共有78个，其中亚洲国家和地区34个，欧洲国家20个，非洲国家12个，北美国家3个，大洋洲国家4个，南美国家5个。与2000年比较，国家和地区总数增加了24个，其中亚洲国家和地区增加了9个，欧洲国家增加了5个，非洲国家增加了7个，南美国家增加了2个，北美国家增加了1个。来自这78个国家和地区的留学生占当年澳大利亚接收的外国留学生总数的91.8%。

2005年，在澳大利亚学习的留学生在千人以上的国家和地区共有22个，它们是：中国（40316人）、印度（22039人）、马来西亚（18535人）、中国香港（12525人）、印度尼西亚（11302人）、新加坡（11206人）、英国（5412人）、新西兰（5309人）、泰国（5014人）、韩国（4889人）、日本（3976人）、美国（3935人）、加拿大（3789人）、孟加拉（3606人）、越南（3055人）、斯里兰卡（2726人）、挪威（2437人）、德国（2290人）、南非（1578人）、巴基斯坦（1545人）、斐济（1215人）和菲律宾（1017人），其中亚洲国家和地区14个，欧洲国家3个，北美国家2个，非洲国家1个，大洋洲国家2个。来自这22个国家和地区的留学生占当年澳大利亚接收的外国留学生总数的80.9%。与2000年比较，国家数增加了5个，其中亚洲国家和地区增加了3个，非洲国家增加了1个，大洋洲国家增加了1个。

与美国和加拿大相似，澳大利亚接收的外国留学生的多数来自亚洲国家。在1992—2005年间，来自亚洲国家和地区的留学生所占比例在64%—75%之间，其中2005年的比例是75%。澳大利亚来自亚洲国家和地区的留学生占其接收的外国留学生总数的比例比美国和加拿大的同类比例还要高。

在分析英国和德国接收的留学生的来源地区时，我们发现，这两个国家接收的留学生中，90年代前期来自西欧国家的留学生增加较快；而90年代后期以来，来自西欧国家的留学生增加明显放缓，还有所减少，但来自东欧和独联体国家的留学生有明显增加。 正是在这个形势下，澳大利亚使其来自欧洲国家的留学生，从 1992 年的 1000 多人，增加到 2000 年的 11000 多人，而后继续增长，到 2005 年达到 16000 多人。 从 1992 年以来，澳大利亚接收的来自各大洲的留学生中，来自欧洲国家的留学生规模一直居第二位，其规模占澳大利亚接收的外国留学生比例保持在 10% 左右。

澳大利亚是英语国家，又是一个经济上发达国家。 与美国、英国和加拿大等发达的英语国家相比，在接收外国留学生上澳大利亚是后起国家。 美国、英国和加拿大等国家都是世界上接收外国留学生的大国，所以，凡是成为美国、英国和加拿大等国重要的留学生生源的国家，也都是澳大利亚吸引外国留学生的生源国。 因此北美、非洲的英语国家以及其他非英语国家，例如拉美地区的国家，都是澳大利亚接收的外国留学生的重要生源国。 所以，澳大利亚接收的外国留学生的重要特点，除了来自亚洲地区的留学生占大多数外，澳大利亚接收的外国留学生生源在世界上是全方位的。

（2）新西兰接收的外国留学生的来源地区和国别

根据联合国教科文组织统计，1996 年新西兰接收的外国留学生总数为 5500 多人，2005 年增加到 4 万人（见表 31）。

表 31　1996、2005 年新西兰接收的外国留学生来源分布（按大洲）

单位：人

年份	总数	非洲	北美	南美	亚洲	欧洲	大洋洲
1996	5556	69	226	36	4025	267	884
2005	40774	210	2616	148	31250	2750	3802

资料来源：根据联合国教科文组织教育年鉴、网站的统计数字整理

从表 31 可以看出，1996 年，在新西兰接收的外国留学生中，来自亚洲、大洋洲、欧洲、北美等国家和地区的留学生占当年新西兰接收的外国留学生总数的比例分别为 72.4%、15.9%、4.8% 和 4.1%；来自非洲和南美两个大洲的留学生占当年新西兰接收的外国留学生总数的 1.9%。

1996 年，在新西兰学习的留学生百人以上的国家和地区共有 10 个，它们

是：马来西亚（2301人）、日本（299人）、泰国（236人）、中国香港（235人）、新加坡（224人）、印度尼西亚（221人）、太平洋岛屿（145人）、萨摩亚（122人）、德国（116人）和韩国（114人）。其中亚洲国家和地区7个，大洋洲国家2个，欧洲国家1个。来自这10个国家和地区的留学生占当年新西兰接收的外国留学生总数的72.2%。

2005年，在新西兰接收的外国留学生中，来自亚洲、大洋洲、欧洲、北美等国家和地区的留学生占当年新西兰接收的外国留学生总数的比例分别为76.6%、9.3%、6.7%和6.4%；来自非洲和南美两个大洲的留学生占当年新西兰接收的外国留学生总数的0.9%。与1996年相比，2005年新西兰外国留学生来源的洲别结构基本相同。

2005年，在新西兰学习的留学生百人以上的国家和地区共有23个，它们是：中国（23260人）、澳大利亚（2742人）、美国（2077人）、印度（1563人）、马来西亚（1190人）、韩国（1189人）、德国（1075人）、日本（916人）、越南（492人）、汤加（457人）、泰国（453人）、斐济（450人）、中国香港（436人）、加拿大（431人）、英国（406人）、印度尼西亚（350人）、法国（266人）、挪威（253人）、新加坡（209人）、瑞典（204人）、俄罗斯（203人）、斯里兰卡（123人）和萨摩亚（117人）。其中亚洲国家和地区11个，大洋洲国家4个，欧洲国家6个，北美国家2个。来自这23个国家和地区的留学生占当年新西兰接收的外国留学生总数的95.3%。与1996年比较，留学生在百人以上的国家和地区增加了13个，其中亚洲国家和地区增加了4个，大洋洲国家增加了2个，欧洲国家增加了5个，北美国家增加了2个。

新西兰是一个只有四百万人口的小国，同时是一个经济上发达的英语国家。2005年新西兰接收的外国留学生达到4万多人，占其国内高等学校在校学生的比例达16.7%，是世界上接收外国留学生比例最高的国家之一。

在1996—2005年间，新西兰接收的外国留学生中，不但其中70%—75%来自亚洲国家和地区，而且这个比例与澳大利亚来自亚洲国家和地区的留学生所占比例大致相同。

与澳大利亚不同的是，在新西兰接收的外国留学生中，来自大洋洲国家的留学生所占比例虽然不是很高，但在来自各大洲留学生规模中一直居第二位。 它表明周边国家之间留学生流动的一个特点。

新西兰与澳大利亚是同处大洋洲的相邻国家，新西兰的人口只是澳大利亚人口的五分之一至六分之一。 但是，新西兰照样能够吸引很多来自澳大利亚的留学生。 例如，2005 年，新西兰接收的来自澳大利亚的留学生占当年新西兰接收的来自大洋洲国家留学生总数的 72%。

在新西兰接收的外国留学生中，来自欧美发达国家的留学生占有相当比例。 例如，2005 年新西兰接收的外国留学生中，来自欧美发达国家的留学生占当年新西兰接收的外国留学生总数的 18%，接近五分之一。 其中来自澳大利亚的留学生，不但在当年新西兰来自各欧美发达国家的留学生中居第一位，而且在当年新西兰来自世界各国和地区的留学生中居第二位。 当年新西兰来自美国的留学生，在来自欧美发达国家的留学生中居第二位，在来自世界各国和地区的留学生中居第三位。 这些都明显表明发达国家之间留学生流动的特点。

4. 日本接收的外国留学生的来源地区和国家

1956 年日本文部省提出了促进国际教育交流的政策。 1957 年成立"日本国际教育协会"，协调和帮助外国留学生来日学习事务。 1968 年日本国民产值超过联邦德国，成为仅次于美国的世界第二经济大国。 但是，当时日本的外国留学生教育还远远落后于其他发达国家。 根据联合国教科文组织统计，1980 年日本接收的外国留学生总数只有 8500 多人，而当年美国接收的外国留学生达 31 万人，法国接收的外国留学生为 11 万人，联邦德国和英国接收的外国留学生分别为 6 万人和 5 万人。

1983 年，日本政府提出到 20 世纪末接收的外国留学生达到 10 万人的目标后，政府开始实施大力促进外国留学生教育发展的政策措施。 除了加大留学生奖学金力度外，着重于留学生发展的制度和机制建设。 例如，1984 年推出日本语能力考试；1989 年开始在国外举办教育展览宣传日本的高等教育，推介日本的大学；1994—1998 年间，相继推出与东盟、韩国、中国加强留学生交流的专项活动等。

在 1984—1993 年间，日本接收的外国留学生呈快速增长态势。 1984 年，日本接收的外国留学生总数首次超过万人，1987 年超过两万人，1989 年超过3万人,1990年超过4万人,1993年超过5万人。 而后,日本接收的外国留学生规模经历一段停滞阶段。 主要原因是1997年发生亚洲金融危机以及日本经济陷于衰退等。 例如,1998年日本的国民总产值比上一年下降了1%,直到2002年,日本经济才恢复增长了1%。 经济衰退严重影响外国留学生教育的发展。 在1993—1999年间,日本接收的外国留学生规模虽然一直保持在5万人以上,但有些年份高一点儿,有些年份低一点儿,处于不稳定发展时期。 到2000年,日本接收的外国留学生规模才超过6万人。 因此,日本政府1984年提出的到2000年实现接收10万外国留学生的目标没有按期实现。 根据联合国教科文组织的统计,2004年,日本接收的外国留学生首次超过10万人,达到11.7万人。

表32　1992、2000、2006年日本接收的外国留学生的来源分布(按大洲)

单位:人

年份	总数	非洲	北美	南美	亚洲	欧洲	大洋洲
1992	45066	335	1491	567	41559	806	259
2000	59691	624	1455	731	54385	2008	479
2006	130124	926	2272	991	122538	2868	522

资料来源:根据联合国教科文组织教育年鉴、网站的统计数字整理

从表32可以看出,在1992年日本接收的外国留学生中,来自亚洲、北美、欧洲、南美、非洲和大洋洲的留学生占当年日本接收的外国留学生总数的比例分别为92.2%、3.3%、1.8%、1.3%、0.7%和0.6%。

1992年,在日本学习的留学生在百人以上的国家和地区共有19个,其中亚洲国家和地区12个,北美国家2个,欧洲国家3个,南美国家1个,大洋洲国家1个。 来自这19个国家和地区的留学生占当年日本接收的外国留学生总数的96.2%。

1992年,在日本学习的留学生在千人以上的国家共有5个,它们是:中国(25697人)、韩国(9843人)、马来西亚(1742人)、美国(1257人)和印度尼西亚(1032人),其中亚洲国家4个,北美国家1个。 来自这5个国家的留学生占当年日本接收的外国留学生总数的87.8%。 其中来自中国和韩国的留学生占当年日本接收的外国留学生总数的78.9%。

在 2000 年日本接收的外国留学生中，来自亚洲、欧洲、北美洲、南美洲、非洲和大洋洲的留学生占当年日本接收的外国留学生总数的比例分别为 91.1%、3.4%、2.2%、1.2%、1.0% 和 0.8%。与 1992 年相比，除来自欧洲国家的留学生规模超过来自北美国家的留学生规模外，其他留学生来源的洲别结构基本没有变化。

2000 年，在日本学习的留学生在百人以上的国家和地区共有 28 个，其中亚洲国家和地区 18 个，欧洲国家 5 个，北美国家 3 个，南美国家 1 个，大洋洲国家 1 个。来自这 28 个国家和地区的留学生占当年日本接收的外国留学生总数的 96%。与 1992 年相比，留学生百人以上的国家增加了 9 个，其中亚洲国家增加了 6 个，北美国家增加了 1 个，欧洲国家增加了 2 个。

2000 年，在日本学习的留学生在千人以上的国家共有 6 个，它们是：中国（28076 人）、韩国（18237 人）、马来西亚（1956 人）、印度尼西亚（1143 人）、美国（1077 人）和泰国（1019 人）。其中 5 个是亚洲国家，1 个是北美国家。来自这 6 个国家的留学生占当年日本接收的外国留学生总数的 86.3%。其中来自中国和韩国的留学生占当年日本接收的外国留学生总数的 77.6%。与 1992 年比较，留学生千人以上的国家只增加了 1 个亚洲国家。

在 2006 年日本接收的外国留学生中，来自亚洲、欧洲、北美、南美、非洲和大洋洲的留学生占当年日本接收的外国留学生总数的比例分别为 94.2%、2.2%、1.7%、0.8%、0.7% 和 0.4%。与 2000 年比较，来自各大洲留学生比例结构基本没有大的改变。

2006 年，在日本学习的留学生在百人以上的国家和地区共有 37 个，其中亚洲国家 20 个，欧洲国家 9 个，北美国家 3 个，南美国家 2 个，非洲国家 2 个，大洋洲国家 1 个。来自这 37 个国家和地区的留学生占当年日本接收的外国留学生总数的 98.1%。与 2000 年比较，留学生百人以上的国家增加了 9 个，其中亚洲国家增加了 2 个，欧洲国家增加了 4 个，南美国家增加了 1 个，非洲国家增加了 2 个。

2006 年，在日本学习的留学生在千人以上的国家共有 8 个，它们是：中国（86378 人）、韩国（22344 人）、马来西亚（2009 人）、越南（1734）人、美国（1708 人）、泰国（1623 人）、印度尼西亚（1467 人）和孟加拉（1303 人）。其中亚洲国家 7 个，北美国家 1 个。 与 2000 年比较，留学生千人以上的国家增加了 2 个，增加的 2 个国家都是亚洲国家。 来自这 8 个国家的留学生占当年日本接收的外国留学生总数的 91.1%。 其中来自中国和韩国的留学生占当年日本接收的外国留学生总数的 83.6%，比 2000 年的同类比例提高了 5 个百分点。

与美国、澳大利亚、加拿大和新西兰等发达国家相似，日本接收的外国留学生的多数也是来自亚洲国家和地区，但是，日本来自亚洲国家和地区的留学生，在日本接收的外国留学生中所占比例明显高于上述四个国家。 在 1992—2006 年间，日本来自亚洲国家和地区的留学生所占比例在 91%—94% 之间，其中 2006 年达到 94%。 日本来自亚洲国家和地区的留学生所占比例，比上述四个国家的同类比例高出 20 到 40 个百分点。

虽然，上述四个国家来自中国和韩国的留学生具有较大规模，但是，日本来自中国和韩国的留学生，在日本接收的外国留学生的比例一直占多数。 在 1992—2006 年间，日本来自中国和韩国的留学生占当年日本接收的外国留学生的比例在 77%—83% 之间，其中 2006 年的比例是 83%。 即日本接收的外国留学生的四分之三以上是来自中国和韩国两个国家。 它表明了周边国家留学生流动的一个特点。

欧美发达国家之间的留学生流动规模，在其接收的外国留学生中所占比例一般在 20%—40% 之间，一些国家还更高。 日本也是发达国家，是世界上发达国家中唯一位于欧美地区外的国家。 在 1992—2006 年间，日本来自欧美发达国家的留学生所占比例一般在 4%—5% 之间，其中 2006 年的比例是 4%。 这是日本接收的外国留学生来源国别与欧美发达国家不同的一个方面。

(二) 东欧、独联体国家 (转型国家)

1991 年 12 月原苏联正式宣布解体，原苏联一个国家变成了 15 个国家。之后，这些新独立的国家组成独立国家联合体，简称独联体。 因此，东欧、独联体国家作为一个整体就是苏联解体前的苏联、东欧国家。 苏联解体前，苏联、东欧国家之间的政治、经济和文化的联系，包括它们之间的留学生流动，远比与世界上的其他国家多得多。

苏联解体以后，国际组织把俄罗斯、乌克兰、白俄罗斯、摩尔多瓦、爱沙尼亚、立陶宛和拉脱维亚等 7 个国家划属欧洲国家；把哈萨克斯坦、格鲁吉亚、乌兹别克斯坦、阿塞拜疆、吉尔吉斯斯坦、亚美尼亚、塔吉克斯坦和土库曼斯坦等 8 个国家划属亚洲国家。苏联解体后，不论独联体国家还是东欧国家，都放弃了原来实行的社会主义制度，一股脑地转向资本主义制度。虽然这些国家之间的政治、经济、文化的联系不断减弱，例如有些国家加入了欧盟，但是，鉴于这些国家从社会主义制度转向资本主义制度的共同特点，国际上把这些国家统称为"转型国家"。

根据联合国教科文组织的统计，2006 年，东欧、独联体国家中有 7 个国家接收的外国留学生超过万人。现分别对这些国家接收的留学生的情况进行分析。

1. 俄罗斯接收的留学生的来源国别

根据联合国教科文组织 1994 年统计年鉴，1991 年，俄罗斯接收的留学生总数达到 13.3 万人。这些留学生来自世界上的 117 个国家，其中亚洲国家 32 个，非洲国家 47 个，欧洲国家 22 个，北美国家 5 个，南美国家 11 个。来自这 117 个国家的留学生总数为 2.4 万人，仅占当年俄罗斯接收的外国留学生总数的 17.7%。其余 82.3% 的留学生的来源国别，在联合国教科文组织的统计表上，均列为来自"苏联"。对此，联合国教科文组织 1994 年教育年鉴上所做的说明是：对俄罗斯 1991 年所接收的外国留学生的问卷调查的回答，有 10.9 万留学生填写的来源国家是"苏联"。这就是说，1991 年，占当年俄罗斯接收的外国留学生总数的 82% 的 10.9 万"外国留学生"，是来自除俄罗斯外的 14 个独联体国家。因为这 14 个国家均在 1991 年或稍后宣布独立，所以，在联合国教科文组织 1991 年的统计中，这 14 个国家还没有作为独立国家而列入教科文组织的统计国家名单中。因此，留学生在问卷上填写的来源国家均为"苏联"。

所以，1991 年俄罗斯接收的外国留学生可以分为两部分，一部分是来自 14 个独联体国家的留学生，总数为 10.9 万人，但缺少来自各个独联体国家的留学生的统计数字；另一部分是来自世界其他 117 个国家的留学生，总数为 2.4 万人。

在1991—2006年间，1991年、1998年和2006年俄罗斯接收的外国留学生总数依次为13.3万人、4.1万人和7.4万人。但是，就这三个年份的统计来说，1991年的统计中，有来自独联体以外国家的具体统计数字，没有独联体各个国家的具体统计数字；1998年的统计中，只有来自独联体国家留学生的统计数字；2006年的统计中，有来自独联体各个国家留学生的统计数字，也有来自独联体以外国家的留学生的总数，但没有来自各个国家留学生的具体统计（见表33）。

表33　1991、1994、2006年俄罗斯接收的外国留学生来源分布（按大洲）

单位：人

年份	总数	非洲	北美	南美	亚洲	欧洲	大洋洲
1991	133778	6637	1100	1089	11746	3265	—
1998	41210	—	—	—	25290	15920	—
2006	77438	—	—	—	31302	18003	—

资料来源：根据联合国教科文组织教育年鉴、网站的统计数字整理

上个世纪90年代，对俄罗斯是一个特殊时期。因此，其接收的外国留学生的统计也不规范。但俄罗斯是"转型国家"中的主要国家，也是世界上接收外国留学生的主要国家，所以，仍然需要根据这些残缺不全的统计数字，分析俄罗斯接收的外国留学生的情况。

（1）1991年俄罗斯接收的来自独联体以外的117个国家的留学生来源国别情况。

在这117个国家中，在俄罗斯学习的留学生在百人以上的国家共有49个，其中亚洲国家17个，非洲国家21个，欧洲国家6个，北美国家2个，南美国家3个。来自这49个国家的留学生占当年俄罗斯接收的来自117个国家留学生总数的88.4%。

1991年，在俄罗斯学习的留学生在百人以上的17个亚洲国家是：叙利亚（1492人）、印度（1438）人、蒙古（1437人）、阿富汗（1100人）、黎巴嫩（990人）、约旦（965人）、越南（926人）、也门（661人）、柬埔寨（439人）、老挝（405人）、孟加拉（259人）、以色列（234人）、斯里兰卡（223人）、尼泊尔（219人）、中国（162人）、塞浦路斯（110人）和巴基斯坦（103人）。从地理

分布上看，其中西亚国家 7 个，来自这 7 个国家的留学生占当年俄罗斯接收的来自 117 个国家留学生总数的 23.1%；南亚国家 5 个，来自这 5 个国家的留学生占总数的比例为 9.3%；东亚国家 5 个，来自这 5 个国家的留学生占总数的比例为 14%。 所以，来自西亚地区国家的留学生最多，其次为东亚地区国家，再次为南亚地区国家。

1991 年，在俄罗斯学习的留学生在百人以上的 21 个非洲国家是：埃塞俄比亚(547 人)、马里(404 人)、苏丹(403 人)、摩洛哥(397 人)、尼日利亚(390 人)、安哥拉(383 人)、刚果(359 人)、马达加斯加(325 人)、加纳(245 人)、贝宁(220 人)、阿尔及利亚(205 人)、毛里塔尼亚(192 人)、布基纳法索(187 人)、坦桑尼亚(163 人)、塞拉里昂(161 人)、突尼斯(157 人)、莫桑比克(150 人)、几内亚比绍(141 人)、乍得(134 人)、卢旺达(131 人)和喀麦隆(116 人)。 从地理分布上看，其中北非国家两个，来自这两个国家的留学生占当年俄罗斯接收的来自独联体国家以外的 117 个国家的留学生总数的 2.3%；撒哈拉以南非洲国家 19 个，来自这 19 个国家的留学生占总数的比例为 20.2%。

因为原苏联是 1991 年解体的，所以，1991 年俄罗斯接收外国留学生的情况，实际上反映 1991 年原苏联接收的外国留学生情况。

(2)1991 年、1998 年和 2006 年俄罗斯接收的来自独联体国家留学生的情况。

1991 年，俄罗斯来自独联体国家留学生总数为 10.9 万人。

1998 年，俄罗斯来自独联体国家留学生总数为 4.1 万人，其中 2.5 万人来自在亚洲地区的 8 个独联体国家，它们是：哈萨克斯坦(15300 人)、格鲁吉亚(1500 人)、乌兹别克斯坦(2880 人)、阿塞拜疆(2090 人)、吉尔吉斯斯坦(1010 人)、亚美尼亚(1000 人)、塔吉克斯坦(230 人)和土库曼斯坦(1300 人)；另外 1.6 万人来自欧洲地区的 6 个独联体国家，它们是：乌克兰(4760 人)、白俄罗斯(4500 人)、摩尔多瓦(2660 人)、爱沙尼亚(1770 人)、立陶宛(1120 人)和拉脱维亚(1110 人)。

2006 年，俄罗斯来自独联体国家的留学生总数为 4.9 万人，其中 3.1 万人来自亚洲地区的 8 个独联体国家，它们是：哈萨克斯坦(18787 人)、乌兹别克斯坦(4391 人)、亚美尼亚(1709 人)、阿塞拜疆(1600 人)、格鲁吉亚(1530 人)、塔吉克斯坦(1302 人)、土库曼斯坦(1113 人)和吉尔吉斯斯坦(870 人)。 另外 1.8 万人来自欧洲地区的 6 个独联体国家,它们是:白俄罗斯(6863 人)、乌克兰(6802 人)、摩尔多瓦(1669 人)、立陶宛(1039 人)、拉脱维亚(818 人)和爱沙尼亚(812 人)

2006 年俄罗斯来自独联体国家的留学生比 1998 年增加了 8000 多人。2006 年,来自独联体国家的留学生占当年俄罗斯接收的外国留学生总数的 67%。 即 2006 年俄罗斯接收的外国留学生的三分之二以上来自独联体国家。

俄罗斯是世界上接收外国留学生的主要国家之一。 根据联合国教科文组织的统计,2006 年,俄罗斯接收的外国留学生规模居世界第七位。

在 1991—2006 年间,俄罗斯接收的外国留学生以来自独联体国家的留学生为主,其中 2006 年来自独联体国家的留学生所占比例达到三分之二。

1991 年,俄罗斯接收的外国留学生来源还是相当广泛的,包括亚洲、非洲、拉丁美洲的大部分发展中国家。 2006 年,俄罗斯接收的来自非独立体国家的留学生的规模比 1991 年有所增长。

与苏联时期相比,俄罗斯接收外国留学生的政策有了很大变化。 苏联时期接收的外国留学生中,有 50% 以上是享受苏联政府提供的奖学金留学生。2006 年,俄罗斯接收的外国留学生中,享受俄罗斯政府奖学金的留学生仅占 10%。

2.吉尔吉斯斯坦接收的外国留学生的来源国别

根据联合国教科文组织的统计,1998 年,吉尔吉斯斯坦接收的外国留学生总数为 1092 人,到 2006 年,其接收的外国留学生总数增加到 27316 人,比 1998 年增加了 24 倍。

根据联合国教科文组织的统计数字,2006 年,吉尔吉斯斯坦接收的外国留学生全部来自亚洲和欧洲两个地区的国家。 其中来自亚洲国家的留学生占当年吉尔吉斯斯坦接收的外国留学生总数的 98.3%;来自欧洲国家的留学生占当年吉尔吉斯斯坦接收的外国留学生总数的 1.3%。

2006 年,在吉尔吉斯斯坦学习的留学生在百人以上的国家共有 9 个,它们是：乌兹别克斯坦（19853 人）、哈萨克斯坦（4081 人）、土耳其（1033 人）、塔吉克斯坦（558 人）、土库曼斯坦（409 人）、俄罗斯（356 人）、巴基斯坦（360 人）、印度（206 人）和中国（214 人）。 其中 8 个是亚洲国家，1 个是欧洲国家。 来自这 9 个国家的留学生占当年吉尔吉斯斯坦接收的外国留学生总数的 99.3%。

在上述 9 个国家中，有 5 个是独联体国家。 来自这 5 个国家的留学生占当年吉尔吉斯斯坦接收的外国留学生总数的 92.5%。 因此，2006 年吉尔吉斯斯坦接收的外国留学生的绝大多数来自独联体国家。

吉尔吉斯斯坦是一个只有 500 万人口的国家。 根据联合国教科文组织的统计，2006 年，吉尔吉斯斯坦高等学校在校学生总数为 23.3 万人。 所以，2006 年吉尔吉斯斯坦高等学校接收的外国留学生占其高等学校在校学生总数的 11.7%，是世界上外国留学生比例比较高的国家之一。

3. 乌克兰接收的外国留学生的来源国别

1991 年 8 月，乌克兰宣布独立。 此前，它是原苏联的一个加盟共和国。

根据联合国教科文组织的统计，1994 年，乌克兰接收的外国留学生总数为 1.83 万人，2006 年增加到 2.66 万人（见表 34）。

表 34　1994、2006 年乌克兰接收的外国留学生来源分布（按大洲）

单位：人

年份	总数	非洲	北美	南美	亚洲	欧洲	大洋洲
1994	18302	3853	132	407	8011	5898	1
2006	26623	1256	—	—	15449	5425	—

资料来源：根据联合国教科文组织教育年鉴、网站的统计数字整理

从表 34 可以看出，在 1994 年乌克兰接收的外国留学生中，来自亚洲、欧洲、非洲国家的留学生占当年乌克兰接收的外国留学生总数的比例分别为43.8%、32.2% 和 21.1%；来自其他三个大洲的留学生占当年乌克兰接收的外国留学生总数的比例仅为 3.0%。

1994 年，在乌克兰学习的留学生在百人以上的国家共有 38 个，其中亚洲国家 21 个，欧洲国家 3 个，非洲国家 12 个，南美国家 2 个。 以下分别对来自亚洲和欧洲国家的留学生情况进行分析。

来自 21 个亚洲国家的留学生占当年乌克兰接收的亚洲国家的留学生总数的 94.9%。

这 21 个亚洲国家是：印度（1127 人）、约旦（941 人）、叙利亚（872 人）、黎巴嫩（742 人）、以色列（430 人）、也门（418 人）、阿富汗（307 人）、伊朗（252 人）、土库曼斯坦（251 人）、格鲁吉亚（240 人）、越南（269 人）、中国（214 人）、哈萨克斯坦（201 人）、尼泊尔（187 人）、乌兹别克斯坦（179 人）、巴基斯坦（177 人）、亚美尼亚（174 人）、阿塞拜疆（174 人）、斯里兰卡（172 人）、蒙古（140 人）和巴勒斯坦（136 人）。 这 21 个国家中，独联体国家共有 6 个，来自这 6 个国家的留学生占当年乌克兰接收的外国留学生总数的 6.6%。其他 15 个国家从地理分布来看，西亚地区国家共有 8 个，来自这 8 个国家的留学生占当年乌克兰接收的外国留学生总数的 22.4%；南亚国家 4 个，来自这 4 个国家的留学生占当年乌克兰接收的外国留学生总数 9.1%；东亚国家 3 个，来自这 3 个国家的留学生占当年乌克兰接收的外国留学生总数的 3.4%。 所以，乌克兰来自亚洲国家的留学生中，来自西亚地区国家的留学生最多，其次是南亚国家，第三是独联体国家，最后是东亚国家。

来自 3 个欧洲国家的留学生占当年乌克兰接收的来自欧洲国家留学生总数的 94.1%。

这 3 个欧洲国家是俄罗斯（3956 人）、摩尔多瓦（1347 人）和白俄罗斯（250 人）。 它们全部是独联体国家。 来自这 3 个国家的留学生占当年乌克兰接收的外国留学生总数的 30.3%

综合上述分析，1994 年乌克兰接收的外国留学生中，来自亚洲和独联体国家的留学生占当年乌克兰接收的外国留学生总数的比例分别为 37.2% 和 36.9%。

在 2006 年乌克兰接收的外国留学生中，来自亚洲、欧洲和非洲国家的留学生占当年乌克兰接收的外国留学生总数的比例分别为 58.0%、20.4% 和 4.7%。 没有来自其他地区国家的留学生统计数字。

所以，2006 年乌克兰接收的外国留学生仍然主要来自亚洲和欧洲两个大洲，来自这两个大洲的留学生占当年乌克兰接收的外国留学生总数的 78%。

根据联合国教科文组织的统计，2006 年，乌克兰接收的外国留学生总数为 26623 人。 但统计表中只列出当年留学生超过百人的 15 个国家的留学生统计数字。 其中亚洲的 11 个国家是：中国（4469 人）、叙利亚（2256 人）、马来西亚（1684 人）、伊朗（1552 人）、约旦（1459 人）、印度（1170 人）、土库曼斯坦（998 人）、越南（705 人）、黎巴嫩（555 人）、土耳其（421 人）和巴基斯坦（180 人）。 欧洲的两个国家是俄罗斯（4362 人）和摩尔多瓦（1063 人）。非洲的两个国家是摩洛哥（632 人）和突尼斯（624 人）。 来自这 15 国的留学生占当年乌克兰接收的外国留学生总数的 83.1%。

在上述亚洲和欧洲的 13 个国家中，独联体国家共有 3 个，来自这 3 个独联体国家的留学生占当年乌克兰接收的外国留学生总数的 24.1%；其他亚洲国家 10 个，来自这 10 个国家的留学生占当年乌克兰接收的外国留学生总数的 54.3%。 这 10 个亚洲国家中，有 5 个是西亚地区国家，来自这 5 个国家的留学生占当年乌克兰接收的外国留学生总数的 23.4%；两个南亚国家，来自这两个国家的留学生占总数的比例为 5.1%；3 个东亚国家，来自这 3 个国家的留学生占总数的比例为 25.7%。

综合上述分析，2006 年乌克兰接收的外国留学生中，来自亚洲和独联体国家的留学生占当年乌克兰接收的外国留学生总数的比例分别为 54.3% 和24.1%。

总之，在 1994—2006 年间，乌克兰接收的外国留学生主要来自两类地区的国家：一类是独联体国家，1994 年来自独联体国家的留学生占当年乌克兰接收的外国留学生总数的 36.9%；到 2006 年，这个比例下降到 24.1%。 另一类国家是不包含独联体国家的亚洲国家。 1994 年，来自亚洲国家的留学生占当年乌克兰接收的外国留学生总数的 37.2%；到 2006 年，这个比例上升到 54.3%。 1994 年，乌克兰来自亚洲国家的留学生以西亚国家最多，比来自东亚国家的留学生高出 18 个百分点。 但 2006 年，乌克兰来自亚洲国家的留学生以东亚国家最多，比西亚国家高出两个百分点。 所以，西亚国家一直是乌克兰的重要留学生来源国家。 2006 年，中国成为在乌克兰留学生最多的国家，这是乌克兰来自东亚国家留学生比例上升的主要原因。

4. 捷克接收的外国留学生的来源国别

1992 年底捷克斯洛伐克联邦解体，1993 年捷克宣布独立。

根据联合国教科文组织的统计，1994年捷克接收的外国留学生仅有2800多人；2006年，捷克接收的外国留学生总数增加到21300多人（见表35）。

表35　1994、2006年捷克接收的外国留学生来源分布（按大洲）

单位：人

年份	总数	非洲	北美	南美	亚洲	欧洲	大洋洲
1994	2856	445	57	41	704	1570	2
2006	21395	406	210	125	1801	18518	8

资料来源：根据联合国教科文组织教育年鉴、网站的统计数字整理

从表35可以看出，在1994年捷克接收的外国留学生中，来自欧洲、亚洲和非洲国家的留学生占当年捷克接收的外国留学生总数的比例分别为55%、24.6%、15.6%；来自其他三个大洲的留学生占当年捷克接收的外国留学生总数的比例为3.5%。

所以，1994年捷克接收的外国留学生的大多数（占79.6%），来自欧洲和亚洲两个地区的国家。

独联体国家分布在两个大洲，7个属于欧洲地区，8个属于亚洲地区。现对捷克来自东欧、独联体国家、西欧国家和亚洲国家（不含独联体国家）的留学生规模进行比较。

1994年，在捷克接收的来自欧洲国家的留学生中，来自东欧、独联体国家的留学生占当年捷克接收的外国留学生总数的35.5%；而来自西欧国家的留学生占当年捷克接收的外国留学生总数的19.5%。

1994年，捷克接收的来自亚洲国家的留学生中，来自独联体国家的留学生占当年捷克接收的外国留学生总数的0.2%；而来自其他亚洲国家的留学生占当年捷克接收的外国留学生总数的24.4%。

所以，1994年捷克接收的来自东欧、独联体国家、亚洲国家（不含亚洲独联体国家）和西欧国家的留学生占当年捷克接收的外国留学生总数的比例分别为35.5%、24.4%和19.5%。

1994年，在捷克学习的留学生在百人以上的国家共有3个，它们是：斯洛伐克（567人）、希腊（430人）和也门（135人）。来自这3个国家的留学生占当年捷克接收的来自欧洲国家的留学生总数的39.6%。

在 2006 年捷克接收的外国留学生中，来自欧洲、亚洲和非洲国家的留学生占当年捷克接收的外国留学生总数的比例分别为 86.6%、8.4% 和1.9%；来自其他三个大洲的留学生占当年捷克接收的外国留学生总数的比例为 1.6%。

所以，2006 年，捷克接收的外国留学生仍然主要来自欧洲和亚洲两个大洲。来自这两个大洲国家的留学生占当年捷克接收的外国留学生总数的95.2%。

2006 年，在捷克接收的来自欧洲国家的留学生中，来自东欧、独联体国家的留学生占当年捷克接收的外国留学生总数的 80.5%；而来自其他欧洲（西欧）国家的留学生占当年捷克接收的外国留学生总数的 6.1%。

2006 年，捷克接收的来自亚洲国家的留学生中，来自独联体国家的留学生占当年捷克接收的外国留学生总数的 1.5%；而来自其他亚洲国家的留学生占当年捷克接收的外国留学生总数的 6.9%。

综合上述分析，2006 年捷克接收的来自东欧独联体国家、亚洲国家（不含亚洲独联体国家）、西欧国家的留学生占当年捷克接收的外国留学生总数的比例分别为 80.5%、6.9% 和 6.1%。

2006 年，在捷克的留学生在百人以上的国家共有 17 个，它们是：斯洛伐克（14664 人）、俄罗斯（782 人）、乌克兰（685 人）、越南（368 人）、英国（363 人）、白俄罗斯（257 人）、波兰（246 人）、德国（207 人）、挪威（195人）、葡萄牙（159 人）、哈萨克斯坦（159 人）、以色列（153 人）、美国（138 人）、塞浦路斯（130 人）、希腊（113 人）、保加利亚（111 人）和乌兹别克斯坦（104 人）。 来自这 17 个国家的留学生占当年捷克接收的来自欧洲国家的留学生总数的 88%。

总之，在 1994—2006 年间，捷克接收的外国留学生主要来自欧洲和亚洲国家，来自这两个大洲的留学生占捷克接收的外国留学生总数的比例呈上升趋势，从 1994 年的 80% 上升到 2006 年的 94%。

在此期间，捷克接收的来自东欧、独联体国家的留学生所占比例呈上升趋势，从 1998 年的 35.5% 增加到 2006 年的 80.5%。 也就是说，2006 年捷克接收的外国留学生的大多数（80% 以上）来自东欧、独联体国家。 其中2006 年来自斯洛伐克一个国家的留学生占当年捷克接收的外国留学生总数的68.5%。 1992 年以前，斯洛伐克与捷克属于一个国家。

5. 匈牙利接收的外国留学生的来源国别

根据联合国教科文组织的统计，1994 年，匈牙利接收的外国留学生总数为 6300 多人，2006 年增加到 14491 人（见表 36）。

表 36　1994、2006 年匈牙利接收的外国留学生来源分布（按大洲）

单位：人

年份	总数	非洲	北美	南美	亚洲	欧洲	大洋洲
1994	6399	343	244	4	1305	4476	2
2006	14491	265	340	31	2134	11713	8

资料来源：根据联合国教科文组织教育年鉴、网站的统计数字整理

从表 36 可以看出，在 1994 年匈牙利接收的外国留学生中，来自欧洲、亚洲、非洲、北美等地区国家的留学生占当年匈牙利接收的外国留学生总数的比例分别为 69.9%、20.4%、5.4% 和 3.8%；来自南美和大洋洲的留学生占当年匈牙利接收的外国留学生总数的比例为 0.1%。

所以，1994 年匈牙利接收的外国留学生的大多数来自欧洲和亚洲两个地区的国家。

1994 年，在匈牙利接收的来自欧洲国家的留学生中，来自东欧、独联体国家的留学生占当年匈牙利接收的外国留学生总数的 41.8%；来自其他欧洲国家的留学生占当年匈牙利接收的外国留学生总数的 28.1%。

1994 年，匈牙利接收的来自亚洲国家的留学生中，来自亚洲独联体国家的留学生占当年匈牙利接收的外国留学生总数的 0.2%；来自其他亚洲国家的留学生占当年匈牙利接收的外国留学生总数的 20.2%。

综合上述分析，1994 年，匈牙利接收的来自东欧、独联体国家、西欧国家和亚洲国家（不含独联体国家）的留学生占当年匈牙利接收的外国留学生总数的比例分别为 41.8%、28.1% 和 20.2%。 所以，匈牙利接收的外国留学生的 70% 以上来自东欧、独联体国家和西欧国家。

1994 年，在匈牙利学习的留学生在百人以上的国家共有 15 个，它们是：罗马尼亚（970 人）、希腊（967 人）、塞尔维亚（557 人）、德国（503 人）、乌克兰（333 人）、斯洛伐克（268 人）、伊朗（221 人）、美国（193 人）、以色列（190 人）、克罗地亚（144 人）、俄罗斯（138 人）、也门（112 人）、塞浦路斯（103 人）、

瑞典（103 人）和挪威（101 人），其中欧洲国家 10 个，亚洲国 4 个，北美国家 1 个。 来自这 15 国的留学生占当年匈牙利接收的外国留学生总数的 76.6%。

在 2006 年匈牙利接收的外国留学生中，来自欧洲、亚洲、北美、非洲等地区国家的留学生占当年匈牙利接收的外国留学生总数的比例分别为 80.8%、14.7%、2.3% 和 1.8%；来自南美和大洋洲国家的留学生占当年匈牙利外国留学生总数的比例为 0.3%。

所以，2006 年匈牙利接收的外国留学生的大多数来自欧洲和亚洲两个地区的国家。

2006 年，在匈牙利接收的来自欧洲国家的留学生中，来自东欧、独联体国家的留学生占当年匈牙利接收的外国留学生总数的 60.8%；来自其他欧洲国家的留学生占当年匈牙利接收的外国留学生总数的 20%。

2006 年，匈牙利接收的来自亚洲国家的留学生中，来自亚洲独联体国家的留学生占当年匈牙利接收的外国留学生总数的 0.4%；来自其他亚洲国家的留学生占当年匈牙利接收的外国留学生总数的 14.3%。

综合上述分析，2006 年，匈牙利接收的来自东欧独联体国家、西欧国家和亚洲国家（不含独联体国家）的留学生占当年匈牙利接收的外国留学生总数的比例分别为 61.2%、20% 和 14.3%。 2006 年匈牙利来自东欧独联体国家和西欧国家的留学生占当年总数的比例比 1994 年提高了 11 个百分点。

2006 年，在匈牙利学习的留学生在百人以上的国家共有 16 个，它们是：罗马尼亚（3334 人）、斯洛伐克（2324 人）、德国（1408 人）、乌克兰（1333 人）、波黑（1163 人）、以色列（761 人）、挪威（750 人）、伊朗（404 人）、塞浦路斯（280 人）、俄罗斯（238 人）、瑞典（222 人）、美国（220 人）、克罗地亚（191 人）、越南（166 人）、希腊（158 人）和中国（138 人）。 其中欧洲国家 10 个，亚洲国家 5 个，北美国家 1 个。 来自这 16 个国家的留学生占当年匈牙利接收的外国留学生总数的 90.3%。

总之，在 1994—2006 年间，匈牙利接收的外国留学生主要来自欧洲和亚洲两个大洲的国家。 来自这两个大洲的国家的留学生占总数的比例在 90% 以上。

在此期间，匈牙利接收的来自东欧、独联体国家的留学生占总数的比例呈上升趋势，从1994年的41.8%增加到2006年的61.2%。

6.波兰接收的外国留学生的来源国别

根据联合国教科文组织的统计，1995年，波兰接收的外国留学生总数为5202人，2006年增加到11365人（见表37）。

表37　1995、2006年波兰接收的外国留学生的来源分布（按大洲）

单位：人

年份	总数	非洲	北美	南美	亚洲	欧洲	大洋洲
1995	5202	607	171	88	1126	3201	9
2006	11365	470	1037	68	2104	7647	25

资料来源：根据联合国教科文组织教育年鉴、网站的统计数字整理

从表37可以看出，在1995年波兰接收的外国留学生中，来自欧洲、亚洲、非洲、北美国家的留学生占当年波兰接收的外国留学生总数的比例分别为61.5%、21.6%、11.7%、3.3%；来自南美和大洋洲国家的留学生占总数的比例为1.9%。

所以，1995年波兰接收的外国留学生的大多数来自欧洲和亚洲两个地区的国家。

1995年，在波兰接收的来自欧洲国家的留学生中，来自东欧、独联体国家的留学生占当年波兰接收的外国留学生总数的52.7%；来自其他欧洲国家的留学生占当年波兰接收的外国留学生总数的8.8%。

1995年，波兰接收的来自亚洲国家的留学生中，来自亚洲独联体国家的留学生占当年波兰接收的外国留学生总数的4.6%；而来自其他亚洲国家的留学生占当年波兰接收的外国留学生总数的17%。

综合上述分析，1995年波兰接收的来自东欧独联体国家、亚洲国家（不含独联体国家）和西欧国家的留学生占当年波兰接收的外国留学生总数的比例分别为57.3%、17%和8.8%。1995年波兰接收的外国留学生的一半以上来自东欧、独联体国家。

1995年，在波兰学习的留学生在百人以上的国家共有10个，它们是：乌克兰（790人）、白俄罗斯（537人）、立陶宛（445人）、俄罗斯（290人）、捷克（274人）、叙利亚（190人）、哈萨克斯坦（181人）、越南（144人）、德国（140

人)和保加利亚(125 人)。 其中欧洲国家 7 个，亚洲国家 3 个。 来自这 10 个国家的留学生占当年波兰接收的外国留学生总数的 59.9%。

在 2006 年波兰接收的外国留学生中，来自欧洲、亚洲、北美、非洲国家的留学生占当年波兰接收的外国留学生总数的比例分别为 67.3%、18.5%、9.1%、4.1%；来自南美和大洋洲国家的留学生占总数的比例为 0.8%。

所以，2006 年波兰接收的外国留学生的大多数，来自欧洲和亚洲两个地区的国家。

2006 年，在波兰接收的来自欧洲国家的留学生中，来自东欧、独联体国家的留学生占当年波兰接收的外国留学生总数的 51.8%；来自其他欧洲国家的留学生占当年波兰接收的外国留学生总数的 15.5%。

2006 年，波兰接收的来自亚洲国家的留学生中，来自亚洲独联体国家的留学生占当年波兰接收的外国留学生总数的 6.1%；而来自其他亚洲国家的留学生占当年波兰接收的外国留学生总数的 12.4%。

综合上述分析，2006 年波兰接收的来自东欧独联体国家、西欧国家、亚洲国家(不含独联体国家)的留学生占当年波兰接收的外国留学生总数的比例分别为 57.9%、15.5% 和 12.4%。 2006 年波兰接收的外国留学生中，来自东欧、独联体国家的留学生仍超过一半以上。

2006 年，在波兰学习的留学生在百人以上的国家共有 16 国，它们是：乌克兰(2482 人)、白俄罗斯(1483 人)、美国(758 人)、挪威(739 人)、立陶宛(485 人)、哈萨克斯坦(457 人)、俄罗斯(456 人)、德国(344 人)、瑞典(322 人)、中国(306 人)、越南(226 人)、捷克(262 人)、加拿大(260 人)、印度(176 人)、斯洛伐克(160 人)和尼日利亚(110 人)。 其中欧洲国家 9 个，亚洲国家 4 个，北美国家 2 个，非洲国家 1 个。 来自这 16 个国家的留学生占当年波兰接收的外国留学生总数的 79.4%。

总之，在 1995—2006 年间，波兰接收的外国留学生主要来自欧洲和亚洲两个大洲的国家。 来自这两个大洲国家的留学生所占比例保持在 80% 以上。

在此期间，波兰接收的来自东欧、独联体国家的留学生占总数的比例保持在一半以上，1995 年为 57.3%，而 2006 年为 57.9%。

7.哈萨克斯坦接收的外国留学生的来源国别

1991年,哈萨克斯坦宣布为独立国家。 此前,它是原苏联的一个加盟共和国。

根据联合国教科文组织的统计,1998年,哈萨克斯坦接收的外国留学生总数为7400多人;到2006年,哈萨克斯坦接收的外国留学生增加到10900多人(见表38)。

表38 1998、2006年哈萨克斯坦接收的外国留学生的来源分布(按大洲)

单位:人

年份	总数	非洲	北美	南美	亚洲	欧洲	大洋洲
1998	7458	38	—	—	6601	819	—
2006	10916	11	3	2	7835	3059	3

资料来源:根据联合国教科文组织教育年鉴、网站的统计数字整理

从表38可以看出,在1998年哈萨克斯坦接收的外国留学生中,来自亚洲、欧洲、非洲国家的留学生占当年哈萨克斯坦接收的外国留学生总数的比例分别为88.5%、11%和0.5%,没有来自其他几个大洲的留学生。

1998年,在哈萨克斯坦学习的留学生在百人以上的国家共有9个,它们是:吉尔吉斯斯坦(2380人)、乌兹别克斯坦(1690人)、俄罗斯(785人)、土耳其(717人)、印度(601人)、蒙古(458人)、土库曼斯坦(215人)、巴基斯坦(147人)和塔吉克斯坦(122人)。 其中亚洲国家8个,欧洲国家1个。 来自这9个国家的留学生占当年哈萨克斯坦接收的外国留学生总数的95.4%。

在上述9个国家中,独联体国家共有5个。 来自这5个国家的留学生占当年哈萨克斯坦接收的外国留学生总数的69.6%。

在2006年哈萨克斯坦接收的外国留学生中,来自亚洲、欧洲国家的留学生占当年哈萨克斯坦接收的外国留学生总数的比例分别为71.8%和28.0%;来自其他四个大洲的留学生占当年哈萨克斯坦接收的外国留学生总数的0.2%。

2006年,在哈萨克斯坦学习的留学生在百人以上的国家共有7个,它们是:俄罗斯(2880人)、乌兹别克斯坦(2014人)、中国(1727人)、印度(968人)、吉尔吉斯斯坦(703人)、蒙古(533人)和巴基斯坦(393人)。 其中6个是亚洲国家,1个是欧洲国家。 来自这7个国家的留学生占当年哈萨克斯

坦接收的外国留学生总数的 84.4% 。

2006 年，来自东欧、独联体国家的留学生占当年哈萨克斯坦接收的外国留学生总数的 59.4% 。

总之，在 1998—2006 年间，哈萨克斯坦接收的外国留学生的 99% 以上来自亚洲和欧洲两大洲的国家。 同期，来自东欧、独联体国家的留学生保持在 60% 以上，但呈下降趋势，从 1998 年的 70% 下降到 2006 年的 60% 。

(三)亚洲、非洲、拉美和加勒比海地区发展中国家

根据联合国教科文组织的统计，80 年代以来，发展中国家接收外国留学生超过万人的国家不断变化。 1980 年接收外国留学生超过万人的亚洲、非洲和拉美的发展中国家有黎巴嫩(3.1 万人)、埃及(2.2 万人)、印度(1.5 万人)、沙特阿拉伯(1.4 万人)和巴西(1.3 万人)。 1992 年接收外国留学生超过万人的亚非拉发展中国家有叙利亚(1.3 万)和沙特阿拉伯(1.2 万人，1990 年数字)。 2006 年接收外国留学生超过万人的亚非拉发展中国家和地区有南非(5.3 万人)、马来西亚(4 万人，2005 年数字)、约旦(2.1 万)、土耳其(1.9 万)、黎巴嫩 (1.7 万) 、韩国(1.5 万人)、古巴(1.5 万人)、沙特阿拉伯(1.3 万人)和中国澳门 (1.2 万) 。 发展中国家接收的外国留学生规模变化的原因，有的可能是因为统计数字不全，但多数国家是因为政治、经济等方面原因造成的。 以下对 2006 年接收外国留学生超过万人的亚洲、非洲、拉美的发展中国家留学生来源分布情况进行分析。 (因黎巴嫩和中国澳门的统计数据不全，没有对其进行分析。)

1. 马来西亚接收的外国留学生的来源国别

根据联合国教科文组织的统计，1998 年，马来西亚接收的外国留学生总数为 3100 多人，2006 年增加到 4 万多人，比 1998 年增长了 11 倍(见表 39)。

表 39　1998、2006 年马来西亚接收的外国留学生来源分布(按大洲)

单位：人

年份	总数	非洲	北美	南美	亚洲	欧洲	大洋洲
1998	3128	748	24	1	2073	248	15
2006	40029	4169	201	59	34784	595	98

资料来源：根据联合国教科文组织教育年鉴、网站的统计数字整理

从表 39 可以看出，在 1998 年马来西亚接收的外国留学生中，来自亚洲、非洲、欧洲的留学生占当年马来西亚接收的外国留学生总数的比例分别为 66.3%、23.9% 和 7.9%；来自其他三个大洲的留学生占当年马来西亚接收的外国留学生总数的比例为 1.3%。

1998 年，马来西亚接收的外国留学生来自 101 个国家，但在马来西亚学习的留学生在百人以上的国家仅有 5 个，它们是：印度尼西亚（670 人）、孟加拉（174 人）、泰国（169 人）、苏丹（168 人）和伊拉克（103 人）。其中亚洲国家 4 个，非洲国家 1 个。来自这 5 个国家的留学生占当年马来西亚外国留学生总数的 41%。

在 2006 年马来西亚接收的外国留学生中，来自亚洲、非洲、欧洲的留学生占当年马来西亚接收的外国留学生总数的比例分别为 86.9%、10.4% 和 1.5%；来自其他三个大洲的留学生占当年马来西亚接收的外国留学生总数的比例为 0.9%。

2006 年，在马来西亚学习的留学生在百人以上的国家共有 35 个。来自这 35 个国家的留学生占当年马来西亚接收的外国留学生总数的 92.5%。

在这 35 个国家中，亚洲国家 27 个，它们是：中国（9146 人）、印度尼西亚（6483 人）、孟加拉（5624 人）、巴基斯坦（1961 人）、也门（1278 人）、印度（1262 人）、伊朗（898 人）、泰国（731 人）、安曼（686 人）、马尔代夫（658 人）、韩国（649 人）、越南（587 人）、斯里兰卡（536 人）、缅甸（533 人）、约旦（387 人）、蒙古（343 人）、新加坡（324 人）、沙特阿拉伯（322 人）、文莱（265 人）、尼泊尔（264 人）、叙利亚（229 人）、伊拉克（214 人）、菲律宾（202 人）、巴勒斯坦（199 人）、日本（179 人）、柬埔寨（152 人）和卡塔尔（128 人）；非洲国家 7 个，它们是：苏丹（572 人）、尼日利亚（557 人）、肯尼亚（438 人）、索马里（404 人）、利比亚（336 人）、博茨瓦纳（218 人）和毛里求斯（128 人）；欧洲国家 1 个，即英国（116 人）。

2006 年，在马来西亚的留学生最多的（也是千人以上的）6 个国家是：中国、印度尼西亚、孟加拉、巴基斯坦、也门和印度。

总之，在 1998—2006 年间，马来西亚接收的外国留学生主要来自亚洲和非洲两个大洲的国家。来自这两个大洲国家的留学生占马来西亚接收的外国留学生总数的比例在 90% 以上。 虽然在此期间，来自这两个大洲国家的留学生的数量都有了很大增长，但增长的幅度差别很大。 所以，来自亚洲国家的留学生所占比例呈增长趋势，从 1998 年的 66% 增加到 2006 年的 86%；来自非洲国家的留学生所占比例呈下降趋势，从 1998 年的 23.9% 下降到 2006 年的 10.4%。

2. 沙特阿拉伯接收的外国留学生的来源国别

根据联合国教科文组织的统计，1998 年，沙特阿拉伯接收的外国留学生总数为 6000 多人，2006 年，增长到 13600 多人，比 1998 年增长了 1.2 倍（见表 40）。

表 40　1998、2006 年沙特阿拉伯接收的外国留学生来源分布（按大洲）

单位：人

年份	总数	非洲	北美	南美	亚洲	欧洲	大洋洲
1998	6086	1886	41	5	3843	305	6
2006	13687	3125	201	34	9092	613	22

资料来源：根据联合国教科文组织教育年鉴、网站的统计数字整理

从表 40 可以看出，在 1998 年沙特阿拉伯接收的外国留学生中，来自亚洲、非洲、欧洲国家的留学生占当年沙特阿拉伯接收的外国留学生总数的比例分别为 63.1%、31% 和 5%；来自其他三个大洲的留学生占当年沙特阿拉伯接收的外国留学生总数的比例为 0.9%。

所以，1998 年沙特阿拉伯接收的外国留学生的绝大多数来自亚洲和非洲两个大洲的国家。

1998 年沙特阿拉伯来自亚洲国家的留学生中，来自西亚地区的阿拉伯国家的留学生占当年沙特阿拉伯接收的外国留学生总数的 33.5%；来自其他亚洲国家的留学生占 30%。

1998 年沙特阿拉伯来自非洲国家的留学生中，来自北非阿拉伯国家的留学生占当年沙特阿拉伯接收的外国留学生总数的 5.4%；来自其他非洲国家的留学生占 25.6%。

综合上述分析，1998 年沙特阿拉伯接收的外国留学生中，来自阿拉伯国家、亚洲国家（不含阿拉伯国家）和撒哈拉以南非洲国家的留学生占当年沙特

阿拉伯接收的外国留学生总数的比例分别为38.9%、30%和25.6%。来自阿拉伯国家的留学生的比例最高。

1998年，在沙特阿拉伯学习的留学生在百人以上的国家共有17个，它们是：也门（1116人）、巴基斯坦（301人）、印度（230人）、尼日利亚（230人）、叙利亚（226人）、阿富汗（196人）、印度尼西亚（182人）、埃及（157人）、科威特（134人）、约旦（128人）、苏丹（127人）、中国（125人）、孟加拉（120）人、巴勒斯坦（118人）、巴林（110人）、菲律宾（106人）和泰国（103人）。其中亚洲国家14个，非洲国家3个。来自这17个国家的留学生占当年沙特阿拉伯接收的外国留学生总数的60.9%。

在2006年沙特阿拉伯接收的外国留学生中，来自亚洲、非洲、欧洲、北美国家的留学生占当年沙特阿拉伯接收的外国留学生总数的比例分别为66.4%、22.8%、4.5%和1.5%；来自南美和大洋洲的留学生占当年沙特阿拉伯接收的外国留学生总数的比例为0.4%。

所以，2006年沙特阿拉伯接收的外国留学生中的绝大多数来自亚洲和非洲两个大洲的国家。

2006年沙特阿拉伯来自亚洲国家的留学生中，来自西亚地区的阿拉伯国家的留学生占当年沙特阿拉伯接收的外国留学生总数的46.4%；来自其他亚洲国家的留学生占20%。

2006年沙特阿拉伯来自非洲国家的留学生中，来自北非阿拉伯国家的留学生占当年沙特阿拉伯接收的外国留学生总数的5.4%；来自其他非洲国家的留学生占17.4%。

综合上述分析，2006年沙特阿拉伯接收的外国留学生中，来自阿拉伯国家、亚洲国家（不含阿拉伯国家）和撒哈拉以南非洲国家的留学生占当年沙特阿拉伯接收的外国留学生总数的比例分别为51.8%、20%和17.4%。来自阿拉伯国家的留学生的比例超过一半。

2006年，在沙特阿拉伯学习的留学生在百人以上的国家共有22个，它们是：也门（3483人）、叙利亚（865人）、巴勒斯坦（766人）、约旦（551人）、埃及（531人）、巴基斯坦（461人）、印度（350人）、苏丹（313人）、尼日利亚（281人）、印度尼西亚（209人）、孟加拉（182人）、中国（173人）、阿富汗

（166 人）、索马里（157 人）、巴林（154 人）、菲律宾（145 人）、美国（133 人）、科威特（125 人）、黎巴嫩（121 人）、安曼（116 人）、马来西亚（110 人）和几内亚（105 人）。 其中亚洲国家 16 个，非洲国家 5 个，北美国家 1 个。来自这 22 个国家的留学生占当年沙特阿拉伯接收的外国留学生总数的 71.6%。

总之，在 1998—2006 年间，沙特阿拉伯接收的外国留学生中来自亚洲和非洲两个大洲国家的留学生占绝大多数。

在此期间，沙特阿拉伯接收的来自传统阿拉伯国家的留学生一直占多数，而且呈增长趋势，从 1998 年的 38.9%，增长到 2006 年的 51.8%。

3. 约旦接收的外国留学生的来源国别

根据联合国教科文组织的统计，1996 年，约旦接收的外国留学生总数为 10900 人，2006 年增加到 21500 人（见表 41）。

表 41　1996、2006 年约旦接收的外国留学生的来源分布（按大洲）

单位：人

年份	总数	非洲	北美	南美	亚洲	欧洲	大洋洲
1996	10991	486	49	10	10266	179	1
2006	21509	1065	142	34	19563	342	8

资料来源：根据联合国教科文组织教育年鉴、网站的统计数字整理

从表 41 可以看出，在 1996 年约旦接收的外国留学生中，来自亚洲、非洲、欧洲国家的留学生占当年约旦接收的外国留学生总数的比例分别为 93.4%、4.4% 和 1.6%，来自其他三个大洲的留学生占当年约旦接收的外国留学生总数的比例为 0.5%。

1996 年，在约旦学习的留学生在百人以上的国家共有 9 个，它们是：巴勒斯坦（4518 人）、马来西亚（1807 人）、也门（1244 人）、安曼（670 人）、伊拉克（595 人）、叙利亚（589 人）、沙特阿拉伯（253 人）、苏丹（146 人）和黎巴嫩（145 人）。 其中 8 个是亚洲国家，1 个是非洲国家。 来自这 9 个国家的留学生占当年约旦接收的外国留学生总数的 90.7%。

在上述 8 个亚洲国家中，有 7 个国家是阿拉伯国家，来自这 7 个国家的留学生占当年约旦接收的外国留学生总数的 72.9%。

2006年，在约旦接收的外国留学生中，来自亚洲、非洲、欧洲国家的留学生占当年约旦接收的外国留学生总数的比例分别为91%、5%和1.6%；来自其他三个大洲的留学生占总数的比例为0.9%。

2006年，在约旦学习的留学生在百人以上的国家共有15个，它们是：巴勒斯坦(5278人)、沙特阿拉伯(2435人)、伊拉克(2024人)、以色列(1863人)、叙利亚(1845人)、安曼(1581人)、科威特(1520人)、也门(1268人)、马来西亚(422人)、巴林(349人)、埃及(311人)、黎巴嫩(199人)、卡塔尔(140人)、苏丹(126人)和厄利特利亚(118人)。其中亚洲国家12个，非洲国家3个。来自这15个国家的留学生占当年约旦接收的外国留学生总数的90.6%。

在上述的12个亚洲国家中，有10个是阿拉伯国家。来自这10个国家的留学生占当年约旦接收的外国留学生总数的77.3%。

总之，在1996—2006年间，约旦接收的外国留学生的绝大多数来自亚洲国家。其中来自亚洲阿拉伯国家的留学生占当年约旦接收的外国留学生总数的比例保持在70%以上，1998年为73%，2006年为77%。

4. 土耳其接收的外国留学生的来源国别

根据联合国教科文组织的统计，1994年，土耳其接收的外国留学生总数为14700人，2006年增加到19000人(见表42)。

表42 1994、2006年土耳其接收的外国留学生的来源分布(按大洲)

单位：人

年份	总数	非洲	北美	南美	亚洲	欧洲	大洋洲
1994	14719	648	30	2	8096	3033	19
2006	19079	351	39	6	10189	5675	30

资料来源：根据联合国教科文组织教育年鉴、网站的统计数字整理

从表42可以看出，在1994年土耳其接收的外国留学生中，来自亚洲、欧洲、非洲国家的留学生占当年土耳其接收的外国留学生总数的比例分别为68.4%、25.6%和5.5%；来自其他三个大洲的留学生占当年土耳其接收的外国留学生总数的比例为0.4%。

所以，1994年土耳其接收的外国留学生的绝大多数来自亚洲和欧洲两个

大洲的国家。

1994 年，在土耳其学习的留学生在百人以上的国家共有 19 个，它们是：塞浦路斯（3693 人）、阿塞拜疆（1615 人）、希腊（1056 人）、伊朗（616 人）、乌兹别克斯坦（538 人）、波黑（494 人）、俄罗斯（408 人）、保加利亚（389人）、约旦（342 人）、阿富汗（313 人）、叙利亚（193 人）、苏丹（147 人）、德国（145 人）、英国（142 人）、摩尔多瓦（139 人）、以色列（128 人）、黎巴嫩（113 人）、埃及（103 人）和巴基斯坦（102 人）。 其中亚洲国家 14 个，欧洲国家 7 个，非洲国家两个。 来自这 19 个国家的留学生占当年土耳其接收的外国留学生总数的 90.3%。

1994 年，在土耳其接收的来自亚洲国家的留学生中，来自独联体国家的留学生占当年土耳其接收的外国留学生总数的 15.6%；而来自其他亚洲国家的留学生占当年土耳其接收的外国留学生总数的 52.8%。

1994 年，土耳其接收的来自欧洲国家的留学生中，来自东欧、独联体国家的留学生占当年土耳其接收的外国留学生总数的 10.7%；而来自其他欧洲国家（西欧）的留学生占当年土耳其接收的外国留学生总数的 14.9%。

综合上述分析，1994 年土耳其接收的外国留学生中，来自亚洲国家（不含独联体国家）、东欧独联体国家和西欧国家的留学生占当年土耳其接收的外国留学生总数的比例分别为 52.8%、26.3% 和 14.9%。

在 2006 年土耳其接收的外国留学生中，来自亚洲、欧洲、非洲国家的留学生占当年土耳其接收的外国留学生总数的比例分别为 53.4%、29.7% 和 1.8%；来自其他三个大洲的留学生占总数的比例为 0.4%。 各大洲留学生的占比例的和为 85.3%。 根据联合国教科文组织的统计数据，2006 年土耳其接收的 19079 名外国留学生中，有 2800 多人国籍或大洲籍不明，这是造成各大洲留学生所占比例的和只有 85.3% 的原因。

2006 年，土耳其接收的来自亚洲国家的留学生中，来自独联体国家的留学生占当年土耳其接收的外国留学生总数的 24.4%；而来自其他亚洲国家的留学生占当年土耳其接收的外国留学生总数的 29%。

2006 年，土耳其接收的来自欧洲国家的留学生中，来自东欧、独联体国家的留学生占当年土耳其接收的外国留学生总数的 21%；而来自其他欧洲国家(西欧)的留学生占当年土耳其接收的外国留学生总数的8.7%。

综合上述分析,2006年土耳其接收的外国留学生中,来自亚洲国家(不含独联体国家)、东欧独联体国家和西欧国家的留学生占当年土耳其接收的外国留学生总数的比例分别为29%、45.4%和8.7%。来自东欧、独联体国家的留学生的比例是最高的。

2006年,在土耳其学习的留学生在百人以上的国家共有24个,它们是:阿塞拜疆(1586人)、保加利亚(1163人)、土库曼斯坦(1209人)、希腊(994人)、伊朗(796人)、哈萨克斯坦(738人)、吉尔吉斯斯坦(698人)、阿尔巴尼亚(620人)、俄罗斯(604人)、波黑(555人)、蒙古(538人)、阿富汗(337人)、南斯拉夫(329人)、叙利亚(279人)、伊拉克(236人)、乌克兰(241人)、德国(202人)、巴勒斯坦(201人)、塔吉克斯坦(189人)、约旦(166人)、摩尔多瓦(162人)、格鲁吉亚(144人)、英国(117人)和中国(111人)。其中亚洲国家14个,欧洲国家10个。来自这24个国家的留学生占当年土耳其接收的外国留学生总数的76.3%。

总之,在1994—2006年间,土耳其接收的外国留学生的大多数来自亚洲和欧洲两个大洲的国家。

土耳其接收的外国留学生中,来自东欧、独联体国家的留学生的比例呈增加趋势,从1994年的26.3%增加到2006年的45.4%。2006年土耳其接收的外国留学生总数比1994年增长了4300多人,而2006年土耳其来自东欧、独联体国家的留学生,比1994年来自东欧、独联体国家的留学生增加了4600多人。所以,1994—2006年间,土耳其接收的外国留学生增长的部分绝大多数来自东欧、独联体国家。

在此期间,土耳其接收的外国留学生中,来自亚洲国家(不含独联体国家)留学生的比例明显下降,从1994年的52.8%下降到2006年的29%。

土耳其接收的外国留学生的主要来源国家,不论是东欧、独联体国家,还是亚洲国家,大都是位于中亚、西亚和巴尔干半岛上的国家。

5. 韩国接收的外国留学生的来源国别

根据联合国教科文组织的统计,1998年韩国接收的外国留学生总数为2800多人,2006年增加到2.2万人(见下页表43)。

表 43　1998、2006 年韩国接收的外国留学生的来源分布(按大洲)

单位：人

年份	总数	非洲	北美	南美	亚洲	欧洲	大洋洲
1998	2869	36	270	49	2318	159	35
2006	22260	181	676	117	20724	479	83

资料来源：根据联合国教科文组织教育年鉴、网站的统计数字整理

从表 43 可以看出，在 1998 年韩国接收的外国留学生中，来自亚洲、北美、欧洲国家和地区留学生占当年韩国接收的外国留学生总数的比例分别为 80.8%、9.4% 和 5.5%；来自其他三个大洲的留学生占当年韩国接收的外国留学生总数的比例为 4.2%。

1998 年，在韩国学习的留学生在百人以上的国家共有 3 个，它们是：中国(902 人)、日本(551 人)和美国(222 人)。来自这 3 个国家的留学生占当年韩国接收的外国留学生总数的 58.4%。其中来自中国和日本的留学生占当年韩国接收的外国留学生总数的 50.6%。

在 2006 年韩国接收的留学生中，来自亚洲、北美、欧洲国家的留学生占当年韩国接收的外国留学生总数的比例分别为 93.1%、3.0% 和 2.2%；来自其他三个大洲的留学生占当年韩国接收的外国留学生总数的比例为 1.7%。

2006 年，在韩国学习的留学生在百人以上的国家和地区共有 15 个，它们是：中国(10093 人)、日本(1106 人)、越南(557 人)、美国(487)、中国香港(408 人)、蒙古(305)人、俄罗斯(254)、印度(246 人)、马来西亚(212 人)、尼泊尔(168 人)、加拿大(156)、孟加拉(135 人)、菲律宾(134)、乌兹别克斯坦(131 人)和印度尼西亚(101 人)。其中亚洲国家和地区 12 个，北美国家 2 个，欧洲国家 1 个。来自这 15 个国家和地区的留学生占当年韩国接收的外国留学生总数的 91.7%。其中来自中国和日本的留学生占当年韩国接收的外国留学生总数的 50.5%。

总之，在 1998—2006 年间，韩国接收的外国留学生的绝大多数来自亚洲和北美两个大洲，来自这两个大洲的留学生占韩国接收的外国留学生总数的比例在 90% 以上。

在此期间，来自亚洲和北美的留学生均有较大幅度的增长，但由于增长

的幅度不同，来自亚洲国家的留学生占总数的比例呈增长趋势，从 1998 年的 80.8% 增加到 2006 年的 90%；来自北美国家的留学生占总数的比例呈下降趋势，从 1998 年的 9.4% 下降到 2006 年的 3%。

在此期间，来自中国和日本两国的留学生占总数的比例保持在 50%。即韩国接收的外国留学生的一半来自其周边国家中国和日本。

6. 南非接收的外国留学生的来源国别

根据联合国教科文组织的统计，1998 年南非接收的外国留学生总数为 1.5 万人，2006 年增加到 5.3 万人，比 1998 年增长了 2.5 倍（见表 44）。

表 44　1998、2006 年南非接收的外国留学生来源分布（按大洲）

单位：人

年份	总数	非洲	北美	南美	亚洲	欧洲	大洋洲
1998	15494	11305	247	70	1405	2365	102
2006	53738	44497	—	136	2371	3537	119

资料来源：根据联合国教科文组织教育年鉴、网站的统计数字整理

从表 44 可以看出，在 1998 年南非接收的外国留学生中，来自非洲、欧洲、亚洲国家的留学生占当年南非接收的外国留学生总数的比例分别为 73%、15.3% 和 9.1%；来自其他三个大洲的留学生占当年南非接收的外国留学生总数的比例为 2.7%。

1998 年，在南非学习的留学生在百人以上的国家共有 8 个，它们是：津巴布韦（4051 人）、纳米比亚（3091 人）、赞比亚（646 人）、莱索托（558 人）、斯威士兰（361 人）、博茨瓦纳（285 人）、莫桑比克（191 人）和马拉维（109 人）。这些国家全部为南部非洲国家。来自这 8 个国家的留学生占当年南非接收的外国留学生总数的 60%。

在 2006 年南非接收的外国留学生中，来自非洲、亚洲、欧洲国家的留学生占当年南非接收的外国留学生总数的比例分别为 82.8%、6.6% 和 4.4%；来自其他三个大洲的留学生占总数的比例为 4.8%。

2006 年，在南非学习的留学生在百人以上的国家共有 12 个，它们是：津巴布韦（9652 人）、纳米比亚（7066 人）、博茨瓦纳（5879 人）、莱索托（3633 人）、斯威士兰（2711 人）、赞比亚（1463 人）、毛里求斯（1429 人）、安哥拉

（1042 人）、民主刚果（900 人）、莫桑比克（932 人）、马拉维（611 人）和坦桑尼亚（590 人）。 这 12 个国家全部是撒哈拉以南非洲国家。 来自这 12 个国家的留学生占当年南非接收的外国留学生总数的 66.7%。

总之，在 1998—2006 年间，南非接收的外国留学生中，来自非洲国家的留学生占总数的比例呈增加趋势，从 1998 年的 73% 增加到 2006 年的82.8%。 而且其中绝大多数来自撒哈拉以南非洲国家，60% 以上来自南部非洲国家。

7. 古巴接收的外国留学生的来源国别

根据联合国教科文组织的统计，1998 年，古巴接收的外国留学生总数为3700 多人，2006 年增加到 1.5 万人，比 1998 年增长了 3 倍（见表 45）。

表 45　1998、2006 年古巴接收的外国留学生来源分布（按大洲）

单位：人

年份	总数	非洲	北美	南美	亚洲	欧洲	大洋洲
1998	3740	2530	808	252	133	17	—
2006	15208	1842	5982	6538	734	14	—

资料来源：根据联合国教科文组织教育年鉴、网站的统计数字整理

从表 45 可以看出，在 1998 年古巴接收的外国留学生中，来自非洲、北美、南美的留学生占当年古巴接收的外国留学生总数的比例分别为67.6%、21.6% 和 6.7%；来自其他三个大洲的留学生占当年古巴接收的外国留学生总数的 4%。

1998 年，在古巴学习的留学生在百人以上的国家共有 9 个，它们是：安哥拉（683 人）、莫桑比克（213 人）、津巴布韦（219 人）、多米尼加（145 人）、圣卢西亚（130 人）、刚果（128 人）、加纳（155 人）、几内亚（111 人）和巴拉圭（106 人）。 其中非洲国家 6 个，北美国家 2 个，南美国家 1 个。 来自这 9 个国家的留学生占当年古巴接收的外国留学生总数的 50.5%。 当年古巴接收的外国留学生来自世界上的 80 个多个国家。

在 2006 年古巴接收的外国留学生中，来自南美、北美、非洲国家的留学生占当年古巴接收的外国留学生总数的比例分别为 43%、39.3% 和 12.1%；来自其他三个大洲的留学生占当年古巴接收的外国留学生总数的比例为 4.9%。

2006年，在古巴学习的留学生在百人以上的国家共有32个，它们是：委内瑞拉（1027人）、海地（897人）、玻利维亚（726人）、巴拉圭（724人）、厄瓜多尔（654人）、哥伦比亚（641人）、危地马拉（605人）、巴西（593人）、洪都拉斯（580人）、秘鲁（575人）、萨尔瓦多（551人）、墨西哥（484人）、尼加拉瓜（467人）、阿根廷（436人）、巴拿马（435人）、智利（418人）、南非（398人）、多米尼加共和国（385人）、圭亚那（363人）、乌拉圭（355人）、牙买加（322人）、哥斯达黎加（258人）、越南（234人）、圣卢西亚（171人）、马里（164人）、多米尼加（135人）、伯利兹（133人）、赤道几内亚（133人）、尼日利亚（125人）、几内亚（123人）、安哥拉（105人）和佛得角（101人）。其中南美国家11个，北美国家13个，非洲国家7个，亚洲国家1个。来自这32个国家的留学生占当年古巴接收的外国留学生总数的87.6%。

在地理上，古巴属于北美洲，但地处加勒比海，与南美国家相邻。2006年，古巴接收的外国留学生的82.3%来自南美和北美国家。北美的28个国家中，有24个国家在古巴有留学生，南美的所有12个国家均在古巴有留学生。

在加勒比海地区和拉美地区，有不少经济发展程度比古巴高，人口规模比古巴大的国家。但是，根据联合国教科文组织的统计数字，古巴却是2006年该地区接收外国留学生超过万人的唯一国家。这是古巴政府实行积极地接收外国留学生政策的结果。

在1998—2006年间，古巴接收的外国留学生的来源国别发生了重大变化。1998年，古巴接收的外国留学生的三分之二来自遥远的非洲国家，而来自其周边国家（加勒比海地区和拉美地区国家）的留学生，仅占总数的28%，不到三分之一。到2006年，古巴接收的外国留学生的82.3%来自加勒比海地区和拉美地区的国家。这个地区的40个国家中，有36个国家在古巴有留学生。

世界留学生流动的一个规律是：在具有正常的国家间政治和经济关系的条件下，一个国家接收的外国留学生首先来源于其周边国家。1998—2006年间古巴接收外国留学生的发展事实，再次证明了这个道理。

三、外国留学生的接收院校

根据美国教育部的统计，2000 年美国共有授予学位的高等院校 4100 多所。这些院校可划分为四类：第一类为授予最高学位为博士学位的院校，共有 260 多所；第二类为授予最高学位为硕士学位的院校，共有 640 多所；第三类为授予最高学位为学士学位的院校，共有 1500 多所；第四类是授予最高学位为副学士学位的院校，共有 1700 多所。

2000 年，第一类院校接收的外国留学生占当年美国接收的外国留学生总数的 57%；第二类院校接收的外国留学生占当年美国接收的外国留学生总数的 21%，第三类院校接收的外国留学生占当年美国接收的外国留学生总数的 5%；第四类院校接收的外国留学生占当年美国接收的外国留学生总数的 17%。所以，2000 年美国第一和第二类院校接收的外国留学生占当年美国接收的外国留学生总数的近 80%。

2000 年，美国接收外国留学生千人以上的院校共有 146 所，其中属于第一类的院校 113 所，属于第二类的院校 20 所，属于第四类的院校 13 所。这 146 所院校接收的外国留学生占当年美国接收的外国留学生总数的 54%。

在这 146 所院校中，接收留学生 2000 人以上的院校共有 49 所，其中 5000 人以上的院校 2 所，4000—5000 人之间的院校 6 所，3000—4000 人之间的院校 17 所，2000—3000 人之间的院校 24 所。这 49 所院校的在校学生规模（包括美国学生和外国留学生），最高的达 49000 多人，最低的为 8200 多人。

外国留学生占在校学生的比例最高的院校是位于檀香山的夏威夷太平洋大学（Hawaii Pacific University）和位于匹兹堡的卡内基梅隆大学（Carnegie Mellon University）。这两所大学的在校生规模比较小，只有 8000 多人，但两所院校接收的外国留学生均超过 2000 人，外国留学生占在校生的比例均达到 25%。美国还有个别院校的外国留学生的比例高于 25%，但这些院校的学生规模更小，它们的在校生总体规模不到千人。

根据美国国际教育协会的统计，1979 年，美国外国留学生总数为 28.6 万人，其中本科生和专科生为 17.2 万人，占当年外国留学生总数的 60%；研究生为 9.4 万人，占当年外国留学生总数的 33%，其他留学生两万人，占总数的比例为 7%。

在 1979—2000 年间，美国的研究生留学生增长速度快于本科和专科留学生增长速度。 2000 年，美国本科和专科留学生占留学生总数的 46%，比 1979 年的比例下降了 14 个百分点；研究生留学生占留学生总数的比例为 44%，比 1979 年的比例上升了 11 个百分点。

美国接收的外国留学生中的专科生是在美国社区学院学习的外国留学生。美国接收的专科留学生是 80 年代才发展起来的。 到 2000 年，美国接收的外国留学生中的专科留学生数达 6.7 万人，占当年美国接收的外国留学生总数的 12%。 日本和韩国是当年在美国的专科留学生最多的国家，它们在美国的专科留学生分别占当年美国接收的专科留学生总数的 18.4% 和 7.3%。

根据英国高等教育统计机构的统计，2004 年，英国接收的外国留学生总数为 31.8 万人，其中研究生占 52.%，本科生占 38.8%，其他占 9.1%。

根据德国教育科学部的统计数字，在 2003 年的 18 万外国留学生中，71.6% 为本科生，22.4% 为研究生，其他留学生占 6%。 德国从 1998 年开始改革学制，把原来大学的单一硕士学制，改为学士、硕士两级学制。 但要到 2010 年才能改制完成。 所以，上述 71.6% 的本科生中，包括学士、硕士两级联读的学生。

根据法国教育部的统计，2001 年，法国接收的外国留学生中，37.1% 为大学第一阶段学生（相当于本科一二年级），32.7% 为大学第二阶段学生（相当大学三四年级，毕业后授予学士学位或硕士学位），30.9% 为大学第三阶段学生，为博士研究生。

比利时的高等教育机构分为两类：一类是高中后高等教育机构，目的是培养工业、农业、商业、医务、社会服务、教育、艺术等各个方面的专门人才。 这类教育机构的教育形式既有全日制，也有部分时间制。 学习期限既有长期，也有短期，结业后授予各类专业证书。 另一类是大学，大学是进行本科和研究生教育的机构，授予学士和博士学位。

根据比利时教育部的统计资料，2003 年比利时共接收外国留学生 37300 多人，其中 18200 多人在高中后高等教育机构就读，占当年比利时接收的外国留学生总数的 48.8％ ；19000 多人在大学就读，占当年比利时接收的外国留学生总数的 50.9％ 。 也就是说，2003 年比利时接收的外国留学生中，本科生和研究生所占比例为 50.9％ ，其余近半数的留学生是接受专科教育或者其他应用技术培训的留学生。

高中后高等教育机构接收的外国留学生中的 81.8％ 是来自欧洲国家，其中来自欧盟国家的留学生占高中后高等教育机构接收的外国留学生总数的 69.7％ ，即三分之二以上的高中后高等教育机构接收的外国留学生是来自欧盟国家。 其余 18％ 的高中后高等教育机构接收的留学生来自世界其他各大洲。

比利时大学接收的外国留学生的 61.6％ 来自欧洲国家。 其余 38％ 的在大学就读的外国留学生来自世界其他大洲的国家。

根据澳大利亚的官方统计，2008 年澳大利亚接收的外国留学生中，攻读本科和研究生学位的留学生占总数的 38.7％ ；在职业技术教育学校就读的留学生占总数的 31％ 。 澳大利亚的职业技术学校，有的属于中等职业技术教育，有的属于高等职业技术教育。 参加英语培训的留学生占总数的 18.4％ ；其他留学生占总数的 5.9％ 。

根据日本文部省的统计，2000 年日本接收的外国留学生中，本科生占 43％ ，研究生占 36.8％ ，专科生占 17.8％ ，其他占 2％ 。

总之，各国接收的外国留学生基本上可以分为研究生、本科生、专科生和其他等四类。 一般来说，本科生规模最大，其次为研究生，再次为专科生，最后为其他类留学生。

四、外国留学生的学习专业

为了便于对各国接收的外国留学生的学习专业分布进行比较，位于西欧的经济合作与发展组织（OECD）把外国留学生的学习专业分为六大类：社会、商业、法律，人文艺术，工科，理科，医学卫生，服务和其他。 社会、商业、法律学科类包括社会学科、工商管理和经济以及法律等学科。 人文艺术包括文学、历史、哲学以及艺术类学科（见下页表 46）。

表46 2003年部分国家接收的外国留学生学习专业分布比率

单位：%

	社会学科	人文艺术	工科	理科	医学卫生	教育	农科	服务	其他
美国	29.5	7.4	17.5	19.5	5.4	2.7	0.8	0.8	16.3
英国	39.3	15.8	15.1	14.3	8.1	3.5	0.9	—	3.0
德国	26.7	21.9	17.2	15.7	6.0	4.4	1.1	1.1	5.9
澳大利亚	45.0	8.4	12.0	21.2	7.4	3.8	0.7	1.5	—
日本	40.1	23.1	13.7	1.7	4.2	3.2	2.9	1.1	9.5
意大利	29.9	17.8	13.7	6.1	27.1	1.8	2.0	1.3	0.2
奥地利	35.6	23.3	12.7	11.2	9.0	5.3	1.5	1.3	0.2
瑞士	34.3	16.8	15.3	14.3	6.5	4.5	0.8	6.2	1.2
荷兰	45.7	12.7	10.3	7.8	14.3	5.7	0.9	2.6	—
比利时	19.9	10.9	7.0	8.2	25.2	4.1	5.7	2.2	16.9
瑞典	27.6	16.3	19.0	12.9	14.3	7.3	0.9	1.5	0.3
挪威	27.4	15.8	6.7	19.1	14.7	7.8	2.1	3.1	3.4
丹麦	30.2	16.6	16.2	12.7	17.5	3.9	2.1	0.7	—
芬兰	25.2	18.3	29.2	10.1	9.9	2.5	1.9	2.9	—
捷克	31.6	10.4	14.1	12.5	26.1	1.3	2.7	1.4	—
匈牙利	21.9	14.2	14.3	5.8	21.5	9.6	10.7	1.1	—
波兰	36.6	25.2	6.1	1.8	18.4	9.0	0.8	2.1	—
土耳其	42.8	6.6	14.2	8.1	13.4	7.3	2.7	4.9	—

资料来源：OECD（经济合作组织），Education at a Glance 2005

表46的18个国家中，有14个是发达国家，3个是转型国家，1个是发展中国家。从表中可以看出，不论哪一类国家，留学生选学最多的学科都是社会学科。一般来说，选学这个学科的留学生占每个国家接收的外国留学生总数的30%左右。根据上面所述，社会学科包括社会科学、商业、经济和法律等，这类学科留学生的增加，正是世界经济一体化迅速发展的结果。商业、经济、管理的国际性特点，不但表现在业务性质的国际性，还表现在工作地点的国际性，因而使越来越多的人选择出国学习商业、管理等学科，以增强和优化就业机会。

其次，人文艺术、工科、理科和医科卫生等四类学科是留学生选学比较多的学科。虽然各个国家接收的外国留学生选学这些学科的多寡不同，但是，一般来说，选学这四类学科的留学生占每个国家接收的外国留学生总数的 40% 左右。

五、外国留学生占高等学校在校生的比例

各国接收的外国留学生的数量，代表各国接收的外国留学生的绝对规模。 接收的外国留学生越多，这个国家的外国留学生绝对规模越大。 我们常说的一个国家接收的外国留学生的多少是指这个国家接收的留学生的绝对规模。 而外国留学生占高等学校在校学生的比例是各国接收的外国留学生规模的另一个度量标准，代表各国接收的外国留学生的相对规模。 外国留学生占高等学校在校学生的比例（以下简称留学生相对规模比例）越高，这个国家接收的留学生相对规模越大。

外国留学生绝对规模大的国家，其留学生相对规模不一定高。 例如，2006 年，美国是世界上接收外国留学生绝对规模最大的国家，但是，其留学生相对规模比例为 3.3%。 在发达国家中，澳大利亚接收的外国留学生相对规模比例高达 19.5%，是美国同类比例的 6 倍。

表 47 列出了 2006 年 35 个接收外国留学生万人以上国家的高等学校在校学生规模和外国留学生的相对规模比例。

表 47　2006 年 35 国外国留学生占国内高等学校在校生的比例

国家	总人口（百万）	高校学生		外国留学生	
		毛入学率（%）	在校生（万人）	留学生（万人）	占在校生比例（%）
发达国家（21 国）					
澳大利亚	21	73	102.5	20	19.5
新西兰	4	80	24	4	16.7
奥地利	8	50	25.3	3.9	15.5
英国	61	59	233.6	33	14.1
瑞士	8	46	20.5	2.8	13.7
法国	62	56	220.1	24.8	11.2
德国	82	—	—	26	10.7
爱尔兰	4	95	18.6	1.3	6.8
挪威	5	78	21.5	1.4	6.7

续表

国家	总人口	高校学生		外国留学生	
	（百万）	毛入学率（%）	在校生（万人）	留学生（万人）	占在校生比例（%）
比利时	11	63	39.4	2.5	6.3
加拿大	33	—	132.6	7.6	5.7
丹麦	5	80	22.9	1.2	5.3
瑞典	9	79	42.3	2.1	5.0
荷兰	16	60	58	2.7	4.7
葡萄牙	11	55	36.7	1.7	4.6
芬兰	5	93	30.9	1.2	3.7
美国	302	82	1748.7	58.5	3.3
日本	128	57	408.5	13.0	3.2
希腊	11	95	65.3	1.7	2.5
意大利	59	67	202.9	4.9	2.4
西班牙	45	67	178.9	1.8	1.0
转型国家（7国）					
吉尔吉斯斯坦	5	43	13.0	2.7	21.0
捷克	10	50	33.8	2.1	6.3
匈牙利	10	69	43.9	1.5	3.3
哈萨克斯坦	15	53	45.3	1.1	2.4
乌克兰	46	73	274.0	2.7	1.0
俄罗斯	142	72	916.7	7.7	0.8
波兰	38	66	214.6	1.1	0.5
发展中国家（7国）					
约旦	6	39	22	2.2	9.8
南非	48	15	74.1	5.4	7.2
马来西亚	27		69.7	4	5.7
沙特阿拉伯	24	30	63.6	1.4	2.2
古巴	11	88	68.2	1.5	2.2
土耳其	74	35	234.2	1.9	0.8
韩国	49	93	320.4	2.2	0.7

资料来源：根据联合国教科文组织教育年鉴、网站的统计数字整理

在 21 个发达国家中，留学生相对规模比例最高的国家是澳大利亚，其次是新西兰。 大洋洲的两个发达国家接收的外国留学生相对规模比例最高。在西欧国家中，奥地利接收的外国留学生相对规模比例最高，而且，西欧接收外国留学生绝对规模最大的三个国家——英国、法国和德国，其留学生相对规模比例均在 10% 以上。 在北美的两个发达国家中，加拿大接收的留学生相对规模比例高于美国的同类比例。

在 7 个转型国家中，留学生相对规模比例最高的国家是人口规模只有 500 万、高等学校在校学生规模只有 24 万的吉尔吉斯斯坦。 而高等学校在校学生规模近千万人的俄罗斯的留学生相对规模比例还不到 1%。

在 7 个发展中国家中，留学生相对规模比例最高的国家是人口规模最小、高等学校在校学生只有 22 万人的约旦。 具有 4800 万人口的南非的留学生相对规模比例达到 7.2%。

留学生相对规模比例，实际上反映一个国家外国留学生扩张的潜在能力。 一个国家的留学生相对规模比例的上限是多少？ 仍有待实践证明。 但是，如果一个国家的留学生相对规模比例还比较低，表明其容纳更多外国留学生的潜力还比较大。

第三节　80 年代以来世界外国留学生教育发展的特点

从 19 世纪后半叶美国大量向欧洲的德国派遣留学生开始到现在 150 多年的时间里，世界外国留学生教育经历了不同的发展阶段。 在不同发展阶段，推动世界外国留学生发展的动力也不同。 80 年代以来特别是 90 年代以来，世界外国留学生教育进入了一个新的发展时期。 这个时期世界外国留学生教育发展的主要动力是世界经济一体化发展加快。 所谓经济一体化，就是世界各国间的货物、资金和人员的流动空前发展。 这里的人员流动包括各国间的留学生的流动。

从一个国家发展外国留学生教育来说，第一要有生源，第二要有接收院校。 世界经济一体化的发展，大大推动了各国（包括发达国家和发展中国家)经济的发展。 而各国经济的发展又推动其国内高等教育的发展。 高等教育发展,一方面高等教育的入学率不断提高,能够接受高等教育的人大大增加了;另一方面高等院校接收学生的能力也大大加强了。 高等教育是一种选择教育。 当外国高等院校向其开放,而且到国外留学的就业前景广阔,本人和家庭又有支付能力时,出国留学就可能成为一些人的选择。 因此,在世界经济一体化快速发展的条件下,世界外国留学生的生源不断扩大。 当一个国家的高等院校接收学生的能力大大增强,接收外国留学生不再存在与国内学生争高等教育资源的问题时,接收外国留学生对一个国家来说具有政治、经济、文化和人才等各方面的益处。 因此,很多国家都实行积极的发展外国留学生教育的政策。 所以,80年代特别是90年代以来世界经济一体化的加速发展,是推动世界外国留学生发展的根本动力。

在世界经济一体化条件下的世界外国留学生教育的发展具有什么特点呢?

一、外国留学生的生源多元化

所谓外国留学生生源多元化,是指80年代以来世界外国留学生的多数来自发展中国家的同时,来自发达国家和转型国家的留学生也有显著增加。

根据联合国教科文组织的统计,1995年世界各国的出国留学生中,来自发达国家的留学生占当年世界各国出国留学生总数的31.6%;来自发展中国家的留学生占总数的比例为58.5%;来自转型国家的留学生占总数的比例为9.9%。 到2006年,世界各国出国留学生中,来自发达国家的留学生占总数的比例为22.8%,比1995年下降了8个百分点;来自发展中国家的留学生占总数的比例为64.2%,比1995年提高了5个百分点;来自转型国家的留学生占总数的比例为12.9%,比1995年提高了3个百分点。 但是,不论其比例是上升还是下降,不同类别国家的出国留学生的绝对数都是增加的(见下页表48)。

表 48　世界出国留学生分布(按地区)

单位:万人

国家地区		1995 年	2006 年
发达国家		46.3	52.4
发展中国家	东亚、东南亚、南亚	48.8	85.0
	西亚、北非	17.8	26.9
	撒哈拉以南非洲	10.5	20.6
	南美、加勒比海地区	8.7	14.8
	小计	85.8	147.3
转型国家		14.5	29.6
合　计		146.6	229.3

资料来源:根据联合国教科文组织网站统计资料整理

　　1995 年,来自发达国家的留学生占当年世界各国出国留学生总数的近三分之一。 在 1995—2006 年间,虽然来自发达国家的留学生占世界各国出国留学生总数的比例,从 1995 年的 31.6% 下降到 2006 年的 22.8% ,但是, 来自发达国家的留学生的绝对数仍保持增加趋势,2006 年比 1995 年增加了 6 万多人。 在 2006 年,世界上出国留学生最多且超过 4 万人的 11 个国家中,有 5 个是发达国家,它们是德国、日本、法国、美国和加拿大(见表 49)。 所以,从整体上说,发达国家也是 80 年代以来世界外国留学生的主要来源国家之一。

表 49　2006 年出国留学生超过 4 万人的国家

单位:人

国家	出国留学生	国家	出国留学生
中国	417351	美国	48329
印度	139459	马来西亚	45195
韩国	101913	加拿大	43174
德国	70696	摩洛哥	41879
日本	60225	俄罗斯	41101
法国	54046	合计	1063641

资料来源:根据联合国教科文组织网站统计资料整理

　　发展中国家分布在亚洲、非洲和拉丁美洲的广大地区。 根据发展中国家留学生流动的特点,现把发展中国家分成四个地区,即东亚、东南亚、南亚地区的发展中国家，西亚、北非地区的发展中国家，撒哈拉以南非洲地区的发展中国家和加勒比海地区、南美地区的发展中国家。 从表 48 可以看出，来自这四类地区的发展中国家的留学生规模是不同的。 出国留学生最多的发展中国家地区是东亚、东南亚、南亚地区，其次是西亚、北非地区，第三是撒哈拉以南非洲地区，最后是南美、加勒比海地区。

在 1995—2006 年间，2006 年来自发展中国家的留学生，比 1995 年增加了 61.5 万人。 这 61.5 万人的 58.8% 来自东亚、东南亚、南亚地区国家，16.4% 来自撒哈拉以南非洲国家，14.8% 来自西亚、北非地区国家，9.9% 来自加勒比海地区、南美地区国家。 所以，在此期间，出国留学生增长最快的地区是东亚、东南亚、南亚地区。 在 2006 年出国留学生最多的 11 个国家中（见表 49），发展中国家有 5 个，其中 4 个国家是属于东亚、东南亚、南亚地区国家，它们是中国、印度、韩国和马来西亚。 从表 49 还可以看出，中国、印度和韩国三个国家是 2006 年出国留学生最多的三个国家，分居当年的一、二、三位。 据联合国教科文组织统计，2006 年，中国的出国留学生总数达 41.7 万人，占当年世界各国出国留学生总数的 18%，几乎当年世界每 5 个出国留学生，就有 1 个来自中国。 2006 年，在美国、加拿大、英国、德国、澳大利亚、新西兰、日本、乌克兰、马来西亚、韩国等国家中，中国留学生都是最多的。

1991 年苏联解体，当时苏联、东欧国家接收的外国留学生总数只有 10 万人左右。 1995 年，来自转型国家的留学生总数为 14.5 万人。 到 2006 年，来自转型国家的留学生总数增加到 29.6 万人，比 1995 年增长了 1 倍多。 苏联解体前，由于苏联和美国两霸对峙，苏联、东欧国家与美国和西欧国家之间留学生交流很少。 苏联解体后，转型国家的出国留学生的流向更加多元，数量也大量增加，使转型国家在整体上成为世界外国留学生的重要生源国家之一。

二、留学生流向多元化

所谓留学生流向多元化，就是不但世界上接收外国留学生的国家越来越多，而且接收的外国留学生规模比较大的国家也越来越多。

目前，世界外国留学生仍然主要是流向发达国家，但同时，转型国家和发展中国家接收的外国留学生也有明显增长。

1980 年，美国接收的外国留学生总数达 31 万人，占当年世界各国接收的外国留学生总数的 35%，占三分之一以上。 而当年英国、德国和法国三国接收的外国留学生总和为 23 万人，还没有当年美国一个国家接收的外国留学生多。 但是，到 2006 年，英国、德国和法国三国接收的外国留学生总和为 83.8 万人，比美国当年接收的 58.5 万外国留学生多 25 万余人。

2006 年，英国接收的外国留学生总数达到 33 万人，德国为 26 万人，法国为 25 万人，成为世界上接收外国留学生的大国。 1980 年接收的外国留学生总数还不到万人的澳大利亚和日本，2006 年接收的外国留学生总数也分别达到 20 万人和 13 万人。

2006 年，其他所有主要发达国家接收的外国留学生也都超过万人，其中接收外国留学生 2 万人以下国家 7 个，接收外国留学生在 2 万人到 4 万人之间的国家 6 个，接收外国留学生在 5 万人到 8 万人之间的国家两个。 而且这 15 个发达国家中，国家人口在一千万人以下的国家有 8 个。 这些国家虽然人口规模不大，但接收外国留学生的规模却居世界前列。

据统计，2006 年接收外国留学生相对规模比例在 10% 以上的国家共有 7 个，它们是：澳大利亚（19.5%）、新西兰（16.7%）、奥地利（15.5%）、英国（14.1%）、瑞士（13.7%）、法国（11.2%）和德国（10.7%）。 所以，大洋洲和欧洲的发达国家的外国留学生相对规模比例都远远高于美国。 2006 年，美国接收外国留学生相对规模比例为 3.3%。

发达国家的出国留学生的大多数流向发达国家。 2006 年出国留学生超过 4 万人的 5 个发达国家出国留学生的多数都是流向发达国家（见表 50）。

表 50　2006 年德国等发达国家出国留学生的流向

国家	出国留学生数（人）	出国留学生流向国家	占出国留学生总数（%）
德国	70696	英国、奥地利、美国、法国、瑞士、意大利	67
日本	60225	美国、英国、德国、法国、加拿大	87
法国	54046	英国、美国、德国、加拿大和瑞士	64
美国	48329	英国、加拿大、德国、法国	59
加拿大	43174	美国、英国、法国	81

资料来源：根据联合国教科文组织网站统计资料整理

上表中所列的"出国留学生流向国家"，只是接收这5个发达国家的出国留学生的所有发达国家中的主要国家。所以，2006年，德国、日本、法国、美国和加拿大等5个发达国家的出国留学生中，流向发达国家的留学生占这些国家当年出国留学生总数的比例至少在59%至87%之间。

在西方发达国家中，大的发达国家能够吸引小的发达国家的留学生，小的发达国家也能够吸引大的发达国家的留学生。例如，2006年，英国在美国的留学生为8500多人，而当年美国在英国的留学生高达14700多人。2006年，美国在其邻国加拿大的留学生达到7800多人。2006年，德国在英国的留学生达到13200多人，在其邻国奥地利的留学生达到10100多人，在瑞士的留学生达到5600多人。2006年，法国在英国的留学生达到12400多人，在德国的留学生达到6500多人，在加拿大的留学生则达到6200多人。2006年，新西兰在澳大利亚的留学生达到5300多人，而澳大利亚在新西兰的留学生则有2700多人。澳大利亚是一个远离欧洲的国家，澳大利亚接收的外国留学生主要来自亚洲国家。但是，2006年澳大利亚接收的外国留学生中，仍然有16000多人来自西欧发达国家，占当年澳大利亚接收的外国留学生总数的8%。

2006年，转型国家中接收外国留学生超过万人的国家共有7个。这7个国家接收的外国留学生的多数均来自转型国家。据统计，2006年，转型国家的出国留学生中，35%流向发达国家。例如，2005年德国接收来自转型国家的留学生达到5万人。转型国家的出国留学生中有33%流向发展中国家。例如，2006年土耳其接收的外国留学生比1994年增长的4000多人，全部来自转型国家。

发展中国家接收外国留学生超过万人的国家中，2个属于东亚国家，4个属于西亚地区国家，1个属于北非国家，1个属于加勒比海地区国家。

发展中国家接收的留学生的大多数来自其所在地区的发展中国家。例如，2005年，马来西亚接收的外国留学生的大多数是来自亚洲的东亚、东南亚、南亚和西亚地区的国家。2006年，韩国接收的外国留学生的多数来自东亚、东南亚和南亚地区国家。2006年，约旦、沙特阿拉伯等国家接收的外国留学生的多数来自西亚、北非地区的阿拉伯国家。2006年，土耳其接收的外国留学生的多数来自其周边国家，包括西亚地区、中亚地区以及巴尔干半岛南部地区的国家。 2006 年，古巴接收的外国留学生的多数来自加勒比海地区、南美地区的国家。 2006 年，南非接收的外国留学生的 70% 以上来自南部非洲国家。

东亚、东南亚、南亚地区发展中国家的出国留学生的多数流向英语发达国家。 例如，英国、美国、加拿大、澳大利亚和新西兰等 5 个主要英语发达国家接收的外国留学生中，一般有 50% 到 70% 的留学生是来自东亚、东南亚、南亚地区国家。

西亚、北非地区的发展中国家的出国留学生多流向欧洲、独联体国家。

三、留学生留学目标多元化

这里的留学目标是指到国外高等学校选学的学科和就读的层次。 高等教育的层次包括研究生、本科生和专科生教育三个层次。

从世界外国留学生教育的发展来看，留学生从学成回国服务的角度来说，总是选学那些国内薄弱的学科和层次。 在经济一体化的条件下，许多工作岗位的国际性（指该岗位上所具有的国际知识和国际技能）越来越强，所以很多人出国留学是根据就业前景来决定的。 80 年代以来，专科层次留学生教育的发展，就是这方面的突出例证。

一个国家的专科教育主要是培训国内需要的实用人才。 在发达国家之间，一般来说，研究生教育有高低水平之分，但专科教育没有高低水平之分，主要是能否培养国内需要的实用人才的差别。 所以，专科教育吸引外国留学生，主要看其是否能提供人才市场上所需要的技能培训和就业前景。

专科院校接收外国留学生，是 80 年代以来世界外国留学生教育的新发展。 在一个地区的国家之间经济一体化的发展，必然会产生大量的需要具有国际性技能的工作岗位。 这是专科层次留学生流动的原因。

美国的社区学院是属于专科层次的院校。 美国社区学院是从 80 年代开始接收外国留学生的。 据统计，2001 年，美国社区学院接收的外国留学生占当年美国接收的外国留学生总数的 12.3%，达到 67000 多人。 而且，发达国家日本在美国社区学院就读的留学生数量最多，各国在美社区学院就读的留学生的规模日本居第一位，而韩国居第二位。 到美国社区学院留学，除专业学习上不低于国内同类学校的要求外，留学生本人还可熟练掌握英语以及其他国际技能，这些都有利于在经济一体化条件下的就业选择。

在前面介绍过，欧洲国家比利时接收的外国留学生中，有一半的学生是在"专科"一类院校就读的。 而且，在这类院校就读的留学生的60%是来自欧盟国家，即比利时的周边国家，这些国家也多是发达国家。 西欧国家经济一体化是世界上最早发展起来的地区经济一体化。 西欧国家之间在经济上你中有我，我中有你。 特别是周边国家之间，这种情况更加突出。 这些正是大量专科层次留学生出现的原因。

在世界外国留学生中，研究生和本科生所占的比例目前尚无精确统计。但是，从各国接收的外国留学生类别来看，本科生应该多于研究生。

80年代以来，世界各国特别是发展中国家的高等教育得到较大发展，很多发展中国家都可以提供本科教育。 那么为什么还有那么多来自发展中国家的留学生去国外读本科？

当发展中国家的本科教育还比较弱的时候，说明这个国家的经济还不发展，能够接受本科教育的青年人也不多，这时只会有少数家庭有经济能力的人选择出国留学。 当发展中国家本科教育有了较大发展，说明国家的经济有了较大发展，能够读大学本科的人显著增加。 这时当出国留学能够提供更广阔的就业前景时，就会有更多家庭有经济能力的人选择出国留学。 所以，在实行开放政策的条件下，总体上说，出国留学是一个国家经济发展水平和高等教育发展程度的体现，对发达国家和发展中国家来说皆是如此。 世界经济一体化是不可逆转的，所以，世界外国留学生的增长也是必然的。

欧洲经济合作组织提供的一些国家接收的外国留学生的学习专业分布，也说明了世界经济一体化对留学生流动的影响。 各国接收的外国留学生中，选学最多的专业是社会、商业、法律类学科，占每个国家接收的外国留学生总数的30%左右。 这类学科留学生的增加，正是世界经济一体化迅速发展的结果。 商业、经济、管理等学科的国际性特点，不但表现在业务性质的国际性，还表现在工作地点的国际性，因而使越来越多的人选择出国学习商业、管理等学科，以增强和优化就业机会。

此外，选学人文艺术、工科、理科和医科卫生等四类学科的留学生，一般占每个国家接收的外国留学生总数的 40% 左右。 这些学科都是国家发展需要的实用学科，特别是发展中国家正处在工业化发展的过程中，其中的工科和理科是来自发展中国家留学生首选的学科之一。

四、留学生的语言学习

2006 年世界接收外国留学生最多的 10 个国家是美国、英国、德国、法国、澳大利亚、日本、俄罗斯、加拿大、南非和意大利。 在这 10 个国家中有 6 种官方语言。 它们是留学生在这些国家留学时作为学习工具必须掌握的语言。 这 6 种语言是英语、德语、法语、日语、俄语和意大利语。 在这 10 个国家中，有 5 个国家的官方语言是英语。 这 5 个英语国家接收的外国留学生占当年世界外国留学生总数的 50% 左右。 所以，语言是发展留学生教育的必要条件，但不是决定条件。 语言是学习的工具，语言背后国家的相对优势是吸引留学生的决定条件。

英语目前是世界上普及面最广的一种语言。 普及面广的一个重要标志是世界上的绝大多数国家的学校都开设英语课。 有的国家从小学开始，有的国家从中学开始，等等。

1965 年，美国开始实施一种称为"托福"（TOEFL，Test of English as a Foreign Language）的英语考试，它是为申请去美国留学的非英语国家的留学生提供的一种英语水平考试。 这个考试除了在美国举办外，还在世界上的很多国家举办。 申请去美国留学的非英语国家的留学生，只有参加托福考试并达到规定的标准，其申请方可被接受。 所以，通过托福考试是去美国留学必须最先满足的一个条件。

托福考试的建立，不但规范了美国接收外国留学生的语言水平标准，而且推动了英语培训的发展，从而使世界上很多国家的英语培训水平得到提高。

美国托福考试的成功，使其他国家纷纷仿效。 从 90 年代开始，英国、澳大利亚等国家也建立了他们自己的英语水平考试，用以招收国外留学生。其他语种的国家也实行类似方法。

　　因为英语教学在各国的学校比较普及，所以，去英语国家的留学生，可以在本国接收英语培训并参加托福考试，达到规定的要求后即可申请去英语国家留学。　同时，英语国家也接收以英语培训为目的的留学生。　在这方面英国接收的以英语培训为目的留学生规模最大。　据英国文化委员会统计，2001 年，英国接收的以英语培训为目的的外国留学生总数达到 60 万人。　这些参加英语培训的留学生，有些人学习结束后，英语水平达到申请留学的要求，因而转为留学生。　如果进入高等学校后，在学习中英语还有困难，留学生必须设法一面学习一面进修英语。

　　对于其他语种，由于留学生的规模所限，没有像英语那样的规范性考试。　但是，申请去这些国家留学签证的条件之一，是申请人必须接受过一定数量课时的语言培训。　在这些国家里，都设有比较强的语言培训机构，例如德国的歌德学院。　留学生进入这些国家高等学校后，如果在学习上语言仍然困难，留学生必须继续语言学习，而这些国家的语言培训机构能够提供有效的语言培训。

　　日本接收的外国留学生多数来自中国。　自 80 年代后期以来，日本接收的外国留学生中的 50% 到 60% 的留学生来自中国。　所以，中国赴日本的留学生规模比较大。

　　日本于 1984 年实施日本语能力考试制度，开始一年一度在世界的一些国家举办日语能力考试，作为申请去日本留学的语言能力标准。　但是，由于很多国家开设日语课的学校很少，不可能要求申请去日本留学的留学生必须在其国内达到规定的日语能力标准，所以，日本一直允许留学生到日本进行日本语学习，经过一年左右培训后，在日本参加日语能力考试，通过语言考试后再报考日本的高等学校。

　　近年来，日本对申请去日本留学的语言培训提出了新的要求。　过去对申请去日本语学校的留学生没有在其国内学习日语的要求。　现在规定，对申请去日本的日本语学校的人，其日语必须达到日语能力考试 4 级水平。　日本规定，申请进入日本高等学校必须具有日语能力考试 2 级水平。　日语能力考试成绩分 4 级，1 级水平最高。　所以，也像其他非英语语种的国家一样，日本现在开始要求留学申请者必须在其国内学习日语，并达到一定水平。　这个水平低于进入日本高等学校所要求的语言能力标准。

　　总之，一个国家发展外国留学生教育，必须不断提高其语言培训能力，使留学生在尽可能短的时间里掌握留学语言，在接收国家的培训一般为一年。 因为语言学习的特殊性，对学历教育的留学申请者必须在其国内学习留学语言，这已经成为世界上主要接收留学生国家的普遍要求。

第四章

我国来华留学生教育
发展的国际比较

第一节　目前我国来华留学生教育的发展阶段

一、初步建立了开放式的来华留学生教育发展体制

世界外国留学生教育的发展表明，开放式的外国留学生教育发展体制的主要内容，一是高等学校直接面对国际留学生市场招收留学生；二是外国留学生与国内学生同等对待。

1990 年，国家决定开放高等学校直接接收自费来华留学生，让高等学校直接面对世界外国留学生市场。 这是我国来华留学生教育体制的深刻改革，经过十几年的发展和完善，这种招收外国留学生的体制已初步建立起来。 十几年的发展证明，这种体制大大推动了我国来华留学生教育的发展，使我国的来华留学生规模从 1990 年的不到 1 万人，发展到 2008 年的 22.3 万人，其中 90% 以上是自费留学生。

1980 年以来，我国的奖学金留学生规模不断扩大。 在华奖学金留学生规模（在校奖学金留学生数）已经从 1980 年的 1300 多人增加到 2007 年的 10100 多人。 奖学金生的示范和引导效应，已经充分地体现在我国自费外国留学生的发展上。 例如，从上个世纪 60 年代以来，非洲国家一直是我国提供来华留学奖学金的主要国家群体，而且改革开放以来，对非洲国家的留学奖学金规模仍然保持增长趋势。 1990 年开放高等学校直接接收自费来华留学生后，到 2007 年，来自非洲国家的自费留学生数，已经超过当年在华的来自非洲国家的奖学金留学生总数。

直到 80 年代，虽然我国当时的来华留学生规模比较小，还不到万人，但是，留学生"闹事"一直是困扰来华留学生管理的一个主要问题。 80 年代后期，废除了对留学生"特殊对待"的管理政策规定，强调对来华留学生与中国学生同等对待。 例如，留学生有几门功课不及格，在经过认真帮助和补考仍不能通过时，要像对待中国学生一样作开除学籍处理。 有的学校在开始这样做的时候，还遇到很大阻力，留学生管理干部曾被因功课不及格被开除

学籍的非洲国家留学生打伤。 90 年代以来，在我国高等学校的来自非洲国家的留学生比 1980 年增长了一倍多，但严重的留学生闹事事件基本上没有再发生。 但对留学生与中国同学同等对待还有待进一步发展。 因此，我们还只能说基本上建立起来了开放式的来华留学生教育发展体制。

二、初步形成了留学生来源渠道，来华留学生达到相当规模

所谓形成留学生来源渠道，是指来自一个国家的留学生达到相当规模。世界各国的外国留学生教育的发展证明，留学生渠道一旦建立，一般具有相对稳定性和扩张性的特点，即在保持一定时间的稳定发展后，将继续扩张，成为留学生的重要来源国家。 其原因就是前面的留学生不但走出了一条留学渠道，而且这些留学生学成回国后，影响也不断扩大。

我国已经形成了以周边国家为主的各类留学生来华渠道。 2007 年，自费来华留学生超过百人的国家共有 63 个，其中周边国家 23 个；其他 40 个国家中，有 20 个是欧美发达国家，10 个是非洲国家，5 个是西亚地区国家，3 个是拉美国家，其他 2 个为转型国家。 自费来华留学生超过千人的国家共有 22 个，其中 15 个为周边国家，7 个为欧美发达国家。 来华留学生超过 5000 人的国家共有 8 个，其中除美国外，其他 8 个国家均为周边国家。

2007 年，自费来华本科留学生超过百人的国家共有 28 个，其中周边国家 18 个，欧美发达国家 5 个，非洲国家 3 个，西亚地区国家 2 个。

根据国际外国留学生教育发展的经验，这些来华留学生已经具有一定规模的国家，在今后我国来华留学生教育的发展中，不但将继续成为我国外国留学生的来源国家，而且都很有可能继续扩大。

虽然，与国际上外国留学生教育大国比较，我国接收的外国留学生规模总体上还偏小，但是，与 90 年代以前比较，我国接收的外国留学生规模有了巨大的发展。 在十几年的时间里，我国来华留学生从不到万人规模发展到20 多万人的规模，这已经是一个巨大成绩。

三、我国来华留学生教育仍处在初级发展阶段

初级发展阶段主要表现在三个方面：

1. 单独教学的留学生占多数

自 90 年代以来，我国来华留学生中的短期留学生和普通进修生增长最快，而这两类留学生中的 80% 以上是以来华学习汉语为主的留学生。 在 90 年代，这两类留学生占我国来华留学生总数的 70%—80%。 进入 21 世纪后，由于来华学历留学生发展速度加快，虽然这两类留学生仍保持增长趋势，但占我国接收的外国留学生总数的比例有所下降，一般在 60% 以上。 例如，2007 年，这两类留学生占我国接收的外国留学生的比例为 64.5%。 在今后相当长的时间里，这两类留学生将仍然是来华留学生的重要组成部分，对这类留学生的培训仍将单独进行。 世界各国对语言留学生的培训均采用单独培训的方法。

我们关注的是学历留学生，特别是本科留学生的培养方式。 对本科外国留学生的培养，世界各国均以"趋同"培养为主，但目前来华本科留学生的相当一部分是单独教学培养的。 例如：

（1）汉语言专业本科留学生

汉语言专业是 80 年代建立的以留学生为对象的专业。 90 年代，来华本科留学生的三分之一以上在汉语言专业就读。 进入 21 世纪后，汉语言专业本科留学生虽然在数量上仍保持增长趋势，但占本科留学生总数的比例呈下降趋势。 例如，2000 年，汉语言本科专业留学生占当年本科留学生总数的比例为 37.8%，到 2007 年，这个比例下降到 22.5%。 预计汉语言本科留学生的规模还将继续扩大，但其在本科留学生中所占比例会进一步下降。 由于学科本身的特点，汉语言专业学历留学生的培养仍将沿用单独培养方式。

（2）经济、中医、西医等专业的本科留学生

2007 年，这三个专业的本科留学生占当年来华本科留学生总数的 47.7%。 在这三类学科的本科留学生中，单独教学的留学生比例一般在三分之一到三分之二，其教学语言或为汉语，或为英语。

对留学生采取单独教学，主要原因是留学生的汉语能力不够，不能够与中国同学趋同教学。

在世界各国接收的外国留学生中，经济和医学专业都是外国留学生选学的主要专业。 但各国对这类专业留学生的教学都是与国内学生同等对待。

也有少数非英语国家，对经济管理专业，例如 MBA 课程，采用英语教学，但所占比例很小。

世界上非英语国家，例如德国、日本等国家，能够做到留学生与国内学生在教学上同等对待，说明他们解决了留学生的语言能力问题。

来华留学生的汉语能力不够的原因，一是留学生来华前未学习过汉语，经过来华后的一年汉语培训，不能使绝大多数人达到进入专业学习所需要的汉语能力；二是一些留学生认为汉语难学，惧怕学习汉语，不愿意学习汉语，因而采用英语授课（例如西医）。

2. 尚未建立有效的文化考核制度

高等学校通过一定的文化考核录取学生，是各国高等学校的通行做法。但是，在一个国家发展学历留学生教育的初期阶段，由于对外国学校教育情况了解较少以及其他原因，对录取的留学生，特别是学历留学生，或者文化考核不规范，或者没有文化考核。在过去一些年里，我国的一些高等院校实行"宽进严出"或"试读"等方式录取学历外国留学生，这种方法对学校和留学生本人都会造成教育资源的浪费，因此是一种临时性的办法。

在学历来华留学生数量比较少的时候，也不可能制定切实可行的文化考核办法。我国的来华留学生教育已经发展到需要通过文化考核录取学历留学生的阶段了。目前一些高等学校已经开始实施通过考试录取学历外国留学生，虽然这类学校数量还不多。

通过一定的文化考试录取留学生是必须做的事情，因为它关系到留学生教育质量，而留学生的教育质量是一个国家学历外国留学生教育能够不断发展的根本保证。

我们曾经对部分国家实行过通过文化考试录取留学生的办法。但试卷语言为外语，而且在国外举行考试。这种考试实行一段时间后，不大成功，未能再继续。现在国内一些院校实行的文化考试录取留学生是在国内进行，试卷语言是汉语。

德国实行的外国留学生预科制度，偏重于对留学生文化知识的提高。主要是因为德国大学实行学士和硕士课程连读，德国考入大学的中学生，在中小学阶段的学习时间一般为 13 年，比其他国家的中学生长一年。但是，进入预科班的学生的德语已经基本达到要求，否则需先进行德语培训。 日本大学通过在日本国内的文化考试录取外国留学生，外国留学生一般需在日本的日本语学校进行日语培训，达到一定水平后（以日本语能力考试成绩为准），方能参加入学考试。

因此，今后我国学历来华留学生的文化考核（考试）必须在国内进行，留学生通过汉语培训基本达到要求后，方可参加文化考核（考试）。

根据日本实行对留学生进行文化考试的经验，因为留学生数量相对较小，每所大学接收的留学生数量也有限，建立这样一种考核制度是一件比较复杂的事情。 需要通过部分院校先行试验，并不断总结经验，才能逐步建立起来。

3. 尚未建立实用的汉语培训考核体制

世界上英语国家招收外国留学生的有利条件之一，是已经建立起来了英语标准化考试和强化英语培训制度。 因为世界上非英语国家的学校均设有英文课程，所以，非英语国家的留学生可以在其国内参加英语标准化考试。 留学生的英语标准化考试成绩是学校接受留学生申请的条件之一。

标准化英语考试制度有两方面作用：一是给出一个标准，即留学生需要多高的英语成绩，能够与接收国高等学校学生"趋同"进行专业学习；二是经过什么样的培训，包括培训的课程内容、方式和时间，留学生能够达到上述标准。

改革开放前，对来华学历留学生的汉语培训，规定为来华后专门学习一年汉语，然后进入专业学习。 因为大部分学生经过一年专门汉语培训后，进入专业学习中汉语困难很大，因此后来又规定，留学生进入专业学习后，接收院校要专门为留学生开设一到两年的汉语课，同时要加强对留学生的个别业务辅导。 一般来说，进入专业学习三年级后，留学生的汉语已经不是他们专业学习的主要困难了。 这就是说，来华前未学习过汉语的学历留学生，来华后经过一年专门汉语培训，进入专业学习后，再经过两年的一面专业学习一面汉语培训，留学生方可以基本上解决汉语问题。

80 年代，我国开发了汉语水平考试（简称 HSK）。 通过 HSK 考试证明，当时经过一年专门汉语培训的留学生，其汉语能力一般能够达到 HSK3 级。而我国的一些高等学校的教学实践证明，来华留学生的汉语能力达到 HSK6

级以上，方可基本适应与中国学生一起进行专业学习的需要。

现在国内对 HSK 标准化考试有不同看法。 但是，不论从发展汉语教学，还是发展来华留学生教育考虑，我们都需要一个实用性强的汉语标准化考试。 HSK 考试可能存在这样和那样的问题，但它的大方向是对的。 需要改进的是强化其实用性。 既要给出一个大致确切的标准，即具有多高的成绩可以达到适应专业学习的需要，又要提出通过什么样的培训能够达到这样的成绩要求。 此外，来华后的留学生汉语培训时间不能超过一年，否则留学生难以接受。 同时，汉语培训不能是以 HSK 试题为主的应试式培训。

我国的汉语培训，特别是学历留学生一年专门汉语培训必须进行改革，实行强化培训，提高培训效率，经过一年的汉语培训，使留学生的汉语能力基本上达到与中国同学一起进行专业学习的要求。 现在，有的院校在这方面的改革已经取得了一定成效。 现在需要的是加快改革实验，逐步进行推广。这项改革的成功，将大大有利于我国外国留学生特别是学历留学生教育的发展。 因为，对外国留学生来说，一年专门学习语言的时间是可以接受的。但超过一年以上，就可能使很多留学生放弃来华留学的打算。

根据目前汉语在世界上的普及程度，要求留学生在其国内达到进入学历教育的汉语水平，在相当长的历史时期内是不可能的。 但是，世界很多国家的实践证明，为了有利于语言学习效果，要求留学生在其国内学习一些留学目的国的语言，对进入接收国后的语言培训有利，能够争取在一年时间里达到所要求的语言标准。 目前，世界上很多国家都在学校里增开汉语课，但是数量仍然非常有限。 所以，我国留学生汉语培训还有很长的路要走。

第二节 我国来华留学生教育发展能力的国际比较

一、国家发展上的优势

目前，世界上发达国家接收的外国留学生占世界外国留学生总数的 80%以上。 这些国家能够吸引大量外国留学生的根本原因是发达国家具有国家发展上的优势，主要是经济上发达，以及随着经济发展而来的文化上的发达，包括高等教育、科学技术和文化艺术等。

80 年代以前，我国在经济和文化发展上不具有优势。 例如，1978 年，全国农村的绝对贫困人口约有 2.5 亿人，即我国人口的四分之一处于绝对贫困状态。 这是我国经济发展水平极低的主要表现之一。

90 年代特别是进入新世纪以来，我国经济发展水平和经济实力上的比较优势越来越明显。

一个国家的经济总量（GDP）是它的经济发展水平和经济实力的主要衡量标准之一。 我国的经济总量，从 1978 年居世界第十位上升到 2008 年的第三位，仅次于美国和日本。 根据国际货币基金组织统计，折合成美元，我国 2007 年国内生产总值为 32801 亿美元，相当于美国的 23.7%，日本的 74.9%。 同时，我国经济总量占世界经济总量的比例，从 1978 年为 1.8% 上升到 2007 年的 6.0%。 我国经济的发展对世界经济发展的贡献越来越大。根据国家统计局公布的数字，2006 年，我国经济对世界经济的贡献率（即当年国家的 GDP 增量与世界 GDP 增量之比）已上升到 14.5%，仅次于美国（22.8%）居第二位，比欧元区高 1.4 个百分点，比日本高 6.7 个百分点。

我国作为世界制造业大国的地位初步确立。 根据联合国工发组织资料，按照 2000 年不变价计算，我国制造业增加值占世界的份额，由 1995 年的 5.1% 上升到 2007 年的 11.4%。 按照国际标准工业分类，在 22 个大类中，除机动车、拖车、半拖车大类外，对其他 21 个大类，我国制造业所占份额均名列世界前六位，其中 7 个大类名列第一。 在发展中国家中，除机动车、拖车、半拖车大类我国名列第十一位外，对其他 21 个大类，我国所占份额均名列第一位。

我国已经成为世界贸易大国。 我国进出口贸易总额，从 1978 年的世界第 29 位上升到 2007 年的世界第三位，仅次于美国和德国。 1978 年的进出口贸易总额仅有 206 亿元，1993 年增长到 2000 亿元，2001 年增长到 5097 亿元，2004 年首次超过 1 万亿美元，2007 年达到 21737 亿元。 我国进出口贸易额占世界贸易总额的比重，从 1978 年的 0.8% 上升到 2007 年的 7.7%。 我国成为一个名副其实的对外贸易大国。

我国利用外资额居世界前列。 1979—2007 年，我国实际使用外商直接投资 7602 亿美元，平均每年 262 亿美元。 2002 年以来，我国利用外资的规模一直居于世界前三位。 2007 年实际使用外商直接投资 748 亿美元。 截至 2007 年末，我国规模以上工业总产值的 30% 以上、进出口总额的一半以上是由外资企业创造的。

我国的对外投资和国际承包快速增长。 为了更好地利用国外资源，进入新世纪，我国对外直接投资（非金融部分）呈现强劲增长势头。 从 2003 年的 29 亿美元上升到 2007 年的 187 亿美元。 2007 年对外经济合作合同（国外承包工程）金额达到 853 亿美元，完成营业额 479 亿美元，分别比 1989 年增长 37.6 倍和 27.4 倍。

我国是世界上宇航技术大国。 我国是世界上有能力发射载人宇宙飞船的三个国家之一。 它是我国工业和科学技术水平的重要标志。

当然，以衡量世界各国发展水平的另一个重要指标"人均收入"来看，我国属于世界中等偏下收入国家行列。

但是，上述中国经济的发展和经济实力的增强，创造了大量与中国和中国人相联系的工作岗位。 要胜任这些岗位的工作，就要懂汉语和中国文化。这些正是近些年来大量外国留学生来华的主要推动力。

二、高等学校接收来华留学生的能力

90 年代以前，我国高等学校容纳来华留学生的能力有限。 90 年代后期以来，随着国家经济的发展，高等教育获得大发展，使我国高等学校容纳外国留学生的能力大大提高。 可以说，没有 90 年代特别是 1998 年以来的高等教育大发展，我国的来华留学生教育不可能有今天这样的发展。

前面介绍了 80 年代以来 21 个发达国家的外国留学生的增长情况。 根据联合国教科文组织的统计资料，1980 年，这 21 个发达国家的高等教育毛入学率，除葡萄牙一国外，其他 20 个国家的高等教育毛入学率均高于 15%，即进入所谓高等教育"大众化"发展阶段。 这 20 个发达国家的高等教育毛入学率，有两个国家低于 20%；高等教育毛入学率在 20%—35% 之间的有 16 个国家；美国和加拿大的高等教育毛入学率最高，分别为 56% 和 55.5%。 这是这些发达国家在 80 年代以来外国留学生教育发展的基础条件之一，也是这些发达国家高等学校容纳外国留学生的能力指标。

2002 年，我国高等教育进入"大众化"发展阶段。 到 2007 年，我国高等教育的毛入学率已经达到 23%。 进入 21 世纪以来，我国外国留学生特别是学历留学生增长加快，正是得益于我国国内高等教育的发展。

衡量一个国家高等学校接收外国留学生能力的另一个指标，是留学生占国内高等学校在校学生的比例，即所谓外国留学生的相对规模。 一个国家高等学校接收的外国留学生的总数量，代表这个国家的外国留学生规模，即所谓的外国留学生绝对规模。 一个国家的外国留学生绝对规模大，相对规模不一定高。 例如，2007 年，美国接收的外国留学生总数为 58.5 万人，居世界各国之首，但是，美国接收的外国留学生的相对规模比例只有 3.3%。 2006 年，澳大利亚接收的外国留学生绝对规模居世界第五位，其外国留学生相对规模比例高达 19.5%。 从外国留学生的相对规模来说，美国高等学校容纳外国留学生的能力显然高于澳大利亚。

我国目前高等教育毛入学率相当于 1980 年大多数发达国家的高等教育毛入学率。 随着国家经济和社会的发展，高等教育的普及程度还将继续提高。我国高等教育规模已经超过美国居世界第一位，而我国目前接收的外国留学生规模只有美国的六分之一左右。 所以，我国高等学校具有比较充分地接收外国留学生的能力。

三、来华留学生生源潜力大

根据联合国教科文组织的统计数据，西欧发达国家的出国留学生规模，80 年代到 90 年代前期是快速增长时期，而 90 年代后期以来，西欧发达国家的出国留学生总体规模几乎没有增长。 80 年代以来西欧国家经济一体化的发展，促进了西欧国家出国留学生的显著增长。 但是这种增长会持续不断吗？ 西欧国家出国留学生规模变化的事实说明，至少在目前阶段，西欧国家的出国留学生规模的增长速度明显放缓。

我们前面分析了世界上 35 个接收外国留学生超过万人的国家的留学生来源，从这些国家接收的外国留学生来源分布及其变化的事实我们看到，留学生的流动受制于国家间的政治、经济和文化上的联系。 虽然周边国家之间容易产生矛盾，但是在解决了存在的矛盾之后，周边国家之间的政治、经济和文化上的各种联系往往更加密切。 因此，周边国家的留学生流动是一个国家发展外国留学生教育必须优先关注的生源。 像美国、英国和澳大利亚这些接收外国留学生的大国，其周边国家的留学生生源都得到比较充分的开发。 其他大多数国家接收的多数外国留学生都是来自周边国家。

目前我国接收的外国留学生的来源是世界范围的，同时以来自周边国家的留学生占多数。

西欧国家的经济一体化已经走过了三四十年时间，我国与周边国家的经济一体化还刚刚开始，我国与东盟国家的自由贸易区将于 2010 年正式建成。我国周边国家如此广大，北部、东部、南部和西部都具有巨大的发展潜力。而且，我国的周边国家大多是发展中国家，还处在工业化和现代化的发展时期。 根据联合国教科文组织的统计，2006 年，东亚、东南亚、南亚地区已经是世界上出国留学生最多的地区。 即使不包括中国，这个地区的出国留学生规模也仅次于发达国家。 所以，我国发展外国留学生教育的生源潜力极大。

四、大力提高汉语培训能力和水平

与其他语种相比，汉语培训的能力和水平还有较大差距。 这也是很自然的。 对其他语种，从殖民地时期就已经开始对外国人实行语言培训了，至今至少有一二百年的历史。 但比较大规模的对外国人的汉语培训是改革开放以后才开始的。 此外，其他语言（除日语外）都是拼音文字，汉语不是拼音文字。 以拼音文字为母语的人，因为"习惯"的原因，学习汉语感到特别"困难"。 因此，汉语成为世界上最难学的语言，似乎已成了世界公论。

但是，世界历史发展证明，语言普及的背后动力是经济和科学技术发展水平。 90 年代以来，世界上学习汉语的人越来越多的原因，正是改革开放以来中国经济的大发展。 举一个简单的例子就可以说明这个问题。 世界经济一体化发展以来，世界旅游业不断发展。 旅游业已经成为一种重要产业（第三产业），它不但可以创造大量就业岗位，还可以增加国家的收入。 所以，各国对发展旅游业都非常重视。 改革开放以来，我国经济持续不断发展，人民富裕了，出国旅游也越来越普遍。 据世界旅游组织的统计，2006年，中国出境旅游人口超过三千万，成为亚洲最大的游客输出国家。 接待中国游客就必须使用汉语和了解中国文化。 可以说，中国游客走到哪儿，哪里就有汉语。 世界旅游组织估计，到 2020 年，中国一年的出境游客将达到 1个亿。 它将创造多少工作岗位？ 其中又要多少岗位上的人必须懂汉语？ 因此又要有多少人必须学习汉语？ 所以，旅游业的发展是向世界推广汉语的重要武器。 从这个意义上来说，汉语推广普及是必然的。 但它需要时间。 在这个发展过程中，特别需要我们不断提高汉语培训能力和水平。

从发展外国留学生教育来说，我们要走世界各国语言培训发展的共同道路。 一是建立广泛承认的汉语考核标准；二是不断改革汉语培训，提高汉语培训效果；三是要求来华的学历留学生必须在其国内学习一定时间的汉语。

提高对留学生汉语培训的能力和水平，不但关系到来华留学生规模的扩大，更关系到来华留学生的教育质量。 因此，必须给予特别的重视。

我国的学历留学生主要来自周边国家。 我们要与一些周边国家合作，加大这些国家的汉语培训力度，逐渐使这些国家的来华学历留学生来华前都在国内学习一定时间的汉语。

主要参考书目

1. 《当代中国外交》,《当代中国》丛书编辑部,中国社会科学出版社,1988 年第 1 版

2. 《当代中国外交》,颜声毅著,复旦大学出版社,2007 年第 1 版

3. 《邓小平文选》,第二卷,人民出版社,1994 年第 2 版

4. 《邓小平文选》,第三卷,人民出版社,1993 年第 1 版

5. 《高等教育史》,郝维谦、龙正中主编,海南出版社,2007 年第 1 版

6. 《90 年代中国教育改革大潮丛书——高等教育卷》,姚启和主编,北京师范大学出版社,2002 年第 1 版

7. 《德国和美国大学发达史》,贺国庆著,人民教育出版社,1998 年第 1 版

8. 《中国教育统计年鉴 2006 年》,人民出版社,教育部发展规划司编,2007 年第 1 版

9. 《中华留学教育史录(1949 年以后)》,李滔主编,高等教育出版社,2000 年第 1 版

10. 《教育国际交流与合作》,于富增等著,海南出版社,2001 年第 1 版

11. 《来华留学生教育发展研究》,高等学校外国留学生教育管理学会编,高等教育出版社,2004 年第 1 版

12. *Statistical Yearbook 1994*,联合国教科文组织,1994 年出版

13. *Statistical Yearbook 1998*,联合国教科文组织,1998 年出版

14. *Digest of Education Statistics 1994*,美国教育部,1994 年出版

15. *Open Doors 2001*,Report of International Educational Exchange,Institute of International Education,2001 年出版

16. *Educating Students from Other Countries*,Hugh M. Jenkins 著,Joessy-Bass Inc. 1983 年出版

附录

1.1978—1997 年间来华留学生统计

1978—1997 年间来华留学生统计

单位：人

	在校留学生总数	奖学金生	自费生
1978	1236	1207	29
1979	1593	1278	315
1980	2097	1389	708
1981	3440	1631	1809
1982	4535	1759	2776
1983	5461	2066	3395
1984	6144	2593	3551
1985	7727	3251	4476
1986	8754	4091	4663
1987	5646	4593	1053
1988	5835	4596	1239
1989	6379	3871	2508
1990	7494	3684	3810
1991	11972	3630	8342
1992	14024	3389	10635
1993	16871	3053	13818
1994	25586	2969	22617
1995	35759	3001	32758
1996	41211	4307	36904
1997	43712	4677	39035

资料来源：根据教育部统计资料整理

2.1997 年自费来华留学生来源国别统计

（1）按总数排序

1997 年自费来华留学生来源国别统计

单位：人

	国家	学历生			非学历生			合计
		本科生	研究生	小计	进修生	短期生	小计	
1	日本	1438	121	1559	6027	7113	13140	14699
2	韩国	3928	1089	5017	5044	3140	8184	13201
3	美国	45	24	69	1028	2003	3031	3100

续表

	国家	学历生			非学历生			合计
		本科生	研究生	小计	进修生	短期生	小计	
4	印度尼西亚	87	7	94	516	303	819	913
5	澳大利亚	24	1	25	232	412	644	669
6	法国	8	2	10	244	322	566	576
7	德国	4	3	7	255	286	541	548
8	马来西亚	355	39	394	41	65	106	500
9	俄罗斯	71	1	72	189	144	333	405
10	泰国	95	20	115	126	122	248	363
11	加拿大	26	14	40	108	186	294	334
12	英国	12	7	19	186	110	296	315
13	新加坡	33	65	98	34	167	201	299
14	菲律宾	24	—	24	44	164	208	232
15	意大利	4	1	5	83	131	214	219
16	越南	15	8	23	145	43	188	211
17	芬兰	4	—	4	95	79	174	178
18	巴基斯坦	106	45	151	14	2	16	167
19	瑞典	3	—	3	62	82	144	147
20	蒙古	47	2	49	77	1	78	127
21	瑞士	4	1	5	40	75	115	120
22	荷兰	3	1	4	67	46	113	117
23	尼泊尔	47	4	51	40	1	41	92
24	新西兰	5	5	10	44	29	73	83
25	柬埔寨	64	1	65	11	4	15	80
26	土耳其	40	—	40	18	11	29	69
27	比利时	2	—	2	31	35	66	68
28	以色列	1	—	1	32	33	65	66
29	西班牙	5	—	5	28	28	56	61
30	斯洛文尼亚	—	—	—	14	42	56	56
31	朝鲜	8	12	20	31	2	33	53
32	墨西哥	—	—	—	3	47	50	50
33	巴西	6	—	6	17	23	40	46

	国家	学历生			非学历生			合计
		本科生	研究生	小计	进修生	短期生	小计	
34	葡萄牙	10	—	10	7	28	35	45
35	奥地利	1	2	3	4	34	38	41
36	丹麦	1	—	1	25	9	34	35
37	老挝	20	—	20	8	1	9	29
38	挪威	—	—	—	20	7	27	27
39	爱尔兰	—	2	2	2	19	21	23
40	南斯拉夫	7	—	7	13	3	16	23
41	巴勒斯坦	15	2	17	4	—	4	21
42	伊朗	3	4	7	11	1	12	19
43	哈萨克斯坦	3	—	3	15	1	16	19
44	斯里兰卡	9	2	11	7	—	7	18
45	希腊	1	—	1	2	14	16	17
46	利比亚	—	12	12	3	1	4	16
47	尼日利亚	5	—	5	10	—	10	15
48	苏丹	6	5	11	3	—	3	14
49	孟加拉	4	5	9	4	—	4	13
50	阿根廷	4	2	6	3	4	7	13
51	波兰	4	—	4	5	3	8	12
52	保加利亚	2	—	2	8	1	9	11
53	吉尔吉斯斯坦	1	—	1	10	—	10	11
54	赤道几内亚	4	—	4	6	—	6	10
55	肯尼亚	—	8	8	2	—	2	10
56	哥伦比亚	—	—	—	10	—	10	10
57	秘鲁	6	2	8	2	—	2	10
58	罗马尼亚	—	5	5	—	5	5	10
59	乌克兰	—	—	—	5	4	9	9
60	马里	—	4	4	5	—	5	9
61	塞拉利昂	7	—	7	1	1	2	9
62	叙利亚	1	3	4	4	—	5	9
63	摩洛哥	5	1	6	2	—	2	8

续表

	国家	学历生			非学历生			合计
		本科生	研究生	小计	进修生	短期生	小计	
64	刚果	—	3	3	5	—	5	8
65	加蓬	—	2	2	6	—	6	8
66	马达加斯加	1	3	4	4	—	4	8
67	毛里求斯	6	—	6	2	—	2	8
68	索马里	2	2	4	4	—	4	8
69	几内亚	1	3	4	3	—	3	7
70	坦桑尼亚	4	—	4	3	—	3	7
71	赞比亚	3	2	5	2	—	2	7
72	印度	1	1	2	3	2	5	7
73	也门	3	—	3	4	—	4	7
74	匈牙利	3	—	3	4	—	4	7
75	阿尔巴尼亚	1	—	1	5	—	5	6
76	缅甸	3	—	3	3	—	3	6
77	多哥	2	2	4	1	1	2	6
78	卢旺达	1	2	3	3	—	3	6
79	古巴	1	—	1	5	—	5	6
80	扎伊尔	—	1	1	4	—	4	5
81	约旦	1	2	3	2	—	2	5
82	爱沙尼亚	1	—	1	4	—	4	5
83	捷克	—	—	—	5	—	5	5
84	白俄罗斯	1	—	1	3	—	3	4
85	埃及	—	1	1	1	2	3	4
86	黎巴嫩	—	1	1	3	—	3	4
87	伊拉克	—	3	3	1	—	1	4
88	贝宁	—	—	—	4	—	4	4
89	布隆迪	—	—	—	4	—	4	4
90	喀麦隆	1	2	3	1	—	1	4
91	南非	1	—	1	2	1	3	4
92	塞舌尔	1	—	1	2	1	3	4
93	马绍尔群岛	4	—	4	—	—	—	4

续表

	国家	学历生			非学历生			合计
		本科生	研究生	小计	进修生	短期生	小计	
94	埃塞俄比亚	—	—	—	1	2	3	3
95	加纳	—	1	1	1	1	2	3
96	尼日尔	1	1	2	1	—	1	3
97	土库曼斯坦	3	—	3	—	—	—	3
98	冰岛	—	—	—	2	1	3	3
99	阿尔及利亚	—	—	—	3	—	3	3
100	伯利兹	1	1	2	—	—	1	3
101	洪都拉斯	3	—	3	—	—	—	3
102	智利	—	—	—	3	—	3	3
103	格鲁吉亚	1	—	1	2	—	2	3
104	克罗地亚	1	—	1	1	—	1	2
105	斯洛伐克	1	—	1	1	—	1	2
106	亚美尼亚	—	—	—	1	1	2	2
107	巴巴多斯	—	—	—	2	—	2	2
108	巴拉圭	1	1	2	—	—	—	2
109	玻利维亚	—	—	—	2	—	2	2
110	厄瓜多尔	—	—	—	1	1	2	2
111	哥斯达黎加	—	—	—	2	—	2	2
112	委内瑞拉	—	—	—	2	—	2	2
113	牙买加	—	1	1	1	—	1	2
114	吉布提	—	—	—	2	—	2	2
115	塞浦路斯	2	—	2	—	—	—	2
116	卢森堡	—	—	—	2	—	2	2
117	塔吉克斯坦	—	—	—	2	—	2	2
118	安哥拉	—	—	—	2	—	2	2
119	科特迪瓦	1	—	1	1	—	1	2
120	毛里塔尼亚	—	—	—	2	—	2	2
121	纳米比亚	—	—	—	2	—	2	2
122	乌干达	2	—	2	—	—	—	2
123	萨摩亚	—	—	—	2	—	2	2

	国家	学历生			非学历生			合计
		本科生	研究生	小计	进修生	短期生	小计	
124	斐济	1	—	1	1	—	1	2
125	布基纳法索	1	—	1	—	—	—	1
126	利比里亚	—	—	—	—	1	1	1
127	莫桑比克	1	—	1	—	—	—	1
128	乍得	—	1	1	—	—	—	1
129	乌兹别克坦	1	—	1	—	—	—	1
130	突尼斯	—	—	—	1	—	1	1
131	波多黎各	—	—	—	—	1	1	1
132	多米尼加	1	—	1	—	—	—	1
133	海地	—	—	—	1	—	1	1
134	基里巴斯	1	—	1	—	—	—	1
135	苏里南	—	—	—	—	1	1	1
136	特立尼达和多巴哥	—	—	—	—	1	1	1
137	危地马拉	—	—	—	1	—	1	1
138	阿塞拜疆	—	—	—	1	—	1	1
139	摩尔多瓦	—	—	—	1	—	1	1
140	米克罗尼西	1	—	1	—	—	—	1
	合计	6699	1568	8267	15267	15404	30671	38938

资料来源：根据教育部统计资料整理

（2）按进修生排序

1997 年自费来华留学生来源国别统计（按进修生排序）

单位：人

	国家	学历生			非学历生			合计
		本科生	研究生	小计	进修生	短期生	小计	
1	日本	1438	121	1559	6027	7113	13140	14699
2	韩国	3928	1089	5017	5044	3140	8184	13201
3	美国	45	24	69	1028	2003	3031	3100
4	印度尼西亚	87	7	94	516	303	819	913
5	德国	4	3	7	255	286	541	548

续表

	国家	学历生			非学历生			合计
		本科生	研究生	小计	进修生	短期生	小计	
6	法国	8	2	10	244	322	566	576
7	澳大利亚	24	1	25	232	412	644	669
8	俄罗斯	71	1	72	189	144	333	405
9	英国	12	7	19	186	110	296	315
10	越南	15	8	23	145	43	188	211
11	泰国	95	20	115	126	122	248	363
12	加拿大	26	14	40	108	186	294	334
13	芬兰	4	—	4	95	79	174	178
14	意大利	4	1	5	83	131	214	219
15	蒙古	47	2	49	77	1	78	127
16	荷兰	3	1	4	67	46	113	117
17	瑞典	3	—	3	62	82	144	147
18	菲律宾	24	—	24	44	164	208	232
19	新西兰	5	5	10	44	29	73	83
20	马来西亚	355	39	394	41	65	106	500
21	瑞士	4	1	5	40	75	115	120
22	尼泊尔	47	4	51	40	1	41	92
23	新加坡	33	65	98	34	167	201	299
24	以色列	1	—	1	32	33	65	66
25	比利时	2	—	2	31	35	66	68
26	朝鲜	8	12	20	31	2	33	53
27	西班牙	5	—	5	28	28	56	61
28	丹麦	1	—	1	25	9	34	35
29	挪威	—	—	—	20	7	27	27
30	土耳其	40	—	40	18	11	29	69
31	巴西	6	—	6	17	23	40	46
32	哈萨克斯坦	3	—	3	15	1	16	19
33	巴基斯坦	106	45	151	14	2	16	167
34	斯洛文尼亚	—	—	—	14	42	56	56
35	南斯拉夫	7	—	7	13	3	16	23

续表

	国家	学历生			非学历生			合计
		本科生	研究生	小计	进修生	短期生	小计	
36	柬埔寨	64	1	65	11	4	15	80
37	伊朗	3	4	7	11	1	12	19
38	尼日利亚	5	—	5	10	—	10	15
39	吉尔吉斯斯坦	1	—	1	10	—	10	11
40	哥伦比亚	—	—	—	10	—	10	10
41	老挝	20	—	20	8	1	9	29
42	保加利亚	2	—	2	8	1	9	11
43	斯里兰卡	9	2	11	7	—	7	18
44	葡萄牙	10	—	10	7	28	35	45
45	赤道几内亚	4	—	4	6	—	6	10
46	加蓬	—	2	2	6	—	6	8
47	波兰	4	—	4	5	3	8	12
48	乌克兰	—	—	—	5	4	9	9
49	马里	—	4	4	5	—	5	9
50	刚果	—	3	3	5	—	5	8
51	阿尔巴尼亚	1	—	1	5	—	5	6
52	古巴	1	—	1	5	—	5	6
53	捷克	—	—	—	5	—	5	5
54	扎伊尔	—	1	1	4	—	4	5
55	奥地利	1	2	3	4	34	38	41
56	巴勒斯坦	15	2	17	4	—	4	21
57	孟加拉	4	5	9	4	—	4	13
58	叙利亚	1	3	4	4	—	5	9
59	马达加斯加	1	3	4	4	—	4	8
60	索马里	2	2	4	4	—	4	8
61	也门	3	—	3	4	—	4	7
62	匈牙利	3	—	3	4	—	4	7
63	爱沙尼亚	1	—	1	4	—	4	5
64	贝宁	—	—	—	4	—	4	4
65	布隆迪	—	—	—	4	—	4	4

	国家	学历生			非学历生			合计
		本科生	研究生	小计	进修生	短期生	小计	
66	墨西哥	—	—	—	3	47	50	50
67	几内亚	1	3	4	3	—	3	7
68	坦桑尼亚	4	—	4	3	—	3	7
69	印度	1	1	2	3	2	5	7
70	缅甸	3	—	3	3	—	3	6
71	卢旺达	1	2	3	3	—	3	6
72	利比亚	—	12	12	3	1	4	16
73	苏丹	6	5	11	3	—	3	14
74	阿根廷	4	2	6	3	4	7	13
75	黎巴嫩	—	1	1	3	—	3	4
76	白俄罗斯	1	—	1	3	—	3	4
77	阿尔及利亚	—	—	—	3	—	3	3
78	智利	—	—	—	3	—	3	3
79	爱尔兰	—	2	2	2	19	21	23
80	希腊	1	—	1	2	14	16	17
81	肯尼亚	—	8	8	2	—	2	10
82	秘鲁	6	2	8	2	—	2	10
83	摩洛哥	5	1	6	2	—	2	8
84	毛里求斯	6	—	6	2	—	2	8
85	赞比亚	3	2	5	2	—	2	7
86	约旦	1	2	3	2	—	2	5
87	南非	1	—	1	2	1	3	4
88	塞舌尔	1	—	1	2	1	3	4
89	冰岛	—	—	—	2	1	3	3
90	格鲁吉亚	1	—	1	2	—	2	3
91	巴巴多斯	—	—	—	2	—	2	2
92	玻利维亚	—	—	—	2	—	2	2
93	哥斯达黎加	—	—	—	2	—	2	2
94	委内瑞拉	—	—	—	2	—	2	2
95	吉布提	—	—	—	2	—	2	2

续表

	国家	学历生			非学历生			合计
		本科生	研究生	小计	进修生	短期生	小计	
96	卢森堡	—	—	—	2	—	2	2
97	塔吉克斯坦	—	—	—	2	—	2	2
98	安哥拉	—	—	—	2	—	2	2
99	毛里塔尼亚	—	—	—	2	—	2	2
100	纳米比亚	—	—	—	2	—	2	2
101	萨摩亚	—	—	—	2	—	2	2
102	塞拉利昂	7	—	7	1	1	2	9
103	多哥	2	2	4	1	1	2	6
104	喀麦隆	1	2	3	1	—	1	4
105	埃及	—	1	1	1	2	3	4
106	伊拉克		3	3	1	—	1	4
107	埃塞俄比亚	—	—	—	1	2	3	3
108	加纳	—	1	1	1	1	2	3
109	尼日尔	1	1	2	1	—	1	3
110	斐济	1	—	1	1	—	1	2
111	科特迪瓦	1	—	1	1	—	1	2
112	牙买加	—	1	1	1	—	1	2
113	厄瓜多尔	—	—	—	1	1	2	2
114	克罗地亚	1	—	1	1	—	1	2
115	斯洛伐克	1	—	1	1	—	1	2
116	亚美尼亚	—	—	—	1	1	2	2
117	突尼斯	—	—	—	1	—	1	1
118	海地	—	—	—	1	—	1	1
119	危地马拉	—	—	—	1	—	1	1
120	阿塞拜疆	—	—	—	1	—	1	1
121	摩尔多瓦	—	—	—	1	—	1	1
	合计	6677	1559	8236	15267	15394	30661	38897

资料来源：根据教育部统计资料整理

（3）按短期生排序

1997 年自费来华留学生来源国别统计（按短期生排序）

单位：人

	国家	学历生			非学历生			合计
		本科生	研究生	小计	进修生	短期生	小计	
1	日本	1438	121	1559	6027	7113	13140	14699
2	韩国	3928	1089	5017	5044	3140	8184	13201
3	美国	45	24	69	1028	2003	3031	3100
4	澳大利亚	24	1	25	232	412	644	669
5	法国	8	2	10	244	322	566	576
6	印度尼西亚	87	7	94	516	303	819	913
7	德国	4	3	7	255	286	541	548
8	加拿大	26	14	40	108	186	294	334
9	新加坡	33	65	98	34	167	201	299
10	菲律宾	24	—	24	44	164	208	232
11	俄罗斯	71	1	72	189	144	333	405
12	泰国	95	20	115	126	122	248	363
13	意大利	4	1	5	83	131	214	219
14	英国	12	7	19	186	110	296	315
15	瑞典	3	—	3	62	82	144	147
16	芬兰	4	—	4	95	79	174	178
17	瑞士	4	1	5	40	75	115	120
18	马来西亚	355	39	394	41	65	106	500
19	荷兰	3	1	4	67	46	113	117
20	墨西哥	—	—	—	3	47	50	50
21	越南	15	8	23	145	43	188	211
22	斯洛文尼亚	—	—	—	14	42	56	56
23	比利时	2	—	2	31	35	66	68
24	奥地利	1	2	3	4	34	38	41
25	以色列	1		1	32	33	65	66
26	新西兰	5	5	10	44	29	73	83
27	西班牙	5		5	28	28	56	61
28	葡萄牙	10		10	7	28	35	45
29	巴西	6	—	6	17	23	40	46

续表

	国家	学历生			非学历生			合计
		本科生	研究生	小计	进修生	短期生	小计	
30	爱尔兰	—	2	2	2	19	21	23
31	希腊	1	—	1	2	14	16	17
32	土耳其	40	—	40	18	11	29	69
33	丹麦	1	—	1	25	9	34	35
34	挪威	—		—	20	7	27	27
35	罗马尼亚	—	5	5	—	5	5	10
36	柬埔寨	64	1	65	11	4	15	80
37	阿根廷	4	2	6	3	4	7	13
38	乌克兰	—	—	—	5	4	9	9
39	南斯拉夫	7	—	7	13	3	16	23
40	波兰	4		4	5	3	8	12
41	巴基斯坦	106	45	151	14	2	16	167
42	朝鲜	8	12	20	31	2	33	53
43	印度	1	1	2	3	2	5	7
44	埃及	—	1	1	1	2	3	4
45	埃塞俄比亚	—	—	—	1	2	3	3
46	蒙古	47	2	49	77	1	78	127
47	尼泊尔	47	4	51	40	1	41	92
48	老挝	20	—	20	8	1	9	29
49	伊朗	3	4	7	11	1	12	19
50	哈萨克斯坦	3	—	3	15	1	16	19
51	利比亚	—	12	12	3	1	4	16
52	保加利亚	2	—	2	8	1	9	11
53	塞拉利昂	7	—	7	1	1	2	9
54	多哥	2	2	4	1	1	2	6
55	南非	1	—	1	2	1	3	4
56	塞舌尔	1	—	1	2	1	3	4
57	加纳	—	1	1	1	1	2	3
58	冰岛	—	—	—	2	1	3	3
59	亚美尼亚	—	—	—	1	1	2	2

续表

	国家	学历生			非学历生			合计
		本科生	研究生	小计	进修生	短期生	小计	
60	厄瓜多尔	—	—	—	1	1	2	2
61	利比里亚	—	—	—	—	1	1	1
62	波多黎各	—	—	—	—	1	1	1
63	苏里南	—	—	—	—	1	1	1
64	特立尼达和多巴哥	—	—	—	—	1	1	1
	合计	6582	1505	8087	15073	15404	30477	38514

资料来源：根据教育部统计资料整理

（4）按学历生排序

1997 年自费来华留学生来源国别统计（按学历生排序）

单位：人

	国家	学历生			非学历生			合计
		本科生	研究生	小计	进修生	短期生	小计	
1	韩国	3928	1089	5017	5044	3140	8184	13201
2	日本	1438	121	1559	6027	7113	13140	14699
3	马来西亚	355	39	394	41	65	106	500
4	巴基斯坦	106	45	151	14	2	16	167
5	泰国	95	20	115	126	122	248	363
6	新加坡	33	65	98	34	167	201	299
7	印度尼西亚	87	7	94	516	303	819	913
8	俄罗斯	71	1	72	189	144	333	405
9	美国	45	24	69	1028	2003	3031	3100
10	柬埔寨	64	1	65	11	4	15	80
11	尼泊尔	47	4	51	40	1	41	92
12	蒙古	47	2	49	77	1	78	127
13	加拿大	26	14	40	108	186	294	334
14	土耳其	40	—	40	18	11	29	69
15	澳大利亚	24	1	25	232	412	644	669
16	菲律宾	24	—	24	44	164	208	232
17	越南	15	8	23	145	43	188	211

续表

	国家	学历生			非学历生			合计
		本科生	研究生	小计	进修生	短期生	小计	
18	朝鲜	8	12	20	31	2	33	53
19	老挝	20	—	20	8	1	9	29
20	英国	12	7	19	186	110	296	315
21	巴勒斯坦	15	2	17	4	—	4	21
22	利比亚	—	12	12	3	1	4	16
23	斯里兰卡	9	2	11	7	—	7	18
24	苏丹	6	5	11	3	—	3	14
25	法国	8	2	10	244	322	566	576
26	新西兰	5	5	10	44	29	73	83
27	葡萄牙	10	—	10	7	28	35	45
28	孟加拉	4	5	9	4	—	4	13
29	肯尼亚	—	8	8	2	—	2	10
30	秘鲁	6	2	8	2	—	2	10
31	德国	4	3	7	255	286	541	548
32	南斯拉夫	7	—	7	13	3	16	23
33	伊朗	3	4	7	11	1	12	19
34	塞拉利昂	7	—	7	1	1	2	9
35	巴西	6	—	6	17	23	40	46
36	阿根廷	4	2	6	3	4	7	13
37	毛里求斯	6	—	6	2	—	2	8
38	摩洛哥	5	1	6	2	—	2	8
39	意大利	4	1	5	83	131	214	219
40	瑞士	4	1	5	40	75	115	120
41	西班牙	5	—	5	28	28	56	61
42	尼日利亚	5	—	5	10	—	10	15
43	罗马尼亚	—	5	5	—	5	5	10
44	赞比亚	3	2	5	2	—	2	7
45	芬兰	4	—	4	95	79	174	178
46	荷兰	3	1	4	67	46	113	117
47	马里	—	4	4	5	—	5	9

	国家	学历生			非学历生			合计
		本科生	研究生	小计	进修生	短期生	小计	
48	波兰	4	—	4	5	3	8	12
49	赤道几内亚	4	—	4	6	—	6	10
50	叙利亚	1	3	4	4	—	5	9
51	马达加斯加	1	3	4	4	—	4	8
52	索马里	2	2	4	4	—	4	8
53	几内亚	1	3	4	3	—	3	7
54	坦桑尼亚	4	—	4	3	—	3	7
55	多哥	2	2	4	1	1	2	6
56	马绍尔群岛	4	—	4	—	—	—	4
57	瑞典	3	—	3	62	82	144	147
58	奥地利	1	2	3	4	34	38	41
59	哈萨克斯坦	3	—	3	15	1	16	19
60	刚果	—	3	3	5	—	5	8
61	也门	3	—	3	4	—	4	7
62	匈牙利	3	—	3	4	—	4	7
63	缅甸	3	—	3	3	—	3	6
64	卢旺达	1	2	3	3	—	3	6
65	约旦	1	2	3	2	—	2	5
66	伊拉克	—	3	3	1	—	1	4
67	喀麦隆	1	2	3	1	—	1	4
68	土库曼斯坦	3	—	3	—	—	—	3
69	洪都拉斯	3	—	3	—	—	—	3
70	比利时	2	—	2	31	35	66	68
71	爱尔兰	—	2	2	2	19	21	23
72	保加利亚	2	—	2	8	1	9	11
73	加蓬	—	2	2	6	—	6	8
74	印度	1	1	2	3	2	5	7
75	尼日尔	1	1	2	1	—	1	3
76	伯利兹	1	1	2	—	—	1	3
77	巴拉圭	1	1	2	—	—	—	2

续表

	国家	学历生			非学历生			合计
		本科生	研究生	小计	进修生	短期生	小计	
78	塞浦路斯	2	—	2	—	—	—	2
79	乌干达	2	—	2	—	—	—	2
80	以色列	1	—	1	32	33	65	66
81	丹麦	1	—	1	25	9	34	35
82	希腊	1	—	1	2	14	16	17
83	吉尔吉斯斯坦	1	—	1	10	—	10	11
84	阿尔巴尼亚	1	—	1	5	—	5	6
85	古巴	1	—	1	5	—	5	6
86	扎伊尔	—	1	1	4	—	4	5
87	爱沙尼亚	1	—	1	4	—	4	5
88	白俄罗斯	1	—	1	3	—	3	4
89	埃及	—	1	1	1	2	3	4
90	黎巴嫩	—	1	1	3	—	3	4
91	南非	1	—	1	2	1	3	4
92	塞舌尔	1	—	1	2	1	3	4
93	加纳	—	1	1	1	1	2	3
94	格鲁吉亚	1	—	1	2	—	2	3
95	克罗地亚	1	—	1	1	—	1	2
96	斯洛伐克	1	—	1	1	—	1	2
97	亚美尼亚	—	—	—	1	1	2	2
98	巴巴多斯	—	—	—	2	—	2	2
99	牙买加	—	1	1	1	—	1	2
100	科特迪瓦	1	—	1	1	—	1	2
101	斐济	1	—	1	1	—	1	2
102	布基纳法索	1	—	1	—	—	—	1
103	莫桑比克	1	—	1	—	—	—	1
104	乍得	—	1	1	—	—	—	1
105	乌兹别克坦	1	—	1	—	—	—	1
106	多米尼加	1	—	1	—	—	—	1
107	海地	—	—	—	1	—	1	1

	国家	学历生			非学历生			合计
		本科生	研究生	小计	进修生	短期生	小计	
108	基里巴斯	1	—	1	—	—	—	1
109	米克罗尼西	1	—	1	—	—	—	1
	合计	6699	1568	8267	15178	12470	27648	35915

资料来源：根据教育部统计资料整理

后　记

　　我 1999 年从教育部退休至今已经 10 年了。进入古稀之年能够完成和出版这本著作虽然令人欣慰，但是，对于能够有撰写这本著作的机会和本书撰写中所得到的不可或缺的支持和帮助，我从内心里感谢张秀琴会长（2005—2008 年间担任外国留学生管理分会会长）、熊彬三副会长以及分会的其他领导同志。没有他们的支持和帮助，这本书的撰写和完成是不可能的。

　　李滔同志主编的《中华留学教育史录（1949 年以后）》所提供的全面的、完整的新中国来华留学生教育发展的政策和过程史料，是完成本书撰写的基础性条件之一。为此，借本书出版的机会向李滔同志表示敬意。从 20 世纪 50 年代到 80 年代前半期，李滔同志一直是教育部来华留学生工作主要领导人之一。

　　把来华留学生教育的发展与外国进行比较，是本书的主要内容之一。我们要学习外国发展留学生教育的经验，不但向接收外国留学生比我们多的国家学习，也要向接收外国留学生还没有我们多的国家学习，使我们对来华留学生教育工作所取得的成绩和存在的差距保持清醒的头脑，使来华留学生工作不停止地向前发展。

　　我从 1974 年开始在教育部外事部门工作，并从 1985 年开始介入来华留学生工作。在 1985—1993 年间，我作为教育部（国家教委）外事局长（国际合作司长）分管来华留学生工作。在 1994—1998 年间，我先后担任中国常驻联合国教科文组织大使衔代表和（教育部）中国联合国教科文组织全国委员会秘书长。在此期间，虽然不再具体介入国内来华留学生教育的具体事务，但是，由于世界外国留学生教育是联合国教科文组织业务的一部分，使我有机会了解世界外国留学生发展的宏观状况。1999 年我从教育部退休。也是从这一年，我开始担任高等教育学会外国留学生教育管理分会会长，重又介入国内的来华留学生事务。虽然从 2005 年起我不再担任会长一职，但仍担任顾问并参与来华留学生教育的研究工作。 本书的撰写也是我所从事的来华留学生教育研究的一个成果。 所以，改革开放 30 年来，我直接参与和目睹了来华留学生教育的发展。 30 年来，我国接收外国留学生的院校从十几所增加到 600 多所，从主要分布在北京、上海、天津和少数省的院校发展到全国的所有省、市、自治区均有院校接收外国留学生；来华留学生的组成从绝大多数是奖学金留学生发展到以自费留学生为主；来华留学生规模从一千多人增加到 20 多万人，而且进入 21 世纪后，在大多数年份里，每年增加的来华留学生就达两万人以上。 因此，30 年来、特别是 90 年代后期以来，我国接收外国留学生的蓬勃发展可以用"波澜壮阔"来形容。 这些经历使我有可能在退休之后撰写完成这部著作。

这本书不仅仅是改革开放 30 年的"纪念著作"，更是以改革开放 30 年为重点，新中国 60 年的来华留学生教育与国际比较的研究性著作。 它试图分析改革开放以来特别是 90 年代以来我国接收的外国留学生快速发展的原因，分析来华留学生教育发展的现状，对今后来华留学生教育的趋势以及来华留学生教育工作的重点和难点提出了咨询性意见。 但是，由于本人水平所限，不但书中的错误难免，而且与撰写本书欲达到的目标可能相距甚远。 我国的来华留学生教育正处在重要发展时期，但目前国内对来华留学生教育进行研究分析的著作还比较少，所以，本人不揣冒昧把本书奉献给读者，权且抛砖引玉，期望有更多的关于来华留学生教育的研究著作问世。

2009 年 5 月